心理統計学の基礎

統合的理解のために

南風原朝和 [著]

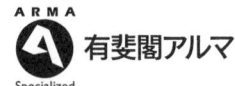

はじめに

心理統計学の学習と指導の目標

 本書は,「心理統計学」=「心理学研究法の一環として学ぶ統計学」の解説書です。つまり,心理学の研究を行う上で必要となる統計学の理論と方法,およびその基礎となる考え方を解説したものです。

 心理統計学はひとつの大きな知識体系ですが,それを学ぶ,あるいは教えるという観点からみると,以下の4つの下位目標を区別することができるように思います。

 1. 分析手続きに関する知識・スキルの習得:データを整理してコンピュータに入力し,特定の分析を行うための統計ソフトウェアを実行して結果を出したり,簡単な分析については公式をもとに電卓で計算したりすることができること。

 2. 理論や方法の数学的理解:統計学の諸定理を数学的に証明したり,証明されたものを理解したりすることができること。

 3. 理論や方法の概念的理解:さまざまな統計的指標のもつ意味や,分析法の原理を(数学的な証明等はできなくても)概念的に理解できること。

 4. 心理学研究とのインターフェイスに関する知識・スキルの習得:心理学的な研究仮説から統計的に検証可能な予測を導いたり,統計的な分析結果から,心理学的な研究仮説に関して妥当な結論を導いたりすることができること。

 これらの目標はばらばらのものではなく,お互いに密接な関係があります。たとえば,4の心理学研究とのインターフェイスのためには,3の統計的理論や方法の概念的理解が必要です。また,3の概念的理解も,2の数学的な理解の裏付けがあればさらに深いものに

なるでしょう。さらに，1の手続き的な知識も，それを駆使していろいろと分析を試みる過程で，3の概念的理解が促進されるということがあります。

理想的には，これらの目標のすべてが十分に達成できるような講義やテキストが望まれるわけですが，さまざまな制約からこの理想の実現はかなり困難です。そこで，多くの大学で展開されている心理統計学の講義や，多数出版されている心理統計学のテキストは，これらの目標に対してどのような重みづけをしているかによって，特徴づけられることになります[1]。

本書の特徴

本書では，上記の目標に関して，4の心理学研究とのインターフェイスに関する知識・スキルの習得を最も重要なものとして位置づけ，その目標を達成するために，3の統計的理論・方法の概念的理解に重点をおくことにしました。そして，以下の点を心がけました。

・具体的な心理学研究の文脈に沿って解説すること。
・統計的概念や方法を互いに関連づけながら解説すること。
・方法間に共通する基本的原理を軸に，統合的理解をはかること。
・統計の適用に伴う方法論的問題についても十分議論すること。

なお，目標2の数学的側面については，原則として，概念的理解に特に役立つと思われる部分に限って解説しました。しかし，初歩的な数式展開など，ある程度の数学的スキルを身につけることは，さまざまな問題に直面したときに，自分なりに考えて解決する態度や能力を育てることにつながるので，あえて数学的な展開を示したと

---

[1] いわゆる「統計ができる人」というのも，上記のうちのどの目標に関して優れているのかによって，それぞれ，「コンピュータに強い人」，「数学ができる人」，「統計をよく知っている人」，「統計をうまく使って心理学研究ができる人」といったように，だいぶタイプが違ってきます。

ころもあります。

また，目標1の分析手続きについては，学習者が利用できる統計ソフトウェアの種類に依存する部分が大きく，それぞれの環境に適した参考書を使いながら講義や演習の中で習得していくのが効率的ですので，特定のソフトウェアについて説明することはしません[2]。それから，統計の公式には，その意味内容を理解しやすいいわゆる「定義式」と，電卓での計算に便利な「計算式」があるものがありますが，実際の研究ではほとんどの場合，コンピュータの統計ソフトウェアを利用するという現状を考え，また，概念的理解を重視するという方針から，定義式を中心にして進めることとしました。

本書のように，数学的側面や分析手続きよりも，概念的理解や心理学研究への応用に重点をおいた心理統計学の解説書も何冊か刊行されています。しかし，これらの本のうち，基本的な事項がしっかりと書かれているものは，統計的方法のうちの初歩的なものだけを取り上げたものが多く[3]，逆にさまざまな高度な方法をカバーしているものは，理論や方法についての概念的・原理的な説明が十分でなかったり，方法論的な問題に触れられていなかったりします。

本書では，基礎的な内容から，現在の心理学の研究論文を読み解くには不可欠な「重回帰分析」，「分散分析」，「因子分析」，「共分散構造分析」など，比較的高度な方法まで取り上げて，それらが統合的に理解できるような解説を試みました。また，「因果関係」（第3章5節），「区間推定と検定の関係」（第5章4節），「自由度」（第7章

---

[2] 広く利用されている統計ソフトウェアのうち SPSS については，石村（2001），SAS については，市川・大橋・岸本・浜田（1993）などが参考になります。

[3] 吉田（1998）は，心理統計学の基本的な内容について，豊富な具体例を用いて，丁寧にわかりやすく書かれた良書です。本書の前半部分の内容のうち基本的な部分について，もっとかみくだいた説明がほしいという読者は，この本によって補足されるとよいでしょう。

4節),「偏回帰係数の解釈」(第8章2節),「平方和のタイプ」(第8章6節),「斜交因子解」(第10章2節)など,ひととおり心理統計学を学んだ人でも理解が難しいと感じたり,誤解されることが多い事項を特に重点的に取り上げました。もちろん,この分量の本一冊で,多様な方法や概念のすべてを詳細に解説することは不可能ですので,本書なりの重みづけをしており,たとえば種々の度数分布図の描き方など,基本的な内容であっても割愛したものもあります。

はじめにのおわりに

統計学の教師の中には,「統計学は難しくない」と言って教える人もいるようですが,私は「統計学は難しい」と思います。基本的な内容で,自分なりに理解したと思っていたことが実は誤解であったとか,生半可な理解であったことに気づくとかの「わかり直し」を,今でもしょっちゅう経験します。その意味では「統計は奥深い」というのが適切かもしれません。本書は,そういう,なお変容する可能性のある知識状態で執筆したものですので,思い違いなどがあるかもしれません。それらについては,ご指摘をいただければ,できるだけ速やかに対処したいと考えております。

本書の草稿を講義テキストとして使用したお茶の水女子大学,学習院大学,九州大学,東京大学の学生さんには,質問や講義中の"表情反応"によって,わかりにくい箇所を指摘していただきました。また,有斐閣の松井智恵子さんと櫻井堂雄さんにも,本書を読みやすいものにする上でご尽力いただきました。心より感謝いたします。

2002年3月

南風原朝和

著者紹介

●**南風原 朝和**（はえばら ともかず）

1953 年　沖縄県那覇市生まれ
1977 年　東京大学教育学部教育心理学科卒業
1981 年　米国アイオワ大学大学院教育学研究科
　　　　教育心理・測定・統計学専攻博士課程修了（Ph.D.）

現　在　東京大学名誉教授
専　攻　心理統計学，心理測定学，心理学研究法
主要著書
　『行動科学における統計解析法』（共著，東京大学出版会，1990 年）
　『心理学研究法入門』（共編著，東京大学出版会，2001 年）
　『心理学研究法』（共編著，放送大学教育振興会，2003 年）
　『心理統計学ワークブック』（共著，有斐閣，2009 年）
　『臨床心理学をまなぶ 7　量的研究法』（東京大学出版会，2011 年）
　『続・心理統計学の基礎』（有斐閣，2014 年）
　『教育心理学 第 3 版』（共著，有斐閣，2015 年）
　『検証 迷走する英語入試』（編著，岩波書店，2018 年）

本書の使い方

●本書の構成

　第1章で心理学研究と統計の関係について述べたあと，第2章と第3章で記述統計，そして第4章と第5章で推測統計の基礎について解説します。第6章で平均値差と連関の分析を取り上げ，続く第7章では，そこまでの章の主な内容を統一的な観点から関連づけ，その後の発展的な章のための基礎固めをします。それをふまえて第8章から第10章までで，重回帰分析，分散分析，因子分析，共分散構造分析という，現在の心理学研究における主要な統計的方法を取り上げて解説します。最後の付録にはギリシャ文字の読み方やΣの用法など，補足的な事項を載せてあります。

●テキストとしての利用

　本書は心理・教育・社会系の学部での4〜8単位の講義を想定したテキストです。ただし，4単位だと本書の内容の全部を詳細にカバーするのはかなり難しいと思います。8単位あれば，第1章の内容を広げて研究法についての解説を充実させたり，各自で収集したデータをいろいろな角度から分析するという演習を組み込んだりすることもできるでしょう。

●ソフトウェアの併用

　本書は，仮想的な心理学研究のデータを提示し，各章で解説される方法によってそのデータを分析するという展開になっています。この同じ分析を，実際に統計ソフトウェアや表計算ソフトウェアで実行し，結果を照合するという演習をおこなうと，理解がいっそう深まり，同時に分析スキルの習得にも役立ちます。

●本書に準拠した演習書

　本書の内容についての理解の確認と深化を目的とした演習書『心理統計学ワークブック』（南風原・平井・杉澤，2009）が刊行されました。用語の意味を問う基礎的な問題から，研究を視野に入れた応用的な問題まで幅広い問題を設定し，それぞれに詳しい解説が付けられています。

目　次　vii

目　次

第1章　心理学研究と統計　　1

1 研究のプロセス …………………………………………………1
　リサーチ・クエスチョンと仮説（1）　予測の導出（2）　仮説検証の論理（2）　研究のアプローチとデザイン（4）　対象者の選定（5）　構成概念の測定（6）

2 データとその表現 ………………………………………………8
　データの一覧表（8）　学年間の変化（8）　変化量の性差（9）　個人差の安定性（10）

3 統計的方法の必要性 ……………………………………………12
　記述的指標の必要性（12）　推測の方法の必要性（13）　複雑な関係や要因を分析する方法の必要性（14）

4 心理統計学とは …………………………………………………15
　学問としての心理統計学（15）　授業科目としての心理統計学（15）

第2章　分布の記述的指標とその性質　　17

1 分布の代表値 ……………………………………………………17
　代表値（17）　代表値としての適切さの基準（18）　中央値（19）　平均（20）　外れ値に対する抵抗性（23）　逸脱行動データの代表値（24）　合成変数の平均（25）　合併した集団における平均（26）

2 分布の散布度 ……………………………………………………27
　散布度（27）　平均偏差（28）　分散と標準偏差（30）　不偏分散（31）　逸脱行動データの散布度（33）　合成変数の分散（34）　合併した集団における分散（36）

3 変数の線形変換と標準化 ………………………………………37
　変数の線形変換（37）　線形変換に伴う指標値の変化（38）　変数

の標準化（38）　標準偏差の解釈について（40）

第3章　相関関係の把握と回帰分析　43

1 共分散と相関係数 ……43
散布図と共分散（43）　共分散の性質（45）　共分散から相関係数へ（47）　変数の変換と相関係数（48）　合成変数の間の共分散（51）

2 回帰直線のあてはめ ……52
回帰直線と回帰係数（52）　最小2乗法による回帰直線のあてはめ（53）　独立変数と従属変数（55）　逸脱行動データへの適用（55）

3 回帰分析における予測値と残差の性質 ……57
予測値と残差の平均と相関（57）　変数の直交分解と残差の積極的意義（59）　予測値と残差の分散（60）　予測の標準誤差（62）　回帰とは（63）　2通りの回帰直線（66）

4 相関係数と回帰係数の性質の違い ……67
対称性（67）　変数の尺度との関係（68）　選抜による集団の等質性の変化の影響（69）

5 相関と共変と因果 ……72
変数間の関係のタイプ（72）　研究のタイプとの関連（73）　異なるタイプ間の推論（74）

6 測定の妥当性と信頼性 ……76
測定の質と相関係数（76）　妥当性とその検証（77）　信頼性とその推定（78）　測定値のモデルと信頼性（79）　妥当性が相関係数に与える影響（81）　信頼性が相関係数に与える影響（82）

第4章　確率モデルと標本分布　85

1 基本的な考え方 ……85
サンプルと母集団（85）　サンプリング（86）　統計的推測の理論の前提とサンプリング（87）　標本統計量と母数（88）　確率モデルの導入（89）

2 比率の標本分布の導出 …………………………………………… 91
変数の特定（91） 母集団分布と確率モデル（91） 比率の標本分布（93） 確率分布の平均（97） 比率の標本分布の平均（98） 確率分布の標準偏差（99） 比率の標本分布の標準偏差（100） 標準誤差に基づくサンプルサイズの決定（101） 逸脱行動データにおける比率の変動（102）

3 正規分布モデルと平均の標本分布 ………………………………… 103
正規分布（103） 確率密度関数（104） 正規分布の確率の求め方（106） 平均の標本分布（107） 正規分布を仮定したときの平均の標本分布（109） 逸脱行動データにおける平均の変動（111）

4 2変数正規分布モデルと相関係数・回帰係数の標本分布 ……… 112
2変数の確率モデル（112） 2変数正規分布モデル（112） 相関係数の標本分布（114） 相関係数に関する確率計算（115） 回帰分析のための確率モデル（117） 回帰係数の標本分布（118）

5 確率モデルの適用に関する諸問題 ………………………………… 120
母集団の設定（120） サンプリングのランダム性（122） ランダム化（123） 頑健性（124）

第5章 推定と検定の考え方　127
相関係数を中心に

1 推定量とその標準誤差 ……………………………………………… 127
推定量（127） 不偏推定量（128） 最尤法（129） 最小2乗法（131） 標準誤差による推定精度の評価（132） 標準誤差に基づくサンプルサイズの決定（133）

2 検定の考え方 ………………………………………………………… 134
帰無仮説（134） 検定統計量の帰無分布と棄却域（135） 有意水準（137） サンプルサイズと棄却の限界値（139） p値（140） t分布を用いた検定（140）

3 検定力とその利用 …………………………………………………… 142
検定力とは（142） 検定における2種類の誤りと検定力（143） 検定力の求め方（146） 検定力分析によるサンプルサイズの決定（147） 片側検定（147）

4 区間推定の考え方··················149
信頼区間（149） 任意の相関値を帰無仮説とした検定（149） 区間推定の原理（150） 信頼区間の算出（152） 信頼区間を利用したサンプルサイズの決定（154）

第6章　平均値差と連関に関する推測　157

1 独立な2群の平均値差の検定··················157
確率モデル（157） 平均値差の標本分布（159） 正規分布を用いた近似的な検定（159） t分布を用いた正確な検定（161） t統計量の成り立ち（163） 効果量を用いた検定（164） 検定力とサンプルサイズ（164）

2 平均値差および効果量の区間推定··················167
平均値差の区間推定（167） 効果量の区間推定（168） 信頼区間を利用したサンプルサイズの決定（170）

3 対応のある2群の平均値差の検定と推定··················171
独立な群と対応のある群（171） 対応のある群のバリエーション（172） 平均値差の標本分布（173） 標準誤差の推定量とt分布の利用（175） 帰無仮説の検定（176） 平均値差の区間推定（177）

4 2群の比率の差の検定··················178
問題の例（178） 独立な2群の比率差の標本分布（179） 独立な2群の比率差の検定（180） 対応のある2群の比率差の検定（181）

5 カテゴリ変数間の連関の分析··················184
カテゴリ変数とその間の連関（184） カイ2乗統計量（184） クラメルの連関係数とファイ係数（187） 連関の検定（188） 連関の検定と比率差の検定の関係（189）

第7章　線形モデルの基礎　191

1 変数と統計量のベクトルによる表現··················192
1つの変数を1本のベクトルで（192） 標準偏差とベクトルの長さ（192） 共分散とベクトルの内積（195） 相関係数とベクトル間の角度（197）

2 回帰分析のベクトル表現 …… 198
予測値のベクトル（198）　残差のベクトル（199）　最小2乗法の幾何学的意味（200）　予測値と残差の間の相関（201）

3 平方和および分散の分割 …… 203
三平方の定理から平方和の分割へ（203）　分散説明率と相関係数（204）

4 独立変数の効果の検定と自由度 …… 206
独立変数の効果の検定（206）　モデルと仮定（206）　自由度（207）　全体と残差の平方和の自由度（208）　予測値の平方和の自由度（211）　カイ2乗検定における自由度（212）　平方和に基づく検定統計量（212）　分散説明率に基づく検定統計量（214）　t 統計量を用いた検定との関係（215）

5 平均値差への回帰分析的アプローチ …… 216
線形モデルによる平均値差の表現（216）　母数の最小2乗推定（217）　独立変数の効果の検定（218）

6 線形モデルに基づく統計的方法 …… 220
一般的な線形モデル（220）　線形モデルのバリエーションと統計的方法（220）

第8章　偏相関と重回帰分析　　223

1 部分相関係数と偏相関係数 …… 223
研究の例（223）　データと基本統計量（225）　残差への注目（227）　部分相関係数（229）　偏相関係数（230）

2 偏回帰係数とその解釈 …… 232
偏回帰係数（232）　標準偏回帰係数（234）　偏回帰係数の解釈（235）

3 重回帰モデルのあてはめ …… 236
重回帰モデル（236）　最小2乗法による母数の推定（238）　重相関係数（240）

4 重回帰分析のしくみ …… 241
重回帰分析のベクトル表現（241）　従属変数との相関と重相関係数（243）　独立変数間の相関と重相関係数（244）　多重共線性（245）　偏回帰係数の幾何学的説明（247）

5　平方和の分割と重相関係数の検定……………………250
　平方和の分割（250）　自由度（251）　予測の標準誤差と自由度調整済み重相関係数（252）　重相関係数の検定（253）

6　個々の独立変数の寄与の評価……………………255
　分散説明率の増分と部分相関係数（255）　独立変数の寄与の検定（256）　モデルへの投入順序と寄与（259）　偏回帰係数の標準誤差を用いた検定（260）

第9章　実験デザインと分散分析　263

1　実験デザインと要因……………………263
　研究の例（263）　要因と水準（264）　要因の交絡と統制（264）　対応のない要因と対応のある要因（266）　被験者間要因と被験者内要因（267）　対応づけることの意味（269）　実験デザインの種類（269）

2　完全無作為1要因デザイン……………………270
　デザインの特徴（270）　平方和の分割（272）　相関比（274）　自由度（275）　仮定と検定統計量（276）　分散分析表（278）

3　多重比較の考え方……………………279
　事後検定と多重比較（279）　テューキーの方法（281）

4　完全無作為2要因デザイン……………………284
　デザインの特徴（284）　交互作用（285）　平方和の分割（288）　自由度（290）　仮定と検定統計量（291）　1要因デザインとの比較（293）　単純効果とその検定（294）　主効果および単純効果に関する多重比較（296）　アンバランスなデザインと平方和のタイプ（297）

5　対応のある1要因デザイン……………………299
　デザインの特徴（299）　平方和の分割と自由度（300）　仮定と検定統計量（302）　多重比較（306）　完全無作為デザインとの比較（306）

6　より複雑なデザイン……………………307
　複雑なデザインの例（307）　高次の交互作用（308）

7　共分散分析……………………309
　共分散分析の考え方（309）　共分散分析のモデル（310）　回帰係

数の等質性の検定（312）　実験要因の効果の検定（314）

第10章　因子分析と共分散構造分析　317

1　因子分析の考え方とモデル……317
研究の例（317）　因子分析の考え方（318）　因子分析モデル（319）　モデルに基づく相関の予測値（320）　一般的な因子分析モデル（322）

2　因子分析のしくみと因子の解釈……323
因子分析のベクトル表現（323）　分析結果とそのプロット（325）　因子の解釈（327）　変数の共通性と独自性（327）　因子構造（329）　準拠構造（330）　直交解と斜交解（332）

3　因子の回転……334
初期解および因子の回転（334）　バリマックス法（336）　プロマックス法（338）

4　共分散構造と母数の推定……339
因子分析モデルにおける共分散構造（339）　母数推定の考え方（342）　最小2乗法による母数の推定（343）　その他の推定法（344）　因子数の推定（345）　変数の標準化と標準解（347）　確認的因子分析（347）　確認的モデルの適合度（350）

5　共分散構造分析による潜在変数間の関係の分析……351
共分散構造分析（351）　潜在変数間の関係の分析（352）　共分散構造の導出（355）　モデルの識別（357）　分析結果の例（358）　モデル適合度と分散説明率（360）　同値モデル（361）　希薄化の修正（361）

引用文献　365
付録 A —— 補足的説明　367
付録 B —— 付表・付図　374
索　引　389

本書のコピー, スキャン, デジタル化等の無断複製は著作権法上での例外を除き禁じられています。本書を代行業者等の第三者に依頼してスキャンやデジタル化することは, たとえ個人や家庭内での利用でも著作権法違反です。

第1章 心理学研究と統計

この章では、心理学の具体的な研究例を取り上げ、研究計画からデータの収集、そして得られたデータを整理してとりあえずの結論を導くまでのプロセスを概観します。その中で、研究法の基本的な概念を紹介しながら、心理学研究と統計のかかわりを考え、この後の学習のための枠組み作りをします。第2章から第6章までの各章では、本章で提示するデータを、さまざまな角度から分析するという形で、種々の統計的方法を導入していきます。

1 研究のプロセス

リサーチ・クエスチョンと仮説

心理学に限らず、研究は何らかの「問い」を発すること、すなわち**リサーチ・クエスチョン**をもつところから始まります。いま、ある研究者が、小学校高学年から中学校にかけての子どもの反社会的行動の発達的変化に注目し、「反社会的行動はその年齢の頃に増加するのか、そして、もし増加するとしたら、その原因は何か」というリサーチ・クエスチョンをもったとします[1]。そして、関連する文献や学校関係者へのインタビューなどをふまえ、その問いに対して、「男女とも、小学校高学年から中学校にかけて平均的に反社会的行動が増加するだろう。そして、その増加は、思春期の生理的変化によっ

---

1) ここで取り上げる研究例および提示するデータは架空のものですが、Ma, Shek, & Tam (2001) からヒントを得ています。

て生じる心理的葛藤が有力な原因のひとつであろう」という説明を考えたとしましょう。こうした暫定的な説明は**仮説**（hypothesis）とよばれます。

心理学の研究では、このような仮説を生み出す過程、あるいはその前の段階であるリサーチ・クエスチョンそのものを明確にしていく過程が重視されています（箕浦，1999）。そして、その過程では、行動観察や面接、フィールドワークなどによる質的な調査が重要な役割を担っています（澤田・南，2001）。統計的なデータ解析は、こうした探索的な**仮説生成**の過程で利用されることもありますが、それ以上に、生成された仮説の妥当性を検討する**仮説検証**の過程で利用されています。

予測の導出

上記の仮説で言及された「思春期の生理的変化」は男子よりも女子のほうに早くあらわれ、11歳ぐらいから13歳ぐらいにかけては、女子のほうの変化がより顕著であることが知られています。そのため、もしその仮説で述べたように、思春期の生理的変化によって生じる心理的葛藤が反社会的行動を引き起こす有力な原因だとしたら、そこから、「11歳から13歳にかけての反社会的行動の増加は、女子のほうにより顕著にみられるだろう」という具体的な予測が可能になります。

仮説検証型の研究では、このように、データによってその正否が直接的に評価できるような具体的な予測を仮説から論理的に導出します。そして、その予測通りの結果が得られれば仮説は支持され、逆に予測に反する結果が得られれば、仮説は支持されないことになります。

仮説検証の論理

ここで、仮説を「支持する」とか「支持しない」という言葉を用い、仮説を「証明する」とか「反証する」という言葉を用いなかったことに注意してく

ださい。いまの例で，小学校高学年から中学校にかけて，男女とも反社会的行動が増加し，その増加の度合いは女子のほうが大きいという予測通りの結果が得られたとしても，それによって「反社会的行動の増加の主たる原因は，思春期の生理的変化に伴う心理的葛藤である」という上記の仮説を証明したことにはなりません。なぜなら，同様の結果に対して別の解釈，たとえば「この時期には受験プレッシャーの高まりから心理的不安が増大し，それが反社会的行動を引き起こす原因となる。そして，こうした不安は女子において特に顕著である」などの解釈も否定できないからです。

　論理学的に言えば，「仮説が正しければ，予測通りの結果が得られる」という命題が真でも，その逆，つまり「予測通りの結果が得られれば，仮説は正しい」という命題は必ずしも真ではないということです。この論理は，たとえば「犬ならば，動物である」という命題は真であるのに，その逆の「動物ならば，犬である」という命題は真でないというような例を考えれば明らかでしょう。

　では，予測に反する結果が得られた場合はどうでしょうか。「犬ならば，動物である」という真の命題については，その対偶である「動物でなければ，犬ではない」という命題も真です。この論理を用いると，「仮説が正しければ，予測通りの結果が得られる」という命題が真なら，「予測通りの結果が得られなければ，仮説は正しくない」ことになります。つまり，データによって仮説を反証することができるはずです。

　しかし，実際の研究では，「仮説が正しければ，予測通りの結果が得られる」という前提自体が完全には満たされません。たとえば，いまの例で，反社会的行動の測定が不完全なものであったり，データの数が不十分であったり，データの処理を誤ったりしたら，仮に仮説が正しくても，予測に反する結果が得られる可能性があります。

このため，予測に反する結果が得られても，仮説を完全に反証することはできないのです。

ところで，いまの説明からもわかるように，良質のデータをとることができれば，仮説が正しいときに予測通りの結果が得られる可能性が高くなります。そして，仮説の真偽を検討するためのデータの「証拠力」も，それによって高められることになります。

研究のアプローチとデザイン

仮説検証研究においては，どのような予測をデータによって確かめたいのかによって，その目的に適したアプローチや具体的な研究デザインが選ばれます。

心理学研究のアプローチは大きく**調査**（survey），**実験**（experiment），**実践**（practice）の3つに分けることができます（南風原・市川・下山，2001）。このうち調査は，研究者の側から現実に対して特に手を加えることなく，現実をそのまま把握しようとするものです。これに対し実験では，研究者の側で意図的に条件を**操作**（manipulate）して，その効果を調べます。そのとき，操作する条件以外はできるだけ**統制**（control）して，主眼となる条件の効果が見やすくなるように工夫します。また，教育や臨床における実践研究では，対象者の現実を改善することを主目的として現実に介入しながら研究を進めていきます。

先に示した「11歳から13歳にかけて反社会的行動は男女ともに増加し，その度合いは女子のほうが大きいだろう」という予測を確かめるには，現実をそのまま把握する調査研究が適しています。その具体的な研究デザインとしては，(a)対象者として11歳の集団と13歳の集団を選んで比較する，または，(b)対象者として11歳の集団を選び，その集団が13歳になった時点で再度調査する，という2通りのものが考えられます。(a)のように，あるひとつの時点で異な

る集団を比較する研究は**横断的研究**（cross-sectional study）とよばれ，一方，(b)のように同一の集団について2つ以上の時点でデータをとって比較する研究は**縦断的研究**（longitudinal study）とよばれます。実施上は横断的研究のほうが簡便ですが，同一の対象者の発達的変化を直接的にとらえるという目的には縦断的研究のほうが適していると考えられます。

ここの研究例では，縦断的なデザインを採用したとしましょう。具体的には，小学校6年の学年初め（11歳）と中学校2年の学年初め（13歳）の2つの時点をとって比較することにしたとします。

> 対象者の選定

本章の例では，リサーチ・クエスチョンや仮説の設定にあたって，対象者については「小学校高学年から中学校にかけての男女」という一般的な形でしか述べられていません。仮説から具体的な予測を立て，研究デザインを決める段階では，11歳と13歳の比較をするというところまで絞られましたが，それでも対象者が不特定多数であることには変わりありません。心理学研究の多くは，この例のように，かなり一般的な対象を想定して進められます。その一方で，対象を特定しないと実際のデータ収集はできません。ここで**母集団**（population）と**サンプル**の区別が必要になってきます。

母集団というのは，リサーチ・クエスチョンや仮説が，少なくとも暗黙のうちに想定している一般的な対象者集団です。たとえば，ここでの研究例の場合，ある特定の地域や学校の子どもたちといった限定された集団ではなく，日本のある年代の子どもたち一般（あるいは世界のその年代の子どもたち一般）を母集団として想定していると考えてよいでしょう。

これに対しサンプルとは，実際にデータを収集する対象者集団です。第4章でくわしく述べますが，統計学的には，サンプルは母集

団からランダムに選ばれることが望ましいとされ，それが確率論的な議論の前提となります。しかし，上記のような大きな母集団からランダムにサンプルを選んでデータを収集することは，多くの場合，非常に大きな困難を伴います。ここの例では，便宜的に，ある地域のひとつの小学校と，その小学校の卒業生が進学する中学校を選んで調査協力を依頼し，その小学校の6年生，男女20人ずつをサンプルとしてデータを収集したとしましょう[2]。現実の心理学研究の多くがこうした便宜的な方法に頼っています。第4章では，こうした便法をとることの問題点についても考察します。

なお，実験の場合は，実験に参加してデータを提供してくれる人のことを**被験者**（subject）とよぶのが普通です。調査の場合は，対象者あるいは調査対象者とよぶのが一般的ですが，実験と同様に被験者とよぶこともあります。本書ではこれ以降，基本的に被験者という用語で統一しておくことにします[3]。

構成概念の測定

ここで例に取り上げている「反社会的行動」という概念は，社会の秩序に反するさまざまな行動を抽象した概念であり，直接的に測定できるものではありません。しかし，このような概念を用いることにより，個別のさまざまな行動に対してひとつのまとまりが与えられ，議論や研究を進める際の枠組みが作られます。この概念のように学問上の目的のために定義され，使用される概念を**構成概念**（construct）とよびます。

構成概念は，その定義がかなり確立されて多くの研究者の共通理解となっているものから，研究者によって，あるいは個々の研究に

---

[2] ここでは例示の目的で小さなサンプルにしてあります。サンプルサイズの決め方については第4〜6章で解説します。
[3] 被験者という言葉は，研究に協力してくれる人の尊厳を傷つける可能性があるという配慮から，「研究協力者」というよび方も増えてきています（秋田，2001）。

よって多少異なった定義がなされるものまで、いろいろあります。たとえば「反社会的行動」という構成概念については、窃盗や傷害のような犯罪行為に限定するのか、それとも学校の無断欠席や遅刻、あるいは親に対して反抗的な態度をとるといった軽微なものまで含めるのかは、研究者の問題意識によって違ってくると思われます。いずれにしても、その定義を明確にしない限り、測定の方法を定めることはできず、得られるデータの解釈もできないことになります。

ここでは「反社会的行動」を、学校、家庭、および社会における比較的軽微な秩序逸脱行動と定義したとしましょう。そして、その定義にあてはまると思われる具体的な行動を20個用意して項目としたとします。そして、それぞれの行動を「最近1か月の間にしたことがあるかどうか」を尋ね、「したことがある」なら1点、「したことがない」なら0点を与えて、その合計点を「逸脱行動得点」とし、これによって反社会的行動の程度をあらわすことにしたとしましょう。

このような得点化のルールのことを、一般に**尺度**（scale）とよびます。また、得点化のもととなる項目の集合、あるいはそれを質問紙の形にしたものを尺度とよぶこともあります。一定の尺度にしたがって、被験者に数値を割り振るプロセスが**測定**（measurement）ということになります。

先に仮説検証に関連して述べたように、測定によって良質のデータを得ることができるかどうかは、研究全体の良さを左右する重要な要件です。測定の質は、妥当性および信頼性という観点から評価されます。これらの概念については、第3章の6節で解説します。

こうして被験者のサンプルと測定の方法が定まれば、次はいよいよデータ収集の段階に移ります。収集されるデータの例、およびその分析については、節を改めて紹介することにしましょう。

2 データとその表現

データの一覧表　前節で述べた反社会的行動の発達的変化に関する研究で，男女20人ずつの被験者に対して，小学校6年と中学校2年の学年初めに実施した逸脱行動尺度の得点が，表1-1のようになったとしましょう。

この表には，40人の被験者の性別と，2つの時点での逸脱行動得点，そして小学校6年から中学校2年にかけての得点の変化量の，合計4つの変数の値が示されています。**変数**（variable）というのは，文字通り，個人によって「変わりうる数値」，あるいは同じ個人内でも「変化しうる数値」という意味ですが，性別のように本来数値でないものも，対象の特徴をあらわすものはすべて変数とよばれます。研究で得られるデータは，まず，このように「被験者×変数」という形式の一覧表に整理します。データをコンピュータで処理する場合も，基本的にこの形でコンピュータに入力します[4]。

学年間の変化　さて，この研究の仮説からは，逸脱行動得点は小学校6年から中学校2年にかけて男女ともに上昇し，その度合いは女子のほうが顕著であるという予測が立てられました。結果が予測通りになっているかどうかを見るために，男女別に2つの時点における得点の**度数分布**（frequency distribution）をグラフにあらわしたものが図1-1です。

4）表1-1では，男女のデータを左右に並べてありますが，コンピュータに入力する際には，男女合わせて40行×4列（通し番号も含めれば5列）の形で入力します。また，この表にある変化量のように，他の変数の値から計算によって求められるものは，入力せずにコンピュータに計算させるほうが簡単で，しかも正確です。

表 1-1 男女20人ずつの被験者の小6と中2のときの逸脱行動得点

番号	性別	小6	中2	変化量	番号	性別	小6	中2	変化量
1	男	4	8	4	21	女	3	12	9
2	男	9	12	3	22	女	9	9	0
3	男	14	11	−3	23	女	4	10	6
4	男	16	20	4	24	女	8	13	5
5	男	15	16	1	25	女	8	13	5
6	男	14	18	4	26	女	5	10	5
7	男	7	7	0	27	女	5	7	2
8	男	13	19	6	28	女	7	18	11
9	男	18	20	2	29	女	12	17	5
10	男	20	14	−6	30	女	11	14	3
11	男	12	14	2	31	女	8	12	4
12	男	6	12	6	32	女	11	18	7
13	男	10	16	6	33	女	13	17	4
14	男	16	14	−2	34	女	10	20	10
15	男	12	13	1	35	女	15	13	−2
16	男	16	17	1	36	女	10	16	6
17	男	13	19	6	37	女	12	13	1
18	男	12	10	−2	38	女	10	12	2
19	男	12	19	7	39	女	8	12	4
20	男	15	14	−1	40	女	9	13	4

　これを見ると，女子の場合は，小学校6年のときよりも中学校2年のときのほうが分布が右のほう，つまり得点の高いほうにずれていることが一目でわかります。男子のほうも，よく見れば，得点の低いところの度数は小学校6年のときのほうが多めで，逆に得点の高いほうの度数は中学校2年のときのほうが多めになっており，やはり学年が上がるにつれて逸脱行動得点がやや高くなる傾向がみられます。

変化量の性差　　学年による変化の大きさの男女差を直接的に検討するために，各被験者について，中

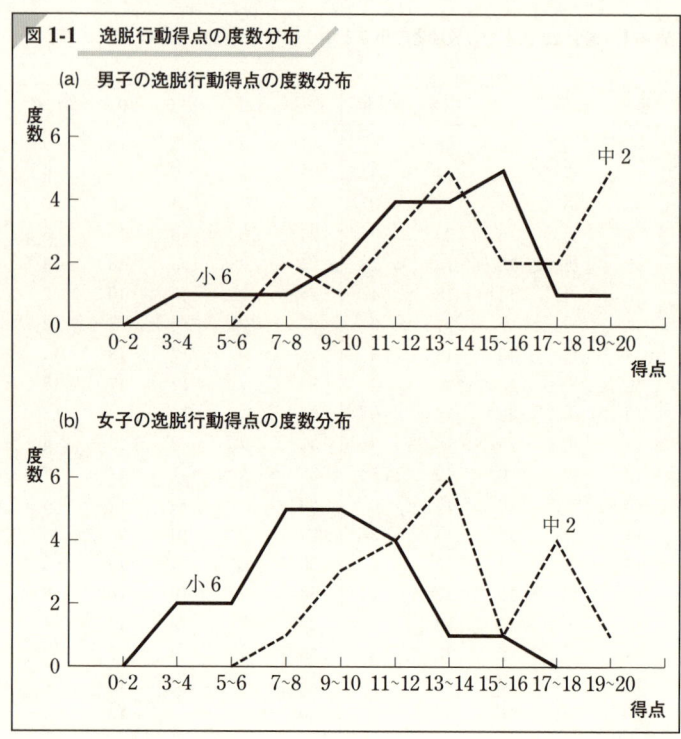

学校2年のときの得点から小学校6年のときの得点を引いて求めた変化量について、その度数分布を男女別にグラフ化したものが図1-2です。この図から、予測通り、女子の変化量のほうが男子に比べて大きめであることが読み取れます。

個人差の安定性

次に、逸脱行動の個人差が学年を越えてどれほど安定しているかを調べるために、小学校6年のときに他の人より得点が高かった人が、中学校2年でも相対的に高い得点をとっているかどうかという2時点間の**相関関係**（correlation）を調べてみましょう。

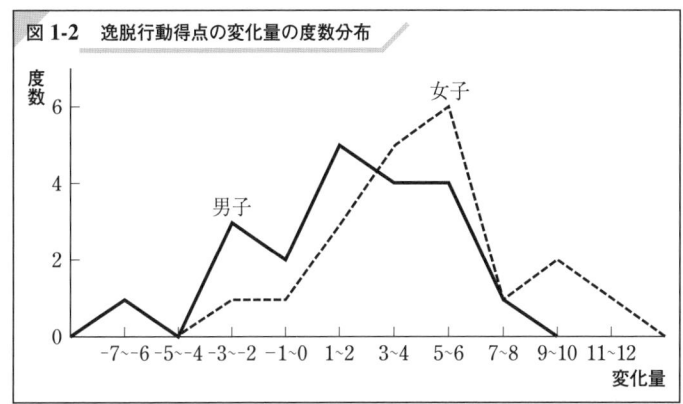

図 1-2　逸脱行動得点の変化量の度数分布

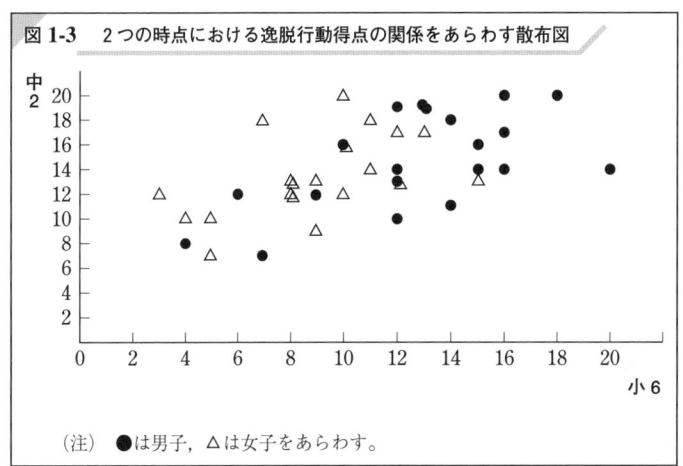

図 1-3　2つの時点における逸脱行動得点の関係をあらわす散布図

（注）●は男子，△は女子をあらわす。

　図 1-3 は，男女ごとに異なる印を用いて，横軸に小学校 6 年のときの得点，縦軸に中学校 2 年のときの得点をとってプロットしたものです[5]。このような図は**散布図**（scatter diagram）または**相関図**とよばれます。この図をみると，男女ともプロットした点がやや右上がりの配置となっており，小学校 6 年のときに逸脱行動得点が高

かった人は、中学校2年でも高めの得点となる傾向のあることが読み取れます。

この相関関係は研究の仮説と直接関係するものではありませんが、反社会的行動の発達的変化を調べるという研究の目的に沿った、付加的な情報を与えるものです。なお、この図からは、男女の分布が横方向にずれた配置になっていて、縦方向には群間の顕著な差異がないことがわかります。つまり、小学校6年のときの逸脱行動得点は男子のほうが高いけれども、中学校2年のときにはその差がほとんどなくなっているということです。

3 統計的方法の必要性

記述的指標の必要性

前節では、得られたデータを度数分布や散布図の形に整理・表現することによって、研究仮説から導かれた予測の正否について、おおまかな検討をすることができました。こうした図表化は、データ解析の第一歩として非常に重要な意味をもっています。しかし、その一方で、このような単純な方法には限界があります。さまざまな統計的方法やそれを支える理論は、その限界を超えるために開発されてきたものです。

前節で、たとえば、小学校6年から中学校2年にかけての逸脱行動得点の変化量の分布をあらわす図1-2から、「女子の変化量のほうが男子に比べて大きめである」という読み取りをしました。しかし、

---

5) 図1-3および同じデータに基づく第3章の散布図では、同じ点に複数のデータがある場合、そのことがわかるように位置を少しずらしてプロットしてあります。重なったデータの表示の仕方としては、同じ点にあるデータの個数を数字や記号で表示する方法もあります。全体のデータ数が多い場合には、重なりの有無を無視しても特に問題はありません。

このような記述だけでは，女子の変化量が男子に比べてどれぐらい大きいのかが伝わりません。このとき，女子の変化量の分布全体をたとえば平均で代表させ，「女子の平均はいくらで，男子の平均よりいくら大きい」という記述ができると便利です。

また，図 1-2 からは，男女ともに変化量の個人差がかなりあり，2 つの分布はかなりの程度重なっていることがわかります。こうした各群ごとの個人差の大きさ，得点の広がりの程度，さらには，2 つの分布の重なりの度合いについても，わかりやすい指標があると便利です。

このような指標は一般に，**記述的指標**，**記述統計量**，または**要約統計量**などとよばれます。本書の第 2 章では，個々の変数の分布の特徴を記述する指標について，そして第 3 章では，2 つの変数の間の関係を記述する指標について解説します。

推測の方法の必要性

前節では，男女 20 人ずつの変化量の分布を比較して，女子のほうが大きめであると判断しましたが，研究の目的からするとこの特定の 20 人ずつを被験者とする必然性はなく，同じ母集団に属する，まったく別の男女 20 人ずつを対象とすることもできたわけです。では，別の男女 20 人ずつを対象としたら，結果はどれぐらい違ったものになるでしょうか。もしその結果が大きく違ってくるとしたら，先のデータに基づく結論には信頼がおけないことになります。

サンプルによって結果がどの程度変動するか，というこの問題には，前節で作成したような図表をいくらくわしく見ても答えることができません。実際に別のサンプルをとって調べてみるということも考えられますが，2 回の調査の結果がだいたい似ていたとしても，3 回目もそうなるという保証はありませんし，何度もサンプルをとり直すということは実際上困難なので，このアプローチでは限界が

あります。

　統計学では，母集団からのランダムサンプリングを仮定することによって，確率論に基づいて理論的にこの問題に答えようとします。母集団からランダムに選ばれるサンプルは，サンプルからサンプルへとどのような結果の違いをもたらすか，また，そのように変動するサンプルの結果から母集団の性質をどのようにして推測することができるのか，といった問題に，確率モデルを用いて答えを提供するのです。このような方法は一般に**統計的推測**（statistical inference）とよばれます。本書では，第4章および第5章で，その考え方の基礎について解説し，それ以降の章では，特定の統計的方法との関連で具体的な推測の方法を紹介していきます。

| 複雑な関係や要因を分析する方法の必要性 |

　本章では比較的簡単なリサーチ・クエスチョンと研究デザインの例を取り上げましたが，研究によっては，

- 複数の変数を同時に用いて，ある変数を予測・説明する
- 複数の実験的要因の効果を検討する
- 潜在的な因子を仮定して多くの変数間の関係を説明する

などの，複雑な分析が必要になってきます。その場合には，特別に工夫された統計的方法を利用する必要があります。これらの方法も，基本的には記述的指標を工夫し，さらにその指標に関して統計的推測を行うというものですが，これらやや複雑な方法については，第7章で必要な基礎づくりをした上で，第8章以降の各章で解説します。

4 心理統計学とは

学問としての心理統計学

統計学は,経済学,人類学,農学,天文学などさまざまな分野でのデータの記述・分析上の必要から発展してきた学問です。したがって,現在の統計学の理論や方法は,いろいろな分野での研究を背景にして作られてきたものの集合体といえます。

それらの理論や方法の中には心理学の研究の中で生まれてきたものもあります。たとえば,第10章で取り上げる因子分析は知能や性格に関する心理学的研究の中で生まれ,発展してきたものです。学問としての「心理統計学」は,このように,心理学の研究上の要請に応えて新たな統計的方法を開発し,それらの方法の理論的性質や適用上の問題について研究を行う学問分野を指します。

しかし,心理学から生まれた統計的方法は,現在では心理学の枠を越えて多くの学問分野で利用されるようになってきていますし,そうした方法についての研究にも,数理統計学者や他の応用領域の統計学者が数多く参加するようになってきています。そのため,学問としての心理統計学の境界は必ずしも明確ではありません。

授業科目としての心理統計学

一方,大学での授業科目として「心理統計学」という言葉を使うときは,心理学から生まれた統計学や,いわゆる心理統計学者によって開発された統計的方法に限定せず,より広く,心理学の研究で実際によく利用される統計学の理論と方法の総称として用いています。つまり,「心理学研究法の一環として学ぶ統計学」というのが,授業科目としての心理統計学の意味です。

本書でも心理統計学をこの広い意味でとらえ，心理学の研究を実際に行う上で必要となる統計学の理論と方法，およびその基礎となる考え方を，心理学研究への適用に伴う方法論的問題や留意点とともに解説していきます。

⦿キーワード

リサーチ・クエスチョン，仮説，仮説の生成と検証，仮説の証明と反証，調査，実験，実践，条件の操作と統制，横断的研究，縦断的研究，母集団，サンプル，被験者，構成概念，尺度，測定，変数，度数分布，相関関係，散布図，相関図，記述的指標，記述統計量，要約統計量，統計的推測，心理統計学

第2章 分布の記述的指標とその性質

この章では，個々の変数の分布の特徴を記述する指標として，平均など分布の中心的な位置をあらわす代表値と，標準偏差など分布の広がりの程度をあらわす散布度を取り上げ，その性質について指標相互の間の関係に注意しながら解説します。統計データを柔軟に取り扱うためには，必要に応じて変数を合成したり，変換したり，集団を合併したりすることが必要になりますので，そうした操作が分布の諸指標にどのように反映されるのかについてもくわしく解説することにします。

1 分布の代表値

代 表 値

分布の特徴をあらわす記述的指標として最も基本的なものは，**代表値**です。代表値とは，文字通り，分布全体を1つの値で代表するものです。たとえば，陸上の投てき種目では，それぞれの選手が複数回試行し，その結果として複数の記録が出ます。そして，その複数の記録を代表する値として，その中で最も良かった記録が選ばれ，それがその選手の成績となります。これは，代表値として分布の最大値が選ばれる例です。一方，体操競技など，複数の審査員が採点する種目では，最大値ではなく，**平均**（mean）が用いられます。このとき，極端な採点が結果を大きく左右してしまうのを避けるために，最高点と最低点

を除いたうえで平均を計算する方式がとられることもあります[1]。

代表値としては，上記の後者の例のように，分布の中心的な値を用いるのが一般的です。しかし，中心的な値は何も平均に限りません。たとえば，分布に含まれる値を大きいものから小さいものへと順に並べたときに順位が全体のちょうど真中になる値，すなわち**中央値**（median）も中心的な値と言えます。では，平均と中央値は，どちらがより中心的でよりよい代表値なのでしょうか。

代表値としての適切さの基準

平均と中央値のどちらがより適切な代表値かという問題は，代表値としての適切さをどう考えるかによります。統計学では，このような問題の場合，まず「適切さ」というものの基準を明確に定義し，それを最大にする値を求めるというアプローチが用いられます。

分布の中心的な値としての代表値の適切さの基準として，最も自然なものは「分布に含まれる各値との近さ」というものでしょう。この基準を一般的な式の形で表現してみましょう。

まず，分布に含まれるデータの総数を N とします。そして，対象となっている変数を x という記号であらわし，その変数における 1 人目の被験者の値を x_1，2 人目の被験者の値を x_2，一般に i 番目の被験者の値を x_i とあらわすことにします。たとえば，第 1 章の表 1-1 のデータでは，「小 6 のときの逸脱行動得点」を x とすると，$x_1 = 4$, $x_2 = 9, \cdots, x_{40} = 9$ ということです[2]。そして，適切な代表値の候補を t と表現しておきます。ここで，「代表値 t と，分布に

---

1) このように，分布の両端から一定数の値を除いたうえで求める平均を**調整平均**（trimmed mean）とよびます。
2) x という記号は数学ではよく未知数をあらわしますが，ここでは，データとしてその値がすでにわかっているものをあらわしています。また，添字付きの記号 x_i も，数学における規則的な数列のようなものではなく，単に被験者の番号の順にデータを並べたものをあらわしています。

含まれる各値 $x_1, x_2, \cdots, x_N$ との近さ」という基準を,「t と各値 x_i の間の距離 $|x_i - t|$ の総和の小ささ」と解釈すると,その基準は

$$T_1 = |x_1 - t| + |x_2 - t| + \cdots + |x_N - t|$$
$$= \sum_{i=1}^{N} |x_i - t| \qquad (2.1)$$

という式で表現することができます[3]。つまり,この T_1 を最小にする値 t が,「分布に含まれる各値に最も近い」という基準を満たす最適な代表値ということになります。

中央値

この基準を満たす最適な代表値は何かを具体的に考えるために,表 1-1 の最初の 5 人の被験者の小 6 のときの逸脱行動得点

$$4, \quad 9, \quad 14, \quad 16, \quad 15$$

を数値例として取り上げましょう(図 2-1)。いま,仮に代表値の候補 t の値として,最大値(16)と最小値(4)の間をとった値 10 を考えてみます。このとき,(2.1)式の値は

$$T_1 = |4 - 10| + |9 - 10| + \cdots + |15 - 10| = 22$$

となります。t の値を 10 から少し増加させると,10 より小さい値 4

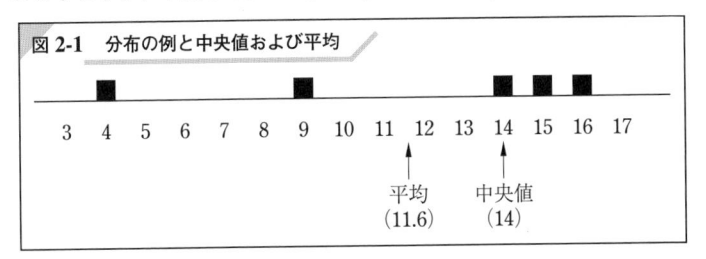

図 2-1　分布の例と中央値および平均

平均 (11.6)　中央値 (14)

---

3) 和記号 $\sum$ については,付録 A.2 を参照。

および 9 との距離は広がり,逆に 10 より大きい値 14, 15, 16 との距離はそれと同じだけずつ狭まります。距離が広がる値が 2 個,それと同じだけずつ距離が狭まる値が 3 個ですから,t の値を少し増加させることによって,基準 T_1 の値は小さくなることになります。$t = 14$(中央値)のとき,その値は $T_1 = |4-14|+\cdots+|15-14| = 18$ まで減少しますが,t をそれ以上増加させると,小さいほうの 2 つの値(4, 9)との距離と大きいほうの 2 つの値(15, 16)との距離の総和は変わりませんが,中央の値(14)との距離が大きくなって結局 T_1 の値が大きくなってしまいます。

以上のことから,(2.1) 式の T_1 の値を最小化する代表値は中央値であることがわかります。つまり,中央値は,「分布に含まれる各値に最も近い」という意味で最適な代表値であるということです。本書では中央値を Med という記号であらわすことにします。

なお,データの総数 N が偶数の場合は,順位で中央のものが 2 つあることになります。たとえば,$N=6$ のときは,順位で 3 番目と 4 番目の 2 つの値が中央になります。この場合,(2.1) 式は,t の値として 3 番目と 4 番目の値の間のどの値を用いても同じ最小値となります。しかし,中央値が 1 つに決まらないというのは不便なので,N が偶数の場合は,中央の 2 つの値のちょうど真中の値を中央値とするのが普通です。

平 均

このように,中央値には統計学的に明確な特徴づけが可能です。では,全データを足してデータの総数で割った平均

$$\bar{x} = \frac{1}{N}\sum_{i=1}^{N} x_i \tag{2.2}$$

にはどのような特徴づけが可能なのでしょうか[4]。

図 2-1 の分布の代表値として，中央値 $Med = 14$ を採用するとしたとき，その値が分布の中で値が比較的集中している部分，すなわち分布の右側のほうに偏っていて，その集中部分から外れた 4 や 9 という値からはだいぶ離れた値になっているという印象をもたれるかもしれません。そうした印象があるとしたら，「最適な代表値」の基準として，ここまで考えてきた「分布に含まれる各値に最も近い」という基準とは異なるものを，暗黙のうちに採用しているということが考えられます。

では，値が比較的集中している部分から外れた，分布の端のほうの値にもっと近い値が代表値として選ばれるのは，どのような基準を最適化したときでしょうか。そうした基準の 1 つとして考えられるのは，

$$T_2 = \sum_{i=1}^{N} (x_i - t)^2 \quad (2.3)$$

というものです。この基準の場合，代表値と各値との距離が 2 乗されているため，(2.1) 式の T_1 に比べ，大きな距離の影響力がより強くなります。したがって，この T_2 の値を最小化する t の値を代表値として選べば，分布の端のほうに外れた値からも（中央値ほどには）遠くない代表値となります。

この新たな基準 T_2 を最小化する代表値が，実は平均 $\bar{x}$ なのです。このことは次のようにして証明することができます。まず，(2.3) 式は，以下のように変形することができます（付録 A.2 参照）。

---

[4] 平均をあらわす記号 $\bar{x}$ は "x バー" と読みます。この記号は統計学的議論をするときに用いられるもので，心理学の研究論文などで実際のデータの平均を示すときは M という記号を用いるのが一般的です。

$$T_2 = \sum_{i=1}^{N}(x_i - t)^2$$
$$= \sum_{i=1}^{N}[(x_i - \bar{x}) + (\bar{x} - t)]^2$$
$$= \sum_{i=1}^{N}[(x_i - \bar{x})^2 + 2(x_i - \bar{x})(\bar{x} - t) + (\bar{x} - t)^2]$$
$$= \sum_{i=1}^{N}(x_i - \bar{x})^2 + 2\sum_{i=1}^{N}(x_i - \bar{x})(\bar{x} - t) + N(\bar{x} - t)^2$$

この最右辺の第2項は

$$\sum_{i=1}^{N}(x_i - \bar{x})(\bar{x} - t) = (\bar{x} - t)\sum_{i=1}^{N}(x_i - \bar{x})$$
$$= (\bar{x} - t)(N\bar{x} - N\bar{x})$$
$$= 0$$

となって消えますので,結局

$$T_2 = \sum_{i=1}^{N}(x_i - \bar{x})^2 + N(\bar{x} - t)^2 \tag{2.4}$$

となります。この式を最小化する t は,右辺の第2項をゼロにするものであり,$t = \bar{x}$ となります[5]。

図 2-1 のデータの場合,平均は

$$\bar{x} = \frac{1}{5}(4 + 9 + 14 + 15 + 16) = 11.6$$

となります。中央値 $Med = 14$ に比べ,最小値 4 に近い値となることがわかります。なお,このときの T_2 の値は,

$$T_2 = (4 - 11.6)^2 + (9 - 11.6)^2 + \cdots + (16 - 11.6)^2 = 101.2$$

---

[5] この証明は,(2.3) 式を t に関して微分し,それをゼロとおいた方程式を解くことによってもできます。

となります。

> **外れ値に対する抵抗性**

このように、平均は中央値に比べ、分布の端のほうに外れた値に引っ張られる傾向があります。これは中央値が、最大値や最小値がどんなに極端な値をとっても、それには関係なく順位で中央の値がどこにあるかによって決まるのに対し、平均は個々の値をすべて使って算出されることからも理解できる性質です。

中央値と平均のこのような性質の違いは、「平均は外れ値の影響を受けやすい」というように、平均の短所として言及されるのが一般的です。**外れ値**（outlier）というのは、分布の全体的な位置から極端に離れた値のことです。たとえば、実験の際の計器の異常や読み取りミスのために、外れ値が生じることがあります。このような場合は、こうした外れ値の影響を受けにくい中央値のほうが安心です。一方、分布の全体的な位置から極端に外れているといっても、正確な測定の結果、そのような値が得られたという場合もあります。この場合も表面上は外れ値となりますが、代表値としてそのような値の影響を受けないもののほうが優れているのかというと、測定や記録の誤りから生じた外れ値の場合に比べると、答えはそれほど簡単ではありません。

結局のところ、中央値と平均は同じ代表値といっても、先にみたように異なる基準を最適化する指標であり、異なる意味をもつものです。したがって、「どちらが優れているか」という観点から一方だけを選んで報告するということにこだわらず、両者の間に大きな隔たりがあるときには、両方とも報告することによってデータの分布の特徴をより的確に伝えるということを考えるべきでしょう。

なお、本節の最初のほうで紹介した調整平均は、外れ値に対する抵抗性を強めるために、分布の両端から一定数を除いたうえで平均

するという工夫をしたものです。

逸脱行動データの代表値

表2-1は、第1章の表1-1に含まれる3つの変数（「小6のときの逸脱行動得点」、「中2のときの逸脱行動得点」、「2つの時点間の変化量」）について、男女別、および全体の中央値と平均を示したものです[6]。このデータの場合は、中央値と平均の差はわずかであり、どちらか一方のみを報告しておけば十分だということがわかります。この表で、変化量の平均に注目すると、男子の平均が1.95であるのに対し、女子の平均は4.55と、2.6ポイント大きな値となっていることがわかります。第1章では、図1-2から女子の変化量のほうが男子に比べて大きめであることを読み取りましたが、平均などの代表値を用いると、その差異の大きさを定量的に把握すること

表 2-1 逸脱行動データの代表値

	小6のときの逸脱行動得点	中2のときの逸脱行動得点	変化量
男子			
中央値	13.00	14.00	2.00
平　均	12.70	14.65	1.95
女子			
中央値	9.00	13.00	4.50
平　均	8.90	13.45	4.55
全体			
中央値	11.00	13.50	4.00
平　均	10.80	14.05	3.25

---

[6] 表1-1には「性別」という変数もありますが、中央値や平均が計算できるのは基本的には**量的変数**のみであり、性別のような**質的変数**には適用できません。ただし、質的変数であっても、たとえば男子なら1、女子なら0のように数値化すれば、形式的には平均等の計算をすることは可能です（第4章3節の脚注14参照）。

が可能になります。

> 合成変数の平均

ところで，表 2-1 からは，中央値と平均の性質について，2 つの特徴的な差異がうかがえます。ひとつは，平均については「変化量の平均 = 中 2 のときの平均 − 小 6 のときの平均」という関係が成り立っていますが，中央値については同様な関係が成り立たないということです。たとえば，男子について，中 2 のときの逸脱行動得点の中央値（14）から小 6 のときの逸脱行動得点の中央値（13）を引いた値（1）は，変化量の中央値（2）に一致しません。

一般に，複数の変数の和や差，あるいはそれぞれの変数に重みを付けた和や差のことを，これらの変数の**合成変数**（composite variable）とよびます。上記の「変化量」も一種の合成変数です。いま，2 つの変数 x および y にそれぞれ c, d という重みを付けた合成変数を

$$v = cx + dy \tag{2.5}$$

とすると，その平均は

$$\begin{aligned}
\bar{v} &= \frac{1}{N} \sum_{i=1}^{N} v_i \\
&= \frac{1}{N} \sum_{i=1}^{N} (c\,x_i + d\,y_i) \\
&= \frac{1}{N} \sum_{i=1}^{N} c\,x_i + \frac{1}{N} \sum_{i=1}^{N} d\,y_i \\
&= c\bar{x} + d\bar{y} \tag{2.6}
\end{aligned}$$

となります。つまり，重み付き合成変数の平均は，各変数の平均を

(2.5) 式と同じように合成したものとなります[7]。

上記の「変化量」は、小6のときの逸脱行動得点を x、中2のときの逸脱行動得点を y としたとき、それぞれにかかる重みを $c = -1$, $d = 1$ とした合成変数

$$v = (-1)x + (1)y = y - x$$

ということになります。したがって、その平均は (2.6) 式より、

$$\bar{v} = \bar{y} - \bar{x}$$

となります。集団内での順位に基づく中央値と異なり、平均は「合計して N で割る」という単純な計算に基づく指標であるために、このような簡単な関係が成り立つのです。

合併した集団における平均

表2-1から読み取れる中央値と平均のもうひとつの性質の違いは、平均については「全体の平均 = (男子の平均 + 女子の平均) / 2」という関係が成り立っていますが、中央値については同様な関係が必ずしも成り立たないということです。たとえば、変化量について、男子の中央値 (2) と女子の中央値 (4.5) を平均したもの (3.25) は、全体の中央値 (4) に一致しません。

ただし、「全体の平均 = (男子の平均 + 女子の平均) / 2」という関係が成り立つのは、男子の人数と女子の人数が等しい場合です。もし人数が違えば、全体の平均は当然、人数の多いほうの平均に近い値となります。一般に、第1群の人数を n_1、平均を $\bar{x}_1$ とし、第2群の人数を n_2、平均を $\bar{x}_2$ とすると、2つの群を合併した全体の平均 $\bar{x}$ は、2つの群の平均を人数で重み付けた値

---

[7] このことは合成する変数が3個以上ある場合にも成り立ちます。

$$\bar{x} = \frac{n_1\bar{x}_1 + n_2\bar{x}_2}{N} \tag{2.7}$$

となります。ただし，分母の N は全体の人数（n_1+n_2）です。分子の第1項は第1群のデータの合計，第2項は第2群のデータの合計ですから，その和，すなわち2つの群を合併した全体のデータの合計を，全体の人数で割ったものが全体の平均になるということです[8]。

2 分布の散布度

散布度

分布の特徴をあらわす指標として代表値と並んで重要なのは，分布の広がりの程度を示す**散布度**です。たとえば図2-2に示した3つの分布が，同一の集団に実施した3つの科目のテストの得点分布だとしましょう。このとき，仮に3つの科目を入学試験における選択科目として実施するとしたらどのような問題が生じるでしょうか。これらの分布の平均

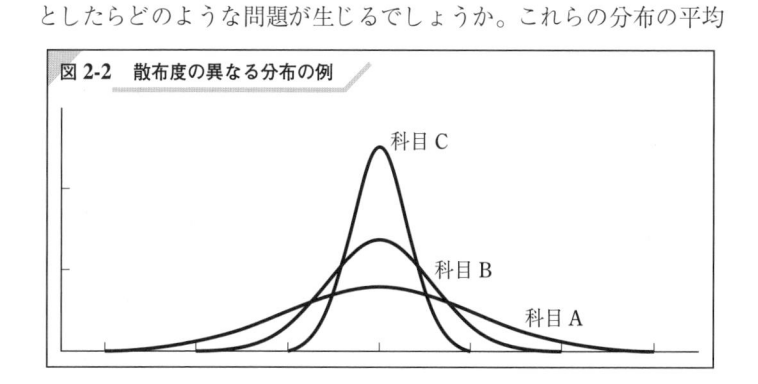

図2-2 散布度の異なる分布の例

---

[8] この式は，合併する群が3つ以上ある場合にも拡張できます。

（および中央値）はすべて等しいので，平均だけに注目したとしたら，どの科目を選択しても不公平は生じないと判断することになるでしょう。しかし，これらの分布は散布度に大きな違いがあり，科目Aでは科目Bや科目Cに比べ，得点の個人差がかなり大きくなっています。したがって，学力の高い受験生にとっては科目Aを選択するほうが高得点がとりやすく，逆に学力の低い受験生にとっては科目Cを選択するほうが高得点をとりやすいということになり，すべての層の受験生にとって公平な試験とは言えないことになります。

散布度はまた，実践的な研究において指導や訓練などのプログラムの効果を比較検討する際にも重要な意味をもってきます。仮に比較するプログラムの間で実施後の成績の代表値には差がなくても，散布度に大きな違いがあるとしたら，プログラムの選択はかなり難しくなります。散布度が大きくなるプログラムは，そのプログラムに合った人はかなりの高成績が期待されるけれども，合わない人の成績はかなり低いものになることが予想されるわけですから，そういうプログラムがよいのか，それとも散布度が小さく，人によって当たり外れのあまりないプログラムがよいのか，という判断が必要になるからです。

平均偏差

散布度の具体的な指標を考えるために，もう一度，中央値および平均を適切な代表値として選択した基準を見直してみましょう。

まず，中央値は，

$$T_1 = \sum_{i=1}^{N} |x_i - t|$$

という基準を最小化するものとして選ばれました。図2-1の $N=5$ のデータでは，中央値は14となり，そのときの T_1 の値は18となりました。これは，そのデータが示す分布の広がりに対しては，ど

んな値を代表値としても T_1 の値を 18 より小さくすることはできないということを意味しており，そこから $T_1 = 18$ という値を，そのデータの分布の散布度の指標とするという発想が出てきます。つまり，T_1 の式の t に中央値 Med を代入して最小化した

$$\min(T_1) = \sum_{i=1}^{N} |x_i - Med| \qquad (2.8)$$

を散布度の指標とするという考え方です。

ただし，この指標は，データの総数 N が大きくなるとそれにつれて増大するので，純粋な散布度の指標としては適当ではありません。そこで，これをデータの総数 N で割った

$$MD = \frac{1}{N} \sum_{i=1}^{N} |x_i - Med| \qquad (2.9)$$

を散布度の指標とすることが考えられます。これは**平均偏差**（mean deviation）とよばれるもので，各データが中央値から平均してどれだけ離れているかを示すわかりやすい指標です。図 2-1 のデータの場合の平均偏差は $MD = 18/5 = 3.6$ となります。各データが，中央値から平均して 3.6 だけ離れているということです。

なお，平均偏差としてはこのほかに，(2.9) 式の Med の代わりに平均 $\bar{x}$ を入れた

$$MD' = \frac{1}{N} \sum_{i=1}^{N} |x_i - \bar{x}| \qquad (2.10)$$

を用いることもあります。図 2-1 のデータの場合は，$MD' = 4.08$ となります。単に平均偏差と言った場合，どちらの定義を指しているのかがはっきりしない場合があります。そのときは，(2.10) 式で定義されるほうを「平均からの平均偏差」とよび，(2.9) 式で定義されるほうは，「中央値からの平均偏差」とよんで区別します。

分散と標準偏差

次に平均を代表値として選んだ基準

$$T_2 = \sum_{i=1}^{N} (x_i - t)^2$$

に注目すると、前項と同じ理由から、この式の t に平均 $\bar{x}$ を代入して最小化した

$$\min(T_2) = \sum_{i=1}^{N} (x_i - \bar{x})^2 \quad (2.11)$$

が、データの分布の散布度を反映することがわかります。これをデータの総数 N で割った

$$s^2 = \frac{1}{N} \sum_{i=1}^{N} (x_i - \bar{x})^2 \quad (2.12)$$

は、**分散**（variance）とよばれる散布度の指標となります[9]。分散は、後にみるように、さまざまな統計的方法において非常に重要な役割を担うものです。なお、どの変数の分散かを明示する必要があるときは、s_x^2 のように変数を添字で示します。

図 2-1 のデータの場合、$\min(T_2) = 101.2$ でしたから、分散は $s^2 = 101.2/5 = 20.24$ となります。この値の解釈は平均偏差のように簡単ではなく、「各データと平均との距離の 2 乗の平均」が 20.24 ということです。

このわかりにくさの一因は、分散がもとの尺度の 2 乗の尺度であらわされることにあるので、次のように分散の平方根をとって、もとの尺度に戻すというアイディアが出てきます。

---

[9] 分散を電卓で（その統計機能を使わずに）計算するには、付録 A.3 に示す計算式を利用するのが便利です。

$$s = \sqrt{\frac{1}{N}\sum_{i=1}^{N}(x_i - \bar{x})^2} \qquad (2.13)$$

この指標は**標準偏差**（standard deviation）とよばれ，英語名の頭文字をとって SD と表記されることがよくあります。図 2-1 のデータの標準偏差は $s = \sqrt{20.24} = 4.50$ となります。ただし，この 4.50 という値はもとの尺度であらわされてはいますが，それでも平均偏差のように単純な解釈はできません。

このように標準偏差の値の解釈は簡単ではありませんが，実際の研究論文で散布度の指標といえば，ほぼ例外なく標準偏差が用いられており，平均偏差を報告したものはほとんどありません。その理由としては，分散や標準偏差が，次項以降でみるような便利な性質を備えていること，第 3 章で紹介する共分散や相関係数をはじめ多くの統計的指標と密接な関係をもっていること，そして統計的推測においても重要な役割を担っていることが挙げられます。しかし，分布の散布度を記述・解釈するという目的のためには，意味のわかりやすい平均偏差がもっと多用されてもよいと思います。なお，標準偏差の値の解釈については，本章の 3 節で，変数の標準化に関連してもう少し説明することにします。

不偏分散　　分散の定義としては，(2.12) 式とは分母が異なる次の式が用いられることもあります。

$$s'^2 = \frac{1}{N-1}\sum_{i=1}^{N}(x_i - \bar{x})^2 \qquad (2.14)$$

これは**不偏分散**（unbiased variance）とよばれ，サンプルのデータから母集団における分散を推定する際に，ある理論的側面においては

s^2 よりもすぐれていることから,s^2 以上によく使われています[10]。統計解析用のソフトウェアでは,分散として s^2 と s'^2 のどちらを計算するかをオプションで指定できるものもありますが,何も指定しない場合には,不偏分散 s'^2 のほうを計算するものが多いようです。また,これに対応して,標準偏差についても

$$s' = \sqrt{\frac{1}{N-1}\sum_{i=1}^{N}(x_i - \bar{x})^2} \qquad (2.15)$$

と定義することがあります。

ただし,分布の記述的指標としては N 個の項の和を $N-1$ で割るのは不自然なこと,常に母集団に関する推測が必要(あるいは可能)なわけではないこと,そして母集団分散の推定においてもすべての側面で不偏分散のほうがすぐれているわけではないこと等から,本書では特にことわらない限り,(2.12) 式で定義される分散 s^2 を使用することとします。

なお,2種類の標準偏差と2種類の平均偏差の間には,

$$s' \geq s \geq MD' \geq MD \qquad (2.16)$$

という大小関係が成り立ちます。この中の2種類の標準偏差の間の関係については,(2.13) 式と (2.15) 式の分母の比較から明らかですし,2種類の平均偏差の間の大小関係についてはすでに説明した通りです。標準偏差と平均偏差の間の関係については,ここでは証明を省略しますが,どのような分布に対しても上記の関係が成り立つことが知られています。

---

[10] このことの理論的な説明は第5章の1節で行います。

逸脱行動データの散布度

表 2-2 は，第 1 章の逸脱行動データについて，男女別，および全体の平均偏差，分散，および標準偏差を計算して示したものです。これをみると，逸脱行動得点の散布度は，女子に比べて男子のほうが大きめで，男子における個人差が比較的大きいことがわかります。また，小6から中2への変化量についても，男子の散布度のほうがやや大きくなっています。

表 2-2　逸脱行動データの散布度

		小6のときの逸脱行動得点	中2のときの逸脱行動得点	変化量
男子				
平均偏差	MD	3.00	3.15	2.85
	MD'	3.03	3.22	2.86
分　　散	s^2	15.21	14.53	11.95
	s'^2	16.01	15.29	12.58
標準偏差	s	3.90	3.81	3.46
	s'	4.00	3.91	3.55
女子				
平均偏差	MD	2.40	2.45	2.35
	MD'	2.41	2.59	2.35
分　　散	s^2	9.09	10.55	9.75
	s'^2	9.57	11.10	10.26
標準偏差	s	3.01	3.25	3.12
	s'	3.09	3.33	3.20
全体				
平均偏差	MD	3.25	2.95	2.75
	MD'	3.26	2.96	2.83
分　　散	s^2	15.76	12.90	12.54
	s'^2	16.16	13.23	12.86
標準偏差	s	3.97	3.59	3.54
	s'	4.02	3.64	3.59

ところで、前節でみたように、変化量のような合成変数の平均、および男女をこみにした集団のような合併した集団における平均については簡単な公式が導けました。これに対し、中央値についてはそのような単純な関係は成り立ちませんでした。これと同様に、合成変数の散布度および合併した集団における散布度については、平均と関連の深い指標である分散に関しては比較的簡単な公式を導くことができますが、中央値と関連の深い指標である平均偏差についてはそのような簡単な公式を導くことはできません。そこで以下では、分散のみを取り上げて、変数を合成した場合の式および集団を合併した場合の式を示すことにします。もちろん、導かれた分散の平方根をとれば、それぞれの場合の標準偏差が求められることになります。

合成変数の分散

合成変数の分散については、各変数に重みを付けた場合を含む一般的な式は付録 A.4 で示すこととし、ここでは 2 つの変数 x と y の単純な和 $x+y$ および差 $x-y$ の分散について考えることにします。

まず、和の分散は、

$$s_{x+y}^2 = \frac{1}{N} \sum_{i=1}^{N} [(x_i + y_i) - (\bar{x} + \bar{y})]^2$$

$$= \frac{1}{N} \sum_{i=1}^{N} [(x_i - \bar{x}) + (y_i - \bar{y})]^2$$

$$= \frac{1}{N} \sum_{i=1}^{N} [(x_i - \bar{x})^2 + 2(x_i - \bar{x})(y_i - \bar{y}) + (y_i - \bar{y})^2]$$

$$= \frac{1}{N} \sum_{i=1}^{N} (x_i - \bar{x})^2 + \frac{2}{N} \sum_{i=1}^{N} (x_i - \bar{x})(y_i - \bar{y})$$
$$+ \frac{1}{N} \sum_{i=1}^{N} (y_i - \bar{y})^2$$

となります。この最右辺の第1項は x の分散 s_x^2 で,第3項は y の分散 s_y^2 です。残った第2項に含まれる $\frac{1}{N}\sum_{i=1}^{N}(x_i-\bar{x})(y_i-\bar{y})$ は,x と y の関係をあらわす共分散とよばれる指標です。これを s_{xy} と表記することにすると,和の分散は,

$$s_{x+y}^2 = s_x^2 + 2s_{xy} + s_y^2 \qquad (2.17)$$

となります。

ここで重要なポイントは,合成変数の分散は,一般には合成される変数の分散の単純和とはならず,合成される変数の間にどのような関係があるかに依存するということです。共分散については第3章でくわしく解説しますが,ここで少し先取りしておくと,2つの変数の間に,一方の変数の値が大きいと他方の変数の値も大きいという関係があるとき,共分散は正の値をとります。(2.17) 式より,その共分散が正で大きな値をとるほど,和の分散は大きくなることがわかります。逆に,共分散が負で絶対値が大きいほど,和の分散は小さくなります。

同様に,2つの変数の差の分散は

$$s_{x-y}^2 = s_x^2 - 2s_{xy} + s_y^2 \qquad (2.18)$$

となることが導けます。和の分散の場合とは異なり,各変数の分散の単純和から共分散が差し引かれていることに注意してください。つまり,2つの変数の間の共分散が正で大きな値をとるほど,差の分散は小さくなることになります。

たとえば,表 2-2 において,全体での変化量の分散 s^2 は 12.54 で,小6および中2の各時点での分散の和 $15.76 + 12.90 = 28.66$ より 16.12 だけ小さくなっています。このことからこの2つの時点の得点間の共分散は正(つまり,小6の時点で逸脱行動得点の高

かった被験者は中2の時点でも得点が高い傾向がある）で，その値は $16.12/2 = 8.06$ であることがわかります[11]。

> **合併した集団における分散**

第1群の人数，平均，および分散を n_1, $\bar{x}_1$, s_1^2 とし，第2群の人数，平均，および分散を n_2, $\bar{x}_2$, s_2^2 とし，$N = n_1 + n_2$ とすると，これら2群を合併した集団における分散は次のようになります[12]。

$$s^2 = \frac{n_1 s_1^2 + n_2 s_2^2}{N} + \frac{n_1 n_2 (\bar{x}_1 - \bar{x}_2)^2}{N^2} \qquad (2.19)$$

この式からわかることは，合併した集団における分散は，各群の分散の重み付き平均（第1項）と，群間の平均値差 $\bar{x}_1 - \bar{x}_2$ を反映した部分（第2項）の和になるということです。2群の間に大きな平均値差があれば，仮に各群ごとの分散は大きくなくても，これら2つの分布の位置がずれるために全体としては分布が広がり，分散が大きくなるわけです（図2-3参照）。第9章でくわしく解説する分

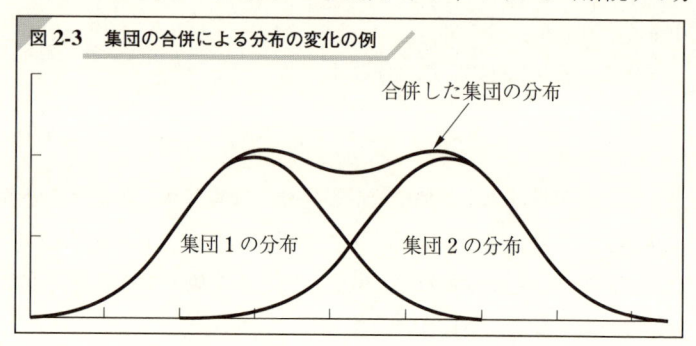

図 2-3　集団の合併による分布の変化の例

合併した集団の分布

集団1の分布　　集団2の分布

---

11) この項については，第3章の1節で共分散の説明を読んだ後にもう一度戻って，式の意味を再確認するようにしてください。

12) この式の証明はやや煩雑になるので，ここでは省略します。ただし，第9章の2節において，より一般化した形でこの式と同等の式を導いています。

散分析という手法は，(2.19) 式のような関係を基礎に，「分散によって平均値差を評価する」手法です。

例として，表 2-1 および表 2-2 をもとに，小 6 のときの逸脱行動得点について，男女こみにした全体での分散を計算で求めてみましょう。表より男子の平均は 12.7 で分散は 15.21，そして女子の平均は 8.9 で分散は 9.09 です。各群の人数は 20 人ずつですから，(2.19) 式より，男女こみにした全体での分散は，

$$s^2 = \frac{20 \times 15.21 + 20 \times 9.09}{20 + 20} + \frac{20 \times 20 \times (12.7 - 8.9)^2}{40^2}$$
$$= \frac{15.21 + 9.09}{2} + \frac{(12.7 - 8.9)^2}{4}$$
$$= 12.15 + 3.61 = 15.76$$

となります。全体の分散が，各群の分散の重み付き平均（この場合は人数が等しいので単純な平均）12.15 に比べ，平均値差がある分だけ大きくなっていることがわかります。

3 変数の線形変換と標準化

変数の線形変換　心理学で扱う変数の多くは，その単位が任意に決められているため，必要に応じて適当に変換することが可能です。たとえば，第 1 章で述べた逸脱行動の測定では，20 個の項目のそれぞれについて，1 点か 0 点かを与え，その合計点を逸脱行動得点としていますが，この得点を 5 倍して 100 点満点として扱うこともできます。変数の変換には対数をとるとか平方根をとるとかの非線形変換を用いることもありますが，ここでは，もとの得点に定数を乗じたり加えたりするような最も単純な形

の変換である**線形変換**(linear transformation)に限定して考えることにします。

線形変換とは,もとの変数 x に対して,

$$x' = cx + d \tag{2.20}$$

によって新たな変数 x' を得る手続きです。たとえば,上記のようにもとの得点を 5 倍するという変換は $c=5$, $d=0$ の線形変換です。

> 線形変換に伴う指標値の変化

(2.20) 式のような線形変換を行うと,新しく得られる変数 x' の平均は

$$\begin{aligned}
\bar{x'} &= \frac{1}{N}\sum_{i=1}^{N}(c\,x_i + d) \\
&= \frac{1}{N}\sum_{i=1}^{N} c\,x_i + \frac{1}{N}(Nd) \\
&= c\,\bar{x} + d
\end{aligned} \tag{2.21}$$

となり,もとの変数の平均に同じ変換を適用した値となります。このことは中央値についても成り立ちます。

また,新しい変数 x' の平均偏差,標準偏差,および分散は,もとの変数 x に関するそれぞれの指標と次のような関係があることが容易に導けます。

$$MD_{x'} = |c| \times MD_x \tag{2.22}$$
$$s_{x'} = |c| \times s_x \tag{2.23}$$
$$s_{x'}^2 = c^2 \times s_x^2 \tag{2.24}$$

> 変数の標準化

このように,線形変換に伴う平均や標準偏差の変化は完全に予測可能なものなので,「変換後の変数が特定の平均と標準偏差をもつように変換する」とい

うこともできます。たとえば，学校のテストなどでよく用いられる**偏差値**は，もとのテスト得点（**素点** raw score）を線形変換して，平均が 50，標準偏差が 10 となるようにしたものです。素点を偏差値に変換する場合は，(2.21) 式および (2.23) 式をそれぞれ 50 および 10 に等しいとおいた連立方程式を解くことによって，

$$c = 10/s_x$$
$$d = 50 - 10\bar{x}/s_x$$

とすればよいことがわかります。これらを (2.20) 式に代入し，変換後の変数を Z とすると，

$$Z = 10\left(\frac{x - \bar{x}}{s_x}\right) + 50 \qquad (2.25)$$

となります。これが偏差値を求めるための式です。

偏差値のように特定の平均と標準偏差をもつように変換した変数は一般に**標準得点**（standard score）とよばれます。また，標準得点を求める手続きを**標準化**（standardization）とよんでいます。なお，偏差値の式の右辺に含まれる変換

$$z = \frac{x - \bar{x}}{s_x} \qquad (2.26)$$

は平均を 0，標準偏差を 1 とする変換であり，標準化の中でも最も基本的なものです。この変換で得られる変数は **z 得点**とよばれています。z 得点を用いれば，任意の平均 M および標準偏差 S をもつ変数に変換する式は

$$y = S \times z + M \qquad (2.27)$$

と書くことができます。

> 標準偏差の解釈について

ところで、偏差値に馴染んでいる読者なら、偏差値が50前後の人はたくさんいること、60を超えるとかなり優秀なほうで、70を超える人はざらにはいない、というようなことを経験として知っているでしょう。ここで、偏差値の平均が50で、標準偏差が10であることをふまえると、このことは、平均より標準偏差の分だけ高いという人はかなり優秀なほうで、平均より標準偏差の2倍高いという人はざらにはいない、と言い換えることができます。

図2-4は、変数が正規分布とよばれる理論的な分布にしたがうときの、z得点および偏差値の範囲と分布の割合との関係を示したものです。この場合には、"平均±標準偏差"の範囲に全体の68.3%（約3分の2）が含まれ、"平均±2×標準偏差"の範囲には全体の95.5%が含まれます。現実の分布は、第1章の図1-1や図1-2からもわかるように、一般には正規分布にはしたがわないので、この図に示した割合がそのまま適用できるわけではありませんが、標準偏差の値の意味を解釈するときに、この図の割合が参考にはなります。つまり、大まかに、「標準偏差とは、"平均±標準偏差"の範囲に全体

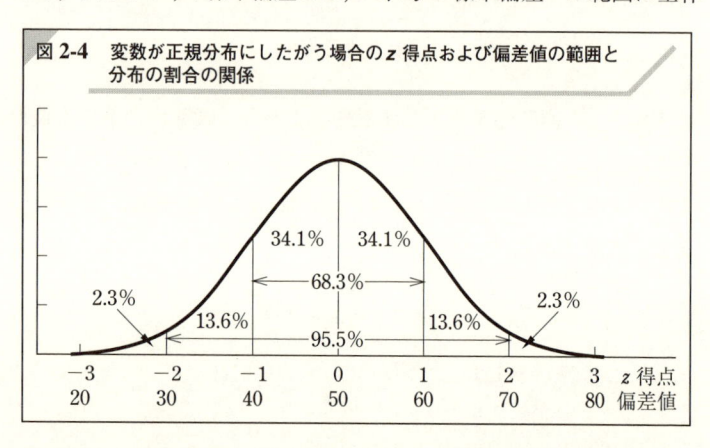

図2-4 変数が正規分布にしたがう場合のz得点および偏差値の範囲と分布の割合の関係

の約3分の2が含まれ，"平均±2×標準偏差"の範囲にはほとんどの人が含まれるような幅のことである」という解釈をするのです。

たとえば，表2-2で，逸脱行動得点の変化量の標準偏差 s は，全体の集団において 3.54 となっています。その分布の平均は 3.25 ですから，"平均±標準偏差"の範囲は $-0.29 \sim 6.79$，そして"平均±2×標準偏差"の範囲は $-3.83 \sim 10.33$ となります。表1-1を用いて，変化量の値がそれぞれの範囲に入る被験者の割合を求めると，前者が40人中29人で 72.5%，後者が40人中38人で 95% となります。正規分布の場合は，それぞれの割合が 68.3% と 95.5% ですから，この場合はかなり近い値になっています。もちろん，すべての分布についてこのように近い値になるわけではありませんが，標準偏差の値の大まかな解釈としては，上記のような解釈が実際上有用です。

⦿キーワード

代表値，平均，調整平均，中央値，外れ値，合成変数，量的変数，質的変数，集団の合併，散布度，平均偏差，分散，標準偏差，不偏分散，線形変換，偏差値，素点，標準得点，標準化，z 得点

第3章 相関関係の把握と回帰分析

　心理学の研究における仮説や予測は，変数と変数の間の関係という形で述べられることが多く，そのため，変数間の関係を記述したり分析したりする方法が必要になってきます。前章で例示した逸脱行動得点の性差の検討も，「性」という質的変数と「逸脱行動得点」という量的変数との関係を問題にしていることになりますが，本章では，2つの量的変数の間の相関関係に注目します。そして，それを記述する指標について解説するとともに，相関関係を分析する種々の統計的方法の基礎となる回帰分析の原理について説明します。また，研究方法論的に重要な相関と因果の問題，さらには，測定の妥当性・信頼性と相関係数との関係についても触れることにします。

1 共分散と相関係数

散布図と共分散　　図 3-1 は，第 1 章の図 1-3 で示した男女の逸脱行動得点の散布図のうち，男子の部分を示したものです。この図の横軸は小学校 6 年のときの得点で，ここではこれを変数 x としておきます。縦軸は中学校 2 年のときの得点で，これを変数 y としておきます。

　この散布図では，プロットした点が全体として右上がりの配置となっており，x の値が大きい人ほど，y の値も大きい傾向があります。このような場合，2つの変数の間に正の相関関係があると言います。もし逆に，点の配置が全体として右下がりになっていて，変

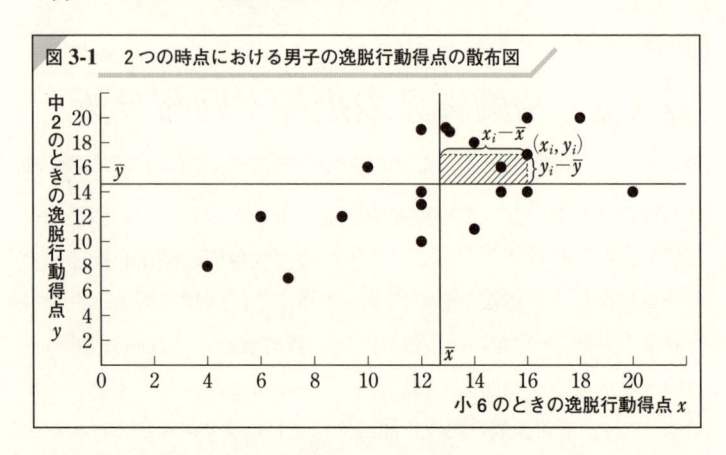

図 3-1　2つの時点における男子の逸脱行動得点の散布図

数 x の値が大きい人ほど変数 y の値は逆に小さい傾向があるなら，2つの変数の間に負の相関関係があると言います。

相関関係を記述する指標としては，正の相関関係があるときは正の値をとり，負の相関関係があるときは負の値をとるものが便利です。図 3-1 には，その条件を満たす指標を考える準備として，それぞれの変数の平均 $\bar{x}, \bar{y}$ をあらわす2本の直線を挿入してあります。いま，この図に示されている 20 個の点について，各変数の平均との大小比較をしてみると，7 個は両変数とも平均を超えており，逆に両変数とも平均未満である点は 7 個あって，両者を合わせると 14 個になります。これに対し，一方の変数で平均を超え他方の変数で平均を下回るという点は合わせて 6 個しかありません。このように正の相関関係があるときは，両変数ともに平均を超える点と両変数ともに平均を下回る点が相対的に多くなります。

ここで，散布図上のそれぞれの点 (x_i, y_i) について，$(x_i - \bar{x})(y_i - \bar{y})$ という積（図 3-1 の斜線部分の面積に符号がついたもの）を計算すると，この値は，両変数ともに平均を超える点，および両変数ともに平均を下回る点については正となり，一方の変数で平均を超え他

方の変数で平均を下回る点については負となります。このような値をすべての点にわたって平均した指標を考えれば，正の相関関係があるときは正の値をもつものが優勢ですからその指標の値も正になり，負の相関関係があるときは負の値になるはずです。

いま述べた指標は2つの変数の間の**共分散**（covariance）とよばれ，s_{xy} のように表記されます。すなわち，共分散 s_{xy} は

$$s_{xy} = \frac{1}{N} \sum_{i=1}^{N} (x_i - \bar{x})(y_i - \bar{y}) \tag{3.1}$$

によって定義される相関関係の指標です[1]。図 3-1 のデータについて共分散を計算すると 8.90 という正の値が得られます。

(3.1) 式から明らかなように，同じ変数どうしの共分散は，その変数の分散となります。たとえば，この式の y をすべて x と置き換えれば，変数 x の分散の式となります。したがって，分散は，共分散の特別な場合と位置づけることができます。また，不偏分散に対応して，**不偏共分散**が

$$s'_{xy} = \frac{1}{N-1} \sum_{i=1}^{N} (x_i - \bar{x})(y_i - \bar{y}) \tag{3.2}$$

によって定義されます[2]。ソフトウェアでは，この式による計算結果を共分散として示すものが多いようです。

共分散の性質

共分散の性質を理解するために，2つの変数の関係が最大限に強いときに，共分散がどのような値をとるかという問題を考えてみましょう。たとえば，図 3-2 に示したように散布図上のすべての点が，1本の右上がりの直線上に並んでいる場合です。このときは，一方の変数において平均以

---

1) 共分散を電卓で（その統計機能を使わずに）計算するには，付録 A.3 に示す計算式を利用するのが便利です。

2) 不偏性という性質については第5章の1節で説明します。

図 3-2 完全な正の相関

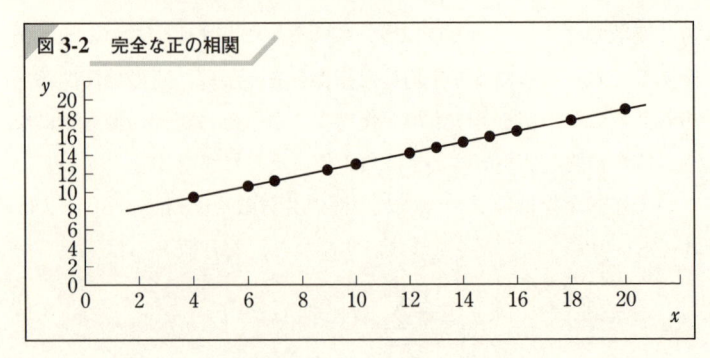

上の人は必ず他方の変数においても平均以上であるという関係が成り立つだけでなく，一方の変数の値がわかればそれを直線の式に代入するだけで他方の変数の値が正確にわかります。このような場合，完全な正の相関があると言います。

いま，この図の直線の式を $y = cx + d$ とすると，変数 x と変数 y の共分散は，第 2 章の 3 節で示した線形変換に伴う平均および標準偏差の変化の式を用いることによって，

$$
\begin{aligned}
s_{xy} &= \frac{1}{N} \sum_{i=1}^{N} (x_i - \bar{x})(y_i - \bar{y}) \\
&= \frac{1}{N} \sum_{i=1}^{N} (x_i - \bar{x})[(c\,x_i + d) - (c\,\bar{x} + d)] \\
&= \frac{c}{N} \sum_{i=1}^{N} (x_i - \bar{x})^2 \\
&= c\, s_x^2 \\
&= (s_y/s_x)\, s_x^2 \\
&= s_x\, s_y
\end{aligned}
$$

となることがわかります（5 行目は (2.23) 式参照）。つまり，図 3-2 のように完全な正の相関がある場合，2 変数間の共分散は，それぞ

れの変数の標準偏差の積で与えられるということです。同様に，散布図上のすべての点が右下がりの直線上に並ぶとき，すなわち完全な負の相関があるときの共分散は $-s_x\,s_y$ となります。

このように，正または負の関係が最大のときの共分散が，それぞれ $s_x\,s_y$ および $-s_x\,s_y$ となるということから，共分散 s_{xy} のとりうる値の範囲が

$$-s_x\,s_y \leq s_{xy} \leq s_x\,s_y \tag{3.3}$$

であることが示唆されます。実際，第 7 章において幾何学的な方法で証明するように，この式は常に成り立つことがわかっています。

図 3-1 の男子の逸脱行動データの場合は，前章でみたように $s_x = 3.90$，$s_y = 3.81$ ですから，共分散の絶対値がとりうる最大の値は $3.90 \times 3.81 = 14.86$ ということになります。実際に得られた共分散の値 $s_{xy} = 8.90$ はその最大値の約 6 割の大きさであることがわかります。

> 共分散から相関係数へ

いま，共分散の値を解釈する際に，共分散がとりうる最大の値と比較するという観点を導入しましたが，これが，相関関係の代表的な指標である**相関係数**（correlation coefficient）の考え方です。変数 x と変数 y の間の相関係数 r は，共分散を（3.3）式の最右辺の値で割った比

$$r = \frac{s_{xy}}{s_x\,s_y} \tag{3.4}$$

によって定義されます。図 3-1 のデータの場合，相関係数は

$$r = \frac{8.90}{3.90 \times 3.81} = .60$$

となります。

なお，この指標以外にも相関係数とよばれるものがあるので，それ

らと区別する必要があるときは、**ピアソンの積率相関係数**（Pearson's product-moment correlation coefficient）とよばれます[3]。また、どの変数とどの変数の間の相関係数であるかを明示する必要があるときは、r_{xy} のように添字で示します。相関係数の定義と（3.3）式からすぐわかるように、相関係数のとりうる値の範囲は

$$-1 \leq r \leq 1 \qquad (3.5)$$

となります。

図 3-3 には、相関係数の値を 1.0 から 0 まで 0.1 ずつ小さくしていったときの散布図の変化と、負の相関がある場合の例として $r = -.8$ のときの散布図を示してあります。相関係数の変化は 0.1 きざみで等間隔なのですが、それに対応する散布図のほうは、相関係数の値が大きいところでは変化が大きく、相関係数の値が小さいところでは見た目にはあまり変化がないことがわかります。ただし、同じ相関係数の値を与える散布図でも実際にはさまざまな点の配置パタンがありえますので、この図は相関係数の値と散布図との対応関係についてのひとつの目安と考えてください[4]。

変数の変換と相関係数　第 2 章で述べたように、研究で取り扱う変数は、必要に応じて線形変換されることがあります。では、そのような変換によって相関係数はどういう影響を受けるでしょうか。いま、変数 x および y に対して、それぞれ

3）ピアソン（K. Pearson, 1857-1936）は、記述統計の体系を作り、また推測統計についても多大の貢献をしたイギリスの統計学者。

4）図 3-3 およびこの後の本文において、たとえば 0.8 の相関係数は小数点の前のゼロを省略して、.8 としています。相関係数は 1 を超えることがないために、こうした表記法がよく用いられます。もちろんゼロをつけて表示してもかまいませんが、研究論文などで表に示されたたくさんの相関係数の値を読み取るときなどは、ゼロがないほうが見やすいです。

1 共分散と相関係数 49

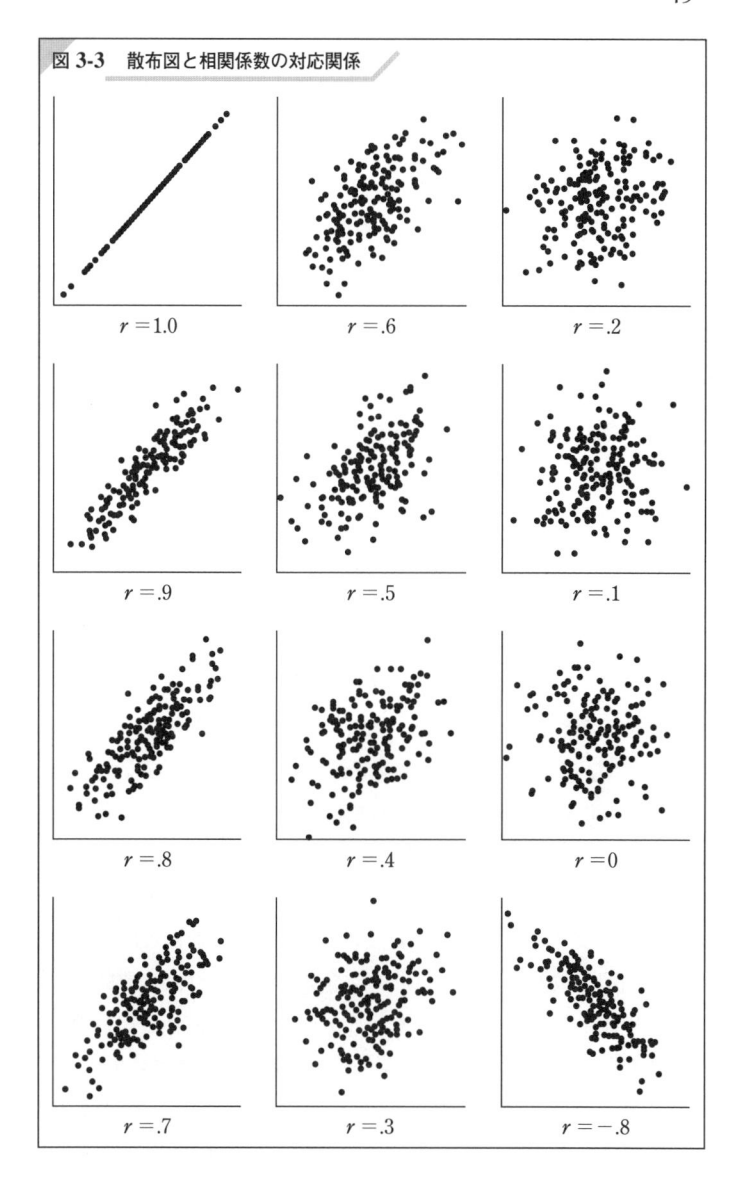

図 3-3 散布図と相関係数の対応関係

$r=1.0$　　　$r=.6$　　　$r=.2$

$r=.9$　　　$r=.5$　　　$r=.1$

$r=.8$　　　$r=.4$　　　$r=0$

$r=.7$　　　$r=.3$　　　$r=-.8$

$$x' = cx + d \tag{3.6}$$
$$y' = ky + l \tag{3.7}$$

という変換をほどこすとします。このとき，新たに得られる変数 x' および y' の間の共分散は，(2.21)式と同様な展開によって

$$s_{x'y'} = c \times k \times s_{xy} \tag{3.8}$$

となることがわかります。一方，標準偏差 $s_{x'}$ および $s_{y'}$ のほうは第2章でみたように，それぞれ $|c| \times s_x$，$|k| \times s_y$ となりますから，x' と y' の間の相関係数 $r_{x'y'}$ の絶対値は

$$\begin{aligned}|r_{x'y'}| &= \frac{|c \times k \times s_{xy}|}{(|c| \times s_x)(|k| \times s_y)} \\ &= \frac{|s_{xy}|}{s_x s_y} \\ &= |r_{xy}|\end{aligned} \tag{3.9}$$

のようにもとの変数の間の相関係数の絶対値に一致します。もちろん，変数の線形変換の際に負の係数を掛ければ相関係数の符号は変わりますが，その絶対値は任意の線形変換の前後で不変なのです。

この性質は相関関係の指標としては一般に望ましいものと考えられています。共分散のほうはたとえば得点を20点満点とするか，それともそれを5倍して100点満点とするかによって，指標の値が5倍変化してしまうので，常に変数の単位に注意しなければなりませんが，相関係数のほうは，データに含まれるそうした本質的でない部分の影響を受けないからです。しかし，単位に依存しない相対的な指標であることに伴う相関係数特有の問題点も指摘されています。こうした問題点を含め，相関係数のその他の性質については，2変数間の関係を記述するもうひとつの指標である回帰係数との関連で，

本章の4節であらためて取り上げて解説することにします。

合成変数の間の共分散 合成変数の間の共分散の式は，実用面でよりも，さまざまな分析法の数学的側面を理解するうえで重要になってきます。変数を合成する際に重みを付けた場合を含む一般的な式は付録 A.4 で示すこととし，ここでは，2変数の和という最も簡単な合成変数の間の共分散の式を示しておきましょう。

変数 x, y の和 $x+y$ と，変数 z, w の和 $z+w$ の間の共分散は，(3.1) 式より，

$$\begin{aligned}
s_{(x+y)(z+w)} &= \frac{1}{N}\sum_{i=1}^{N}[(x_i+y_i)-(\bar{x}+\bar{y})] \\
&\quad \times[(z_i+w_i)-(\bar{z}+\bar{w})] \\
&= \frac{1}{N}\sum_{i=1}^{N}[(x_i-\bar{x})+(y_i-\bar{y})] \\
&\quad \times[(z_i-\bar{z})+(w_i-\bar{w})] \\
&= \frac{1}{N}\sum_{i=1}^{N}[(x_i-\bar{x})(z_i-\bar{z})+(x_i-\bar{x})(w_i-\bar{w}) \\
&\quad +(y_i-\bar{y})(z_i-\bar{z})+(y_i-\bar{y})(w_i-\bar{w})] \\
&= s_{xz}+s_{xw}+s_{yz}+s_{yw} \quad\quad (3.10)
\end{aligned}$$

となります。このように合成変数間の共分散は，一方の合成変数の各成分と，もう一方の合成変数の各成分の間の共分散をすべて合計したものになります。なお，上式で $z+w$ を $x+y$ とすれば，第2章の (2.17) 式で示した和 $x+y$ の分散 s_{x+y}^2 の式となります。

2 回帰直線のあてはめ

回帰直線と回帰係数

前節でみたように、2つの変数 x と y の間の相関関係を調べるときは、x の値が大きいほど y の値も大きい傾向があるのか、それとも x の値が大きいほど逆に y の値は小さい傾向があるのかに注目します。こうした傾向を直接的に表現するために、本節では、「x の値の差異に対応して y の値がどの程度異なるか」を指標化することを考えてみます。ただし、x の値の差異に対応する y の値の差異といっても、一般には同じ x の値に対して y はさまざまな値をとるので、ここではそれぞれの x の値ごとに、それに対応する y の値の平均に注目することにします。このような平均を「x の値を与えたときの y の**条件付き平均**」といいます。

いま、x の値と、それに対応する y の条件付き平均との関係が、近似的に次のような1次式（直線の式）であらわせるものと仮定します。

$$\hat{y} = a + bx \tag{3.11}$$

この式の左辺の $\hat{y}$ は、右辺の x の値に対応する y の条件付き平均を近似するもので、y の**予測値** (predicted value) とよばれます。そして、この式であらわされる直線を、変数 x から変数 y を予測するときの**回帰直線** (regression line) とよびます[5]。回帰直線の傾き b は変数 x の1単位の差異に対応する y の予測値の差異の大きさをあ

---

[5] 数学では直線の式は $ax+b$ のように書くのがふつうですが、回帰直線は $a+bx$ と表現するのが一般的です。

らわすもので，**回帰係数**（regression coefficient）とよばれます。回帰係数は，x の値に対応する y の条件付き平均（あるいは，より一般的に**条件付き分布**）に注目した相関関係の指標ということができます。

回帰係数 b および直線の切片 a の値は，回帰直線が実際のデータに最もよく適合するように計算されます。その計算式を導く方法として，次に述べる最小2乗法があります。

> 最小2乗法による回帰直線のあてはめ

最小2乗法（least squares method）では，まず，切片 a および傾き b に任意の値を入れたときの（3.11）式の直線とデータとの「適合の悪さ」を，最小2乗基準とよばれる次の指標で定義します。

$$\begin{aligned}Q &= \sum_{i=1}^{N}(y_i - \hat{y}_i)^2 \\ &= \sum_{i=1}^{N}[y_i - (a + b\,x_i)]^2\end{aligned} \quad (3.12)$$

この指標は，散布図に含まれるそれぞれの点について，x 座標の値 x_i を（3.11）式の x に代入して得られる $\hat{y}_i$ の値と，その点の実際の y 座標の値 y_i の間のずれ（図3-4の中の残差 e_i）を求め，それを2乗した値を N 個の点すべてについて合計したものです。つまり，x 座標を固定した上で，y 座標について実際の値と（3.11）式の直線上にある予測値がどれぐらい離れているかを評価したものです。この「適合の悪さ」の指標 Q は，回帰直線の切片 a および傾き b の値によってその値が変化する関数です。最小2乗法では，この関数の値が最小になるように a および b の値を決めます。

最小2乗基準 Q を最小化する a および b の値は，数学的には，（3.12）式の最右辺を a および b について偏微分し，その結果をゼロとおいた連立方程式の解として得られます（付録A-5参照）。そ

図 3-4　回帰直線のあてはめ

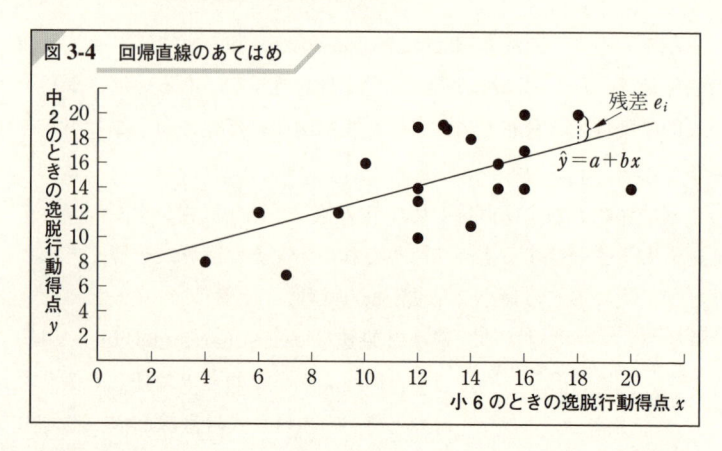

(図：横軸「小6のときの逸脱行動得点 x」、縦軸「中2のときの逸脱行動得点 y」の散布図に回帰直線 $\hat{y}=a+bx$ があてはめられており、残差 e_i が示されている)

の手順にしたがうと，Q を最小化する a および b の値は，それぞれ次のようになります。

$$b = r\,\frac{s_y}{s_x} \tag{3.13}$$

$$a = \bar{y} - b\bar{x} \tag{3.14}$$

なお，(3.14) 式を (3.11) 式に代入して整理すると

$$\begin{aligned}\hat{y} &= (\bar{y} - b\bar{x}) + bx \\ &= \bar{y} + b(x - \bar{x})\end{aligned} \tag{3.15}$$

となります。この式から，x が平均 $\bar{x}$ に等しいとき，それに対応する y の予測値 $\hat{y}$ は y の平均 $\bar{y}$ に等しくなることがわかります。つまり，回帰直線は，点 $(\bar{x}, \bar{y})$ を通る，傾き b の直線ということになります。

このようにしてデータに回帰直線をあてはめ，そこから得られる予測値や残差をもとにデータを解釈していく手法を，一般に**回帰分析**（regression analysis）とよびます。

独立変数と従属変数

回帰分析において，変数 x から変数 y を予測するという視点でデータをみるとき，予測に用いられるほうの変数 x を**独立変数**（independent variable）とよび，予測されるほうの変数 y を**従属変数**（dependent variable）とよびます。この名称は，もともとは実験研究に由来するもので，研究者がある実験条件を操作し，結果がそれにしたがってどう変動するかを検討するとき，研究者が操作する条件を独立変数とよび，それにしたがって変化する結果の変数を従属変数とよんだものです。

本書でここまで例に取り上げている「反社会的行動の発達的変化の性差」の研究のように，実験的操作を行わない調査研究の場合は，予測に用いられる変数を**予測変数**あるいは**説明変数**とよび，予測されるほうの変数を**目的変数**あるいは**基準変数**とよぶことがあります。このように，実験研究と調査研究とで異なる名称を用いることは，特に変数間の因果関係の推論における調査研究の限界を認識するうえで有用であるという指摘もあります。しかし，一方の変数から他方の変数を予測・説明するという統計的問題に関しては，データが実験から得られたものか調査から得られたものかは，直接には関係してきません。そこで本書では，実際の研究報告などではこうした名称の区別が有用であることを認めたうえで，独立変数と従属変数という名称で統一することとします。

逸脱行動データへの適用

図 3-1 および図 3-4 の男子の逸脱行動データの場合，(3.13) 式，(3.14) 式，およびこれまでに示した統計量の値より，小 6 のときの逸脱行動得点から中 2 のときの逸脱行動得点を予測するときの回帰直線の傾き（回帰係数）は

$$b = .60 \times \frac{3.81}{3.90} = 0.59$$

となります。また、切片は、表2-1より $\bar{x} = 12.70$, $\bar{y} = 14.65$ であることから、

$$a = 14.65 - 0.59 \times 12.70 = 7.16$$

となります。したがって、回帰直線の式は

$$\hat{y} = 7.16 + 0.59\,x$$

となります[6]。表1-1のデータから、同様にして女子の場合の回帰直線を求めると、

$$\hat{y} = 8.61 + 0.54\,x$$

となります。

図3-5は、以上の計算結果に基づいて、男女別の散布図にそれぞれ回帰直線を描き入れたものです。図をみると2本の回帰直線がほぼ平行になっていますが、これは、上で求めた回帰係数が男子で0.59、女子で0.54と、近い値になっていたことを反映しています。つまり、小6のときの逸脱行動得点の1点の差に対応する中2のときの逸脱行動得点の予測値の差は、男女とも 0.5 〜 0.6 点程度でほぼ同じだということです。

また、図からは、女子の回帰直線のほうが男子の回帰直線よりも上方に位置していることがわかります。これは女子のほうの切片が大きいことを反映しているのですが、この結果は、第1章で概略を述べた反社会的行動の発達的変化の性差の研究においては、重要な

---

6) 表1-1のデータから正確に計算すると、$b = 0.58$, $a = 7.22$ となりますが、ここでは、計算に用いられる相関係数や標準偏差などを小数点以下第2位までにまるめているために、正確な値とは一致していません。もちろん、実際の研究では、途中で計算結果をまるめることなく、正確な値を計算して報告すべきです。

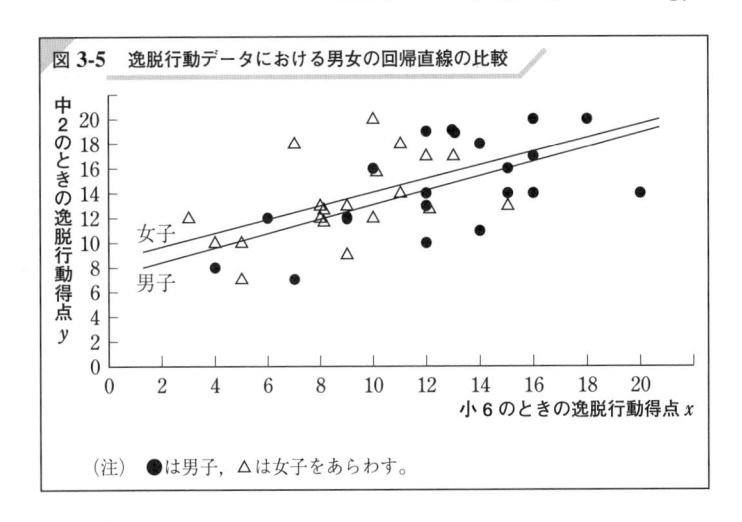

図 3-5　逸脱行動データにおける男女の回帰直線の比較

縦軸：中2のときの逸脱行動得点 y
横軸：小6のときの逸脱行動得点 x

(注)　●は男子，△は女子をあらわす。

意味をもっています。女子の回帰直線が上にあるということは，小6のときに逸脱行動得点が同じだった男子と女子とを比較すると，中2のときには女子のほうの得点が高いことが予測されるということであり，「反社会的行動の増加は，女子のほうにより顕著にみられるだろう」という研究上の予測を支持する結果になっているのです。第9章の7節で解説する共分散分析は，このように，複数の群の間で回帰直線の高さを比較するための方法です。

3　回帰分析における予測値と残差の性質

予測値と残差の平均と相関

一般に，独立変数 x に基づく従属変数 y の予測値 $\hat{y}$ の平均は，(3.15) 式より，

$$\bar{\hat{y}} = \bar{y} + b(\bar{x} - \bar{x}) = \bar{y} \tag{3.16}$$

となり，y の平均に一致します。また，従属変数の実際の値と予測値とのずれ

$$e = y - \hat{y} \tag{3.17}$$

を**残差**（residual）または**予測の誤差**とよびますが，その平均は，(3.16) 式より，

$$\bar{e} = \bar{y} - \bar{\hat{y}} = 0 \tag{3.18}$$

となります。

次に，これは理論的に非常に重要なことですが，独立変数 x と残差 e の間の相関 r_{xe} については，

$$r_{xe} = 0 \tag{3.19}$$

が成り立ちます。つまり，残差 e は独立変数とはまったく相関のない変数だということです。このことの証明は第 7 章の 2 節で示しますが，図 3-4 のデータに関して，独立変数と残差の間の相関の様子を示した図 3-6 をみると，確かに，独立変数と残差は無相関となっています。

また，(3.11) 式からわかるように，予測値 $\hat{y}$ は，独立変数 x を線形変換したものであり，前節で述べたようにこうした線形変換によって相関係数の絶対値は変化しませんから，予測値と残差の間の相関 $r_{\hat{y}e}$ も，r_{xe} と同じく

$$r_{\hat{y}e} = 0 \tag{3.20}$$

となります。

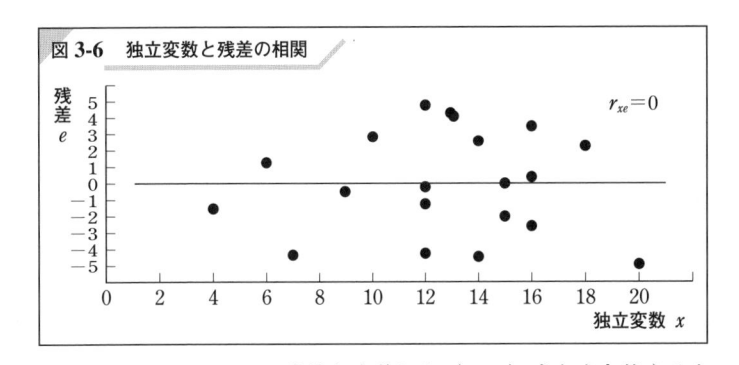

3 回帰分析における予測値と残差の性質   59

図 3-6 独立変数と残差の相関

[散布図:縦軸 残差 e(-5 から 5)、横軸 独立変数 x(0 から 20)、$r_{xe}=0$]

変数の直交分解と残差の積極的意義

残差を定義した (3.17) 式を書き換えると

$$y = \hat{y} + e \tag{3.21}$$

となります。この式の右辺の $\hat{y}$ と e が互いに無相関だということですから、この式は、従属変数 y を 2 つの互いに無相関の成分に分解する式であると言うことができます。一般に、相関がない 2 変数は「互いに直交する」とも言います。そこで、(3.21) 式は、従属変数 y を 2 つの互いに直交する成分に分解する**直交分解**の式だと言うことができます。

従属変数 y を構成するこれら 2 つの成分のうち、$\hat{y}$ は独立変数 x を線形変換したものですから、x との相関は 1 (または -1) となります。一方、残差 e は独立変数 x とは無相関です。したがって、(3.21) 式は、従属変数 y を、独立変数 x と完全に相関する部分と、x とは完全に無相関の部分に分解する式だと言うこともできます。

前項で、独立変数と残差が無相関になることが理論的に非常に重要であるということを述べました。それは、このことによって、(3.21) 式のような直交分解が可能になり、そこから、「従属変数 y の成分のうち、独立変数 x とは相関のない残差成分 e」を取り出すことが可能になるからです。この残差 e は従属変数を正確に予測するとい

う目的からは、その存在は好ましくないものですが、変数間の相関関係に基づいて因果関係に接近していく際には、それが主役になるほど非常に意味のある変数となるのです。

例として、小学生の集団で、身長から体重を予測する場合を考えてみましょう。この予測における残差は、「体重のうち、身長では説明できない成分」をあらわすことになります。この残差が正の大きな値をとる子どもは、「身長から予測されるレベルよりも体重がかなり重い子」であり、逆に残差が負の大きな値をとる子どもは、「身長から予測されるレベルよりも体重がかなり軽い子」ということになります。この残差は、体重そのものとは意味内容が明らかに異なる変数です。つまり、体重そのものは重い子どもでも、身長が非常に高ければ、この残差変数の値は大きくなりません。逆に体重そのものは軽くても、それでも身長のわりには体重があるということであれば残差は大きくなります。

この例の場合の残差変数は、体重そのものではなく、肥満度のような内容のものであると考えられます。そして、体脂肪率や高血圧など、ある種の不健康度の指標とは、体重そのものよりも、この残差変数のほうが高い相関を示すことが十分考えられます。このように、残差変数に注目することによって、つまり、残差変数を主役に据えることによって、もともとの変数間の関係を調べるだけでは知ることのできなかった、より本質的な関係が明らかになる可能性があるのです。第8章では、こうした残差を用いた相関である部分相関係数や偏相関係数などについてくわしく解説します。

予測値と残差の分散　第2章の (2.17) 式

$$s_{x+y}^2 = s_x^2 + 2s_{xy} + s_y^2$$

から、変数間の相関がゼロであれば、変数の和の分散は、それぞれ

の変数の分散の和になることがわかります。したがって，(3.21) 式に示したように 2 つの互いに相関しない変数 ($\hat{y}$ と e) の和である従属変数 y の分散は，

$$s_y^2 = s_{\hat{y}}^2 + s_e^2 \tag{3.22}$$

のように，予測値の分散と残差の分散の和に等しくなります。すなわち，従属変数の分散が 2 つの分散に分解できるということです[7]。

予測値 $\hat{y}$ は，(3.11) 式に示したように独立変数の線形変換ですから，その分散は，第 2 章で述べた線形変換に伴う分散の変化の式 (2.24) から，

$$\begin{aligned} s_{\hat{y}}^2 &= b^2 s_x^2 \\ &= \left(r \frac{s_y}{s_x}\right)^2 s_x^2 \\ &= s_y^2 r^2 \end{aligned} \tag{3.23}$$

となります。したがって，(3.22) 式より，残差の分散は，

$$\begin{aligned} s_e^2 &= s_y^2 - s_{\hat{y}}^2 \\ &= s_y^2 (1 - r^2) \end{aligned} \tag{3.24}$$

となります。

つまり，従属変数の分散が，r^2 と $1-r^2$ の割合で，予測値の分散と残差の分散に分割されるということです。予測値は，従属変数のうち独立変数で説明できる部分ですから，このことを，「従属変数の分散のうち，独立変数で説明できる割合は r^2 である」と表現することができます。このことから，相関係数の 2 乗のことを，**分散説明率**

---

7) 第 2 章の 2 節では，合併した集団における分散の式 (2.19) との関係で「分散分析」という言葉に言及しましたが，従属変数の分散の分解をあらわすこの式もまた分散分析の一種です。これらを統合的にとらえる視点は，第 7 章で提供します。

(proportion of variance accounted for)とよぶことがあります。分散説明率は，独立変数がどれだけ従属変数の値を決定するかをあらわしているという意味から，**決定係数**（coefficient of determination）ともよばれます。この指標については，第7章の3節で，幾何学的な観点からもう一度取り上げて説明します。

予測の標準誤差

残差の分散 s_e^2 は**予測の誤差分散**ともよばれ，その平方根

$$s_e = s_y \sqrt{1 - r^2} \tag{3.25}$$

は**予測の標準誤差**（standard error of prediction）とよばれます。もちろん，予測の標準誤差は，残差 e の標準偏差です。第2章で述べたように，標準偏差は平均偏差とは違いますから，この値を「平均的な予測誤差の値」というのは正確ではありませんが，おおまかにはそのように解釈して，予測の標準誤差の大小で予測の精度を評価することができます。

$r = 0$ のときは，回帰直線の傾きがゼロになりますから，予測値は独立変数の値と関係なく，$\hat{y} = \bar{y}$ となります。このときの残差は，個々の観測値の，平均からの偏差 $y - \bar{y}$ ですから，予測の標準誤差は従属変数の標準偏差 s_y と等しくなります。では，$r = .5$ だとしたら，予測の標準誤差は s_y に比べてどれぐらい小さくなるでしょうか。(3.25) 式に $r = .5$ を代入すると，$s_y \sqrt{1 - .5^2} = .866\, s_y$ となり，予測の標準誤差が約 87% に減少することがわかります。この例から，$r = .5$ 程度の相関では，予測の標準誤差は無相関のときに比べてそれほど小さくならないことがわかります。予測の精度を高めて s_e が s_y のちょうど半分の大きさになるようにするには，$\sqrt{1 - r^2} = .5$ を満たすように $r = .866$ という高い相関をもつ独立変数が必要になります（図 3-7 参照）。

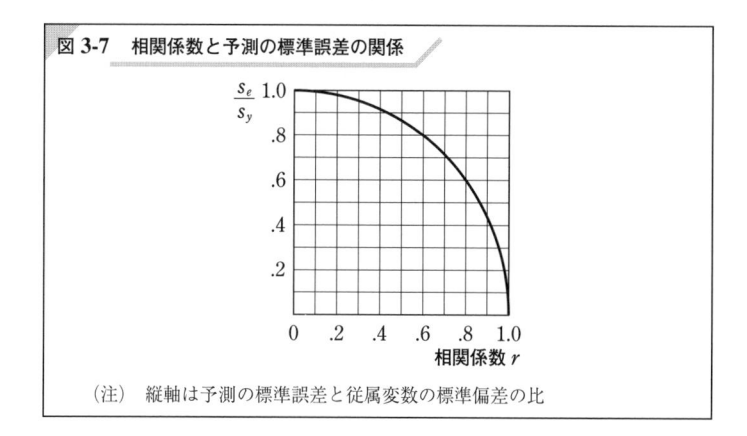

3 回帰分析における予測値と残差の性質　63

図 3-7　相関係数と予測の標準誤差の関係

(注) 縦軸は予測の標準誤差と従属変数の標準偏差の比

なお，母集団に対する統計的推測においては，予測の標準誤差の式として

$$s'_e = s_e \sqrt{N/(N-2)} \qquad (3.26)$$

を用いるのが一般的です。くわしくは第 8 章の 5 節で説明しますが，基本的には不偏分散や不偏共分散を用いるのと同様の理由からです。

図 3-4 の男子の逸脱行動データの場合，(3.25) 式に基づく予測の標準誤差は，

$$s_e = 3.81\sqrt{1 - .60^2} = 3.05$$

となります。一方，(3.26) 式に基づく値は

$$s'_e = 3.05 \times \sqrt{20/(20-2)} = 3.21$$

となり，s_e に比べてやや大き目になります。

回帰とは　ところで，回帰直線や回帰係数というときの「回帰」とはどういう意味の言葉なのでしょうか。その説明のために，具体的な例を挙げましょう。図 3-8

は，父親の知能指数を x，その息子の知能指数を y として描いた $N = 200$ の仮想的な散布図です。知能指数は一種の標準得点であり，通常はある基準となる集団における平均が 100，標準偏差が 15 となるように標準化してあります[8]。そこで，この図でも，$\bar{x} = \bar{y} = 100$, $s_x = s_y = 15$ としてあります。また 2 つの変数の間の相関係数は $r = .6$ としてあります。これらの値を (3.13) 式および (3.14) 式に代入すると，

$$b = .6 \times (15/15) = 0.6$$
$$a = 100 - 0.6 \times 100 = 40$$

となり，回帰直線が

$$\hat{y} = 40 + 0.6\,x$$

となります。また，これを (3.15) 式の形であらわすと，

$$\hat{y} = 100 + 0.6\,(x - 100)$$

となります。図 3-8 にはこの式で与えられる回帰直線が描かれています。もう一本の "$\hat{x} = 100 + 0.6\,(y - 100)$" と記された直線については，ここでは無視しておいてください。

この回帰直線を利用すると，たとえば「父親の知能指数が 115 だとしたら，その息子の知能指数はいくらぐらいと予想されるか」といった問いに答えることができます。単に，上の回帰直線の式の右辺の x に 115 を代入すればよいのです。すると $\hat{y} = 100 + 0.6 \times (115 - 100) = 109$ という答えが得られます。この場合，父親の知能指数は 115 とかなり高いのですが，その父親たちの息子たちは平均的にはそれほど高

---

[8] 標準得点については，第 2 章の 3 節参照。

図 3-8 父親の知能指数と息子の知能指数の関係

$\hat{x} = 100 + 0.6(y - 100)$

$\hat{y} = 100 + 0.6(x - 100)$

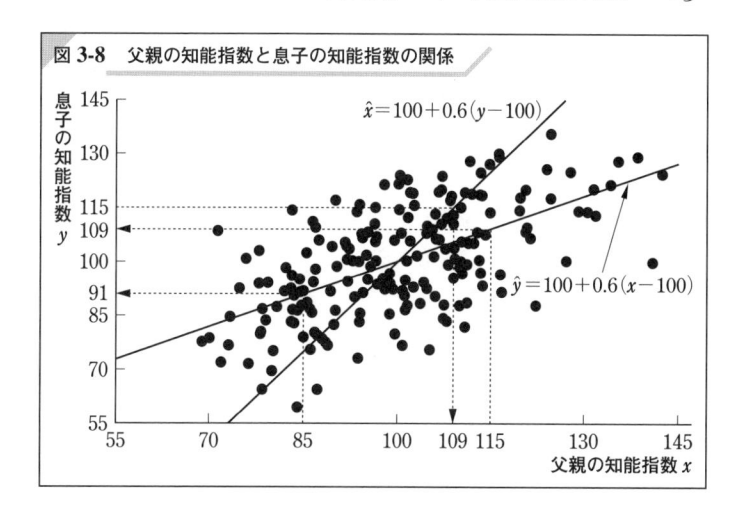

い知能指数を示さないということです。では父親の知能指数が平均より低く，85であったとしたらどうでしょうか。この場合は $\hat{y} = 91$ となり，父親たちの知能指数よりは高めの予想となります。つまり，いずれの場合も，息子たちの知能指数はその父親たちの知能指数に比べ，平均のほうに近づいています。このような現象は，平均へ戻るという意味で「平均への回帰」とよばれています。そして，そのような回帰の現象を記述する直線という意味で，回帰直線という用語が用いられているのです。

ところで，(3.13) 式からもわかるように，いまの例のように2つの変数の標準偏差が等しい場合は，回帰係数は相関係数に等しくなります。そしてそのとき，もし相関係数が1ならば回帰係数も1となって，上記のような平均への回帰は生じません。つまり，平均への回帰が起こるのは相関が完全でない場合であり，相関が完全でない程度に応じて平均への回帰が起こるのです。このように，相関係数は，平均への回帰が生じる程度という観点から解釈することもで

きます。

> 2通りの回帰直線

前項では、父親の知能指数 x の値に対応する息子の知能指数 y の条件付き平均に注目しました。しかし、この例において、子どもの知能指数 y からその親の知能指数 x を推し量るということも可能ですし、そちらのほうに関心があるというケースも考えられます。ここで注意しなくてはならないのは、このときには前項で求めた回帰直線を利用することはできないということです。仮に、たとえば息子の知能指数 y が 115 のとき、これに対応する父親の知能指数 x をその直線から求めるとすると、$115 = 100 + 0.6(x - 100)$ を解いて $x = 125$ となりますが、このような計算によって父親の知能指数を予測することはできません。この場合は、あらためて、息子の知能指数 y の値に対応する父親の知能指数 x の条件付き平均に注目し、その両者の関係を近似する回帰直線を新たに推定しなくてはならないのです。

このときの最小 2 乗法による回帰直線を

$$\hat{x} = a' + b'y \tag{3.27}$$

とあらわすことにすると、その直線の切片 a' および傾き b' は以下のようになります。

$$b' = r \frac{s_x}{s_y} \tag{3.28}$$

$$a' = \bar{x} - b'\bar{y} \tag{3.29}$$

これらは (3.13) 式および (3.14) 式における x と y を入れ替えた形になっています。(3.27) 式であらわされる回帰直線は「変数 x の変数 y への回帰直線」とよばれます。これに対し、(3.11) 式であらわされる回帰直線は「変数 y の変数 x への回帰直線」とよばれます（逆ではありませんので注意してください）。

図 3-8 のデータについて，父親の知能指数 x の息子の知能指数 y への回帰直線を求めると，

$$\hat{x} = 40 + 0.6\,y$$

あるいは

$$\hat{x} = 100 + 0.6\,(y - 100)$$

となります。この式で与えられるのが，図 3-8 の，もう一方の直線です。この式を用いて息子の知能指数 y が 115 のときの父親の知能指数 x の予測値を求めると $\hat{x} = 109$ となり，ここでもやはり平均への回帰が起こっていることがわかります。図 3-8 に描かれた 2 本の回帰直線の傾きはいずれも 0.6 と等しいのですが，一方は横軸の変数 x に対する傾きで，他方は縦軸の変数 y に対する傾きですから，特別の場合を除き，図の上では 2 通りの回帰直線は一致しません。その特別な場合というのが，$|r| = 1$ の場合，つまり完全な相関があって平均への回帰が生じない場合です。

4 相関係数と回帰係数の性質の違い

対 称 性 　ここまで相関関係をあらわす指標として，1 節では相関係数を，そして 2 節と 3 節では回帰直線とその傾きである回帰係数を紹介してきました。(3.13) 式からわかるように，相関係数 r と回帰係数 b の間には密接な関係がありますが，同時にかなり特徴的な違いもあります。両者の特徴を正しく理解して利用することができるように，その性質の違いについて説明しておきましょう。

68　第3章　相関関係の把握と回帰分析

まず,相関係数は2つの変数に関して対称的な指標であるのに対し,回帰係数は非対称的な指標であるという違いがあります。つまり,相関係数の場合は,xとyの間の相関係数といえばその変数の対に対して値が1つに決まりますから,これをyとxの間の相関係数とよんでも何ら差し支えありません。これに対し,回帰係数については,前節で述べたようにyのxへの回帰直線とxのyへの回帰直線が区別され,それぞれの直線の傾きである回帰係数も一般には同じ値になりません。したがって,回帰直線や回帰係数によって相関関係を表現する場合には,常にどの変数のどの変数への回帰なのか,あるいはどの変数からどの変数を予測する問題を考えているのかを明確にする必要があります。

変数の尺度との関係

相関係数と回帰係数の違いとして指摘されるもうひとつの特徴は,それぞれの係数の値と用いられた変数の尺度との関係に関するものです。回帰係数のほうは,独立変数の1単位の差異に対応する従属変数の予測値の差異をあらわすので,たとえば,身長から体重を予測する場合であれば,「身長の1センチメートルの差異に対応して,体重の予測値はbキログラム異なる」というように,用いられた変数の尺度をそのまま用いて具体的に解釈することができます。

これに対して相関係数の場合はどうかを考えるために,独立変数xの値が1標準偏差だけ異なるとき,それに対応して,従属変数yの予測値がどれだけ異なるかを考えてみましょう。このときの予測値の差異は,xの標準偏差s_xをb倍したものであり,その値は,(3.13)式より,

$$\begin{aligned} b \times s_x &= r \frac{s_y}{s_x} \times s_x \\ &= r\, s_y \end{aligned} \quad (3.30)$$

となります。つまり、独立変数の1標準偏差の差異に対応する従属変数の予測値の差異は、従属変数の標準偏差 s_y の r 倍になるということです。したがって、相関係数 r については、「身長の1標準偏差の差異に対応して、体重の予測値は r 標準偏差だけ異なる」というように、対象となった集団における標準偏差を用いて相対的に解釈することしかできません。

第2章でも述べたように、心理学の研究で用いられる変数の多くは、たとえばその研究のために新たに作成された質問紙の尺度得点のように、その値や単位が具体的な意味をもっていません。そのような変数の場合は、「変数の尺度をそのまま用いて具体的に解釈できる」という回帰係数の利点はほとんど意味をもたず、むしろ、集団の標準偏差を単位とした解釈を与えてくれる相関係数のほうが便利だといえるでしょう。しかし、たとえば、年齢・月齢や、家族の収入、あるいは標準化された知能検査の得点など、その値や単位が具体的な意味をもっている変数の場合は、上記のような回帰係数の利点が生きてきます。

> 選抜による集団の等質性の変化の影響

前項で述べたことと深い関係があるのですが、何らかの選抜によって対象となる集団が等質化されたときに、その選抜の前後での値の変化に関して、相関係数と回帰係数には特徴的な違いがあります。

図3-9は、図3-8に示したデータのうち、父親の知能指数 (x) が100以上であったものだけを選んで図示したものです。この図には選抜前および選抜後の、y の x への回帰直線が描かれていますが、これら2つの直線はほぼ一致していることがわかります。つまり、回帰係数の値は、選抜の前後でほとんど変化していません。では、相関係数の値はどうでしょうか。表3-1は、選抜の前後でのいろいろ

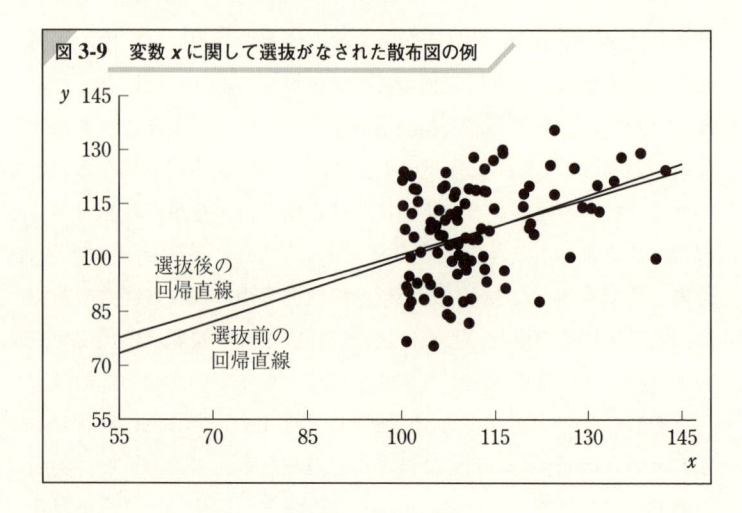

図 3-9 変数 x に関して選抜がなされた散布図の例

な統計的指標の値の変化を示したものです。これをみると，相関係数の値は選抜前の .60 から .38 へと大きく低下しており，選抜による影響がはっきりと出ています。

相関係数の値のこのような変化は，標準偏差の値の変化をみると納得できます。まず，選抜に用いられた変数 x の標準偏差は選抜によって 15 から 9.8 へとかなり小さくなっています。これに対し，y の標準偏差は 15 から 13.5 へと若干小さくなっているだけです。相関係数は，(3.13) 式からわかるように，回帰係数や標準偏差との間に

$$r = b\frac{s_x}{s_y} \qquad (3.31)$$

という関係があるので，回帰係数 b の値が一定でも，x と y の標準偏差の比が変化すれば値が変化します。いまの場合は，x の値に基づいて選抜がなされた結果，x の標準偏差の減少の程度が y の標準偏差の減少の程度より大きく，その分，相関係数 r の値が低下しているのです。

表 3-1 選抜の前後での統計的指標の値の変化

統計的指標	選抜前	選抜後
x の平均	100	112
y の平均	100	107
x の標準偏差	15	9.8
y の標準偏差	15	13.5
相関係数	.60	.38
回帰係数 b	.60	.52
回帰係数 b'	.60	.27

このように，ある変数の値に基づいて選抜を行うと，それによって相関係数の値は一般に低下します。このことを**選抜効果**とよんでいます。一方，選抜に用いられた変数から他の変数を予測する際の回帰係数は，多くの場合，こうした選抜による影響をあまり受けません[9]。心理学の研究では，同じテーマについての研究でも，その時々で対象となる集団の等質性が異なることが少なくありません。つまり，ある研究では等質性の高い集団が用いられ，別の研究では等質性の低い集団が用いられるというようなことがよくあるのです。相関係数は，こうしたいわば人為的な要因によって変化するので，複数の研究の結果を比較したりする場合は，相関係数よりも回帰係数を用いるほうがよいと言えるでしょう。

ただし，実際には入学試験による選抜のような特別な場合を除けば，集団間で等質性に違いが生じるメカニズムは複雑であり，あるひとつの変数の値に基づいて集団が等質化されるというここでの想

---

[9] 図 3-9 では，選抜後の回帰係数の値がやや小さくなっていますが，これはこのデータについての結果であり，一般的な傾向ではありません。ちなみに，第 4 章で紹介する 2 変数正規分布とよばれる理論的な分布では，x に関する選抜の前後で，x から y を予測する回帰直線の傾きは変化しません。

定は単純すぎると言えるでしょう。したがって,その単純な想定のもとで成り立つ上記のような結果を,あらゆる場合に一般化することはできません。また,いまの例の場合でも,y から x を予測する際の回帰係数 b' の値は,.60 から .27 へと,相関係数以上に大きな低下を示しています。このように,選抜に用いられなかった変数から選抜に用いられた変数を予測する際の回帰係数については,等質性の変化に対する安定性は保証されません。

5 相関と共変と因果

変数間の関係のタイプ

本書ではここまで,2つの変数間の関係をあらわすのに,「変数 x の値が大きい人ほど,変数 y の値も大きい傾向がある」というような表現を用いてきました。変数間の関係のタイプとしては,このほかにもいろいろなものがあります。いま述べたものも含めて,簡潔な形で書いてみましょう。

(1) x が大きい人ほど,y も大きい。

(2) x が大きくなると,y も大きくなる。

(3) x を大きくすると,y も大きくなる。

(4) x が大きいから,y も大きい。

ここで例として,「空腹感」という変数と「怒り感情」という変数の関係を考えてみましょう。(1)は,「お腹がすいている人ほど,怒りっぽい」という関係であり,**集団における相関関係**とよぶことができます。この関係は,当然,複数の対象者からなる集団の存在が前提となります。

これに対し,(2)は,「お腹がすいてくると,怒りっぽくなる」と

5 相関と共変と因果

いう関係であり，個人レベルで，一方の変数の値が変化すると，それに伴ってもう一方の変数の値も変化するということを意味しています。本書ではこれを**個人内の共変関係**とよぶことにします（南風原・小松，1999）。この関係は，ひとりひとりの対象者において考えられる性質のものです。

次に，(3)は，「食事を与えずに空腹にすると，怒りっぽくなる」という関係であり，何らかの処理ないし操作によって，ある変化が生じるということを意味しています。これは，**処理-効果関係**とよぶことができるでしょう。この関係も基本的には個人レベルで考えられるものです。

最後に，(4)は，「お腹がすいているから，怒りっぽいのだ」ということであり，これは原因と結果の関係，すなわち**因果関係**をあらわしています。この関係も個人レベルで考えられるものです。

研究のタイプとの関連　上記のようなさまざまなタイプの関係を，データを収集して分析することによって実証的に示すとしたら，どのようにアプローチしたらよいでしょうか。

まず，(1)の集団における相関関係を明らかにしたいのであれば，適当な集団を対象に，2つの変数の測定を行うだけで十分です。その結果を散布図に示し，相関係数や回帰直線を用いて，変数間の関係を記述すればよいのです。

これに対し，(2)の個人内の共変関係に関心があるのであれば，同一の個人について，2つの変数が時間的にどのように共変するかを観察していく必要があります。その結果を記述するには，各時点における結果をデータ点として，図3-10のようにプロットし，時間の順序に沿ってそれを結べばよいでしょう。

以上の2通りの関係は，いわゆる調査研究によって調べることができますが，(3)の処理-効果関係については，実験研究や実践研究

の中で，実際に条件を操作して調べる必要があります。

最後に，(4)の因果関係については，これを直接的にデータで示すのは困難であり，(3)の処理-効果関係に基づいて，あるいは，場合によっては(1)や(2)の関係を根拠に「推論」していく性質のものです。仮に処理-効果関係が明確にみられても，実際にはその処理は原因ではなく，その処理と同時に導入した別の条件が原因であることもあるので，「処理-効果関係」＝「因果関係」とするのは短絡的です。たとえば，実験研究によって「食事を与えずに空腹にすると，怒りっぽくなる」という処理-効果関係が確認できたとしても，怒りっぽくなったことの原因はお腹がすいたことではなく，被験者に対する実験者の態度が悪かったことが原因かもしれないのです。

このように，処理-効果関係を調べる実験研究ですら，因果関係の決定的な証拠にはならないのですから，単に集団における相関関係を調べただけの調査研究から因果関係を推論する際には，さらに慎重さが必要です。たとえば，ある職場で，ある時点で「お腹がすいている人ほど，怒りっぽい」という関係が確認できたとしても，食事の時間もとれないほど仕事を割り当てられたことが，怒りの原因かもしれません。この場合には，本章の3節で述べた方法によって，空腹感をあらわす変数から，割り当てられた仕事の量では説明できない残差成分を取り出し，それと怒り感情との関係を調べることによって，因果関係に接近していくことができます。そのアプローチについては第8章でくわしく述べますが，しかしこれも，「因果関係を明らかにする決定的な方法」というわけではありません。

異なるタイプ間の推論　このように，ひとくちに2変数間の関係といっても，いろいろなタイプのものがあり，それぞれごとに，その関係を調べるのに適したデータ収集の方法が異なってきます。また，あるタイプの関係についての結果から，別

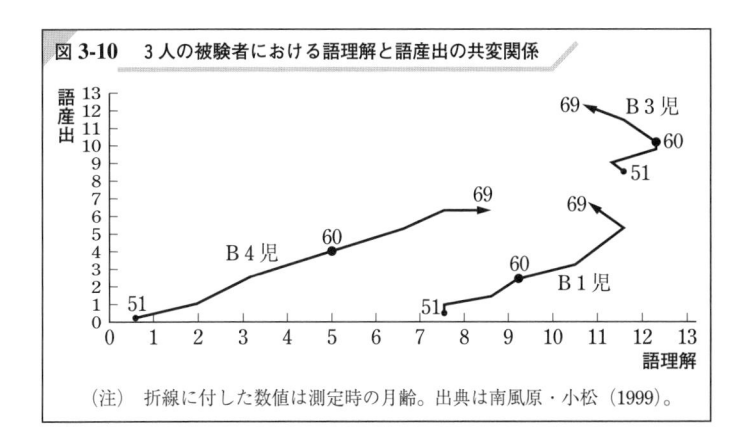

図 3-10　3人の被験者における語理解と語産出の共変関係

(注)　折線に付した数値は測定時の月齢。出典は南風原・小松（1999）。

のタイプの関係を推論するのは，原理的に困難であり，その推論の妥当性は保証されません。ここでは，例として，集団における相関関係と個人内の共変関係という異なるタイプの間での推論について具体的に考えてみましょう。

図3-10は，3人の被験者について，語理解と語産出という2つの変数の測定を繰り返して得たデータによって，個人内の共変関係を示したものです。図中の折線に付した数値は測定時の月齢です。

このデータにおいて，各被験者の月齢60か月のときの測定値だけを用いると，図中の大きな黒丸3個からなる散布図ができます。通常の散布図は，このように，それぞれの被験者ごとに時間的に変動しているはずのデータを，ある一時点のところで切り取ってプロットしたものと言えます。いま，この $N=3$ の散布図からは，B1児（語理解は約9点）がB4児（語理解は約5点）に比べ，語理解では優っているが語産出では逆に劣っている，といった特徴が抽出できます。こうした集団内の個人間関係から，たとえば「語理解が5点から9点ぐらいに発達する時期には語産出は減少し，その後，語理解が12点ぐらいまで発達する時期に，語産出の急激な発達がみられ

る」というような個人内の共変関係についての推論をしたら、その推論はどの被験者にもあてはまらない誤ったものとなります。

逆に、たとえば B1 児の個人内共変関係から、集団における相関関係を推論すると、実際の関係とはだいぶ違ったものが推論されることになります。

そもそも、個人内の共変関係に限らず、処理-効果関係や因果関係を含め、個人ごとに考えることのできる関係は、その関係の様態が個人ごとに異なるものである可能性があります。それに対し、集団における相関関係は集団に対してひとつしかないわけですから、こうした関係のタイプを越えた推論が難しいことは明らかでしょう[10]。

なお、本書では、特にことわらない限り、2 変数間の関係として集団における相関関係を想定するものとします。

6 測定の妥当性と信頼性

測定の質と相関係数

第 1 章で述べたように、心理学の研究では、研究で取り上げた構成概念がどれだけ正確に測定されるかが、研究の良し悪しを左右する重要なポイントになります。こうした測定の質をあらわす概念として、妥当性および信頼性とよばれるものがあります。測定の妥当性や信頼性を評価する際には、さまざまな変数間の相関係数が中心的な役割をはたします。また、測定の妥当性や信頼性が、研究で取り上げる変数間の相関関

---

10) 集団における相関関係を調べる場合、その下位集団によって関係の様態が異なる可能性があるときは、集団を下位集団に分割して相関を調べるのが有効です。この場合は、全体の集団からいくつかの相関関係が抽出できることになりますが、それでも個人内の関係とは本質的に異なるものです。

係に大きな影響を与えるという側面もあります。そこで，相関関係をテーマとしたこの章の最後に，測定の妥当性と信頼性の問題を取り上げて解説することにします。

妥当性とその検証　測定の**妥当性**（validity）とは，測定値が，測定すべき構成概念を正しく反映している程度のことです。この定義からわかるように，測定の質をあらわす概念として最も重要なものが妥当性です。

妥当性を検証するためには，「測定値が妥当であるとしたら，具体的にどのような条件が満たされるべきか」という，妥当性のための必要条件をリストアップし，それらの条件が実際に満たされているかどうかを確かめるという手続きをとります。このように，妥当性検証の手続きは，第1章で述べた仮説検証の手続きと基本的に同じものであり，妥当性を検証すること自体がひとつの研究とも言えます。

たとえば，第1章から例として用いている「逸脱行動得点」が，狙いどおりに「学校，家庭，および社会における比較的軽微な秩序逸脱行動の程度」を反映しているかどうか，その妥当性を検証することを考えてみましょう。この得点は，20個の具体的な行動を最近1か月の間にしたことがあるかどうかについての自己報告に基づくものでした。このような自己報告に基づく測定値は，しばしば，自分を実際よりもよく見せようとする，いわゆる社会的望ましさ傾向によって歪められることが知られています。もし，逸脱行動得点が，こうした傾向によって歪められていない，妥当な測定値であるならば，本人の報告に基づく得点と，同じ質問紙を用いてその本人をよく知っている他者に回答してもらった結果は，高い相関関係を示すはずです。そこで，ある被験者集団に対して，自己報告に基づく得点と他者報告に基づく得点との間の相関係数を求めてみることで，逸

脱行動得点の妥当性を検討することができます。一般に，高い相関を示すべき変数との間に実際に高い相関が得られたとき，それを妥当性に関する**収束的証拠**（convergent evidence）とよびます。

一方，逸脱行動得点が妥当であるための必要条件として，社会的望ましさ傾向自体を反映する尺度との相関が低いことが挙げられます[11]。一般に，低い相関を示すべき変数との間に実際に低い相関が得られたとき，それを妥当性に関する**弁別的証拠**（discriminant evidence）とよびます。

妥当性のための必要条件としては，構成概念の内容に応じて，「ある特定の操作によって，測定値が平均的に上昇すること」とか，「年齢の高い集団のほうが，測定値の平均が高いこと」など，いろいろなものが考えられます。こうした条件が実際のデータによって確認できる程度に応じて，その測定値が妥当であるという主張が支持されることになります。

> 信頼性とその推定

測定の**信頼性**（reliability）とは，測定値の一貫性をあらわす概念です。たとえば，ある期間をおいて測定を繰り返したとき，1回目と2回目で測定値が一貫しているとか，同じテスト作成デザインに基づいて作成したテストの複数のバージョン（たとえば本調査用と追跡調査用）の間で得点が一貫しているというとき，その測定値は信頼性が高いといわれます。

測定の信頼性は，妥当性のための必要条件として位置づけることが可能です。つまり，測定が妥当なものであれば，測定の繰り返しごとに大きく変動することはないはずだし，複数のバージョンの間でまったく異なる結果になるはずはないと考えられるからです。

---

11) 社会的望ましさ傾向の測定尺度については，末永（1987）などを参照。

一方，測定値がいくら一貫していても，それが測定の目的から外れたものを測定しているとしたら，測定の妥当性は低くなります。したがって，測定の信頼性が高いことは妥当性のための十分条件ではありません。

信頼性を推定するには，異なる測定時期の間で測定値の相関係数を求めたり，異なるバージョンの間で相関係数を求めたりするのが典型的です。前者の方法で推定される信頼性を**再検査信頼性**とよび，後者の方法で推定される信頼性を**平行検査信頼性**または**代替検査信頼性**とよびます。

測定値のモデルと信頼性

測定の信頼性を統計学的に検討する際には，測定値 x が**測定誤差** e を含んでいるとする，以下のモデルを考えます。

$$x = t + e \tag{3.32}$$

この式で，測定値のうちの測定誤差でない部分 t は**真値**とよばれます。つまり，真値に測定誤差が加わることによって測定値の一貫性・信頼性が損なわれるとするモデルです。

ここで，測定誤差は基本的にランダムなもので，真値とは相関しないものと仮定すると，測定値の分散は

$$s_x^2 = s_t^2 + s_e^2 \tag{3.33}$$

のように，真値の分散と測定誤差の分散の和に等しくなります。このとき，測定値の分散に対する真値の分散の比，すなわち真値による分散説明率

$$r_x = \frac{s_t^2}{s_x^2} \tag{3.34}$$

を，測定値 x の**信頼性**と定義します。ただし，この定義式には観測

することのできない真値の分散が含まれていますので,このままでは信頼性の推定に直接利用することはできません。

いま,(3.32)式であらわされる測定値 x と同じ真値をもつ別の測定値を

$$x' = t + e' \tag{3.35}$$

とすると,その間の共分散は,

$$\begin{aligned} s_{xx'} &= s_{(t+e)(t+e')} \\ &= s_t^2 + s_{te'} + s_{et} + s_{ee'} \end{aligned}$$

となりますが,ここで,先に測定誤差と真値の無相関性を仮定したように,測定誤差を含む共分散,つまり最右辺の第2項以下をすべてゼロと仮定すると,

$$s_{xx'} = s_t^2 \tag{3.36}$$

という関係が得られます。つまり,真値は同じで測定誤差のみが異なる測定値である x と x' の共分散が,観測できない真値の分散に等しくなるということです。

ここで,さらにこれら2通りの測定値について,測定誤差の分散が等しいと仮定すると,(3.33)式によって,測定値の分散も等しくなります。したがってこのとき,測定値 x と測定値 x' の間の相関係数は,

$$\begin{aligned} r_{xx'} &= \frac{s_{xx'}}{s_x \, s_{x'}} \\ &= \frac{s_t^2}{s_x^2} \\ &= r_x \end{aligned} \tag{3.37}$$

となって,測定値 x の信頼性と等しくなります。

いまの x と x' のように，真値が等しく，測定誤差の分散も等しい測定値のことを**平行測定値**とよびます。(3.37) 式は，平行測定値を得ることができれば，その間の相関係数をもって信頼性の推定値とすることができることを意味しています。前項で述べた再検査信頼性および平行検査信頼性は，それぞれの方法によって，近似的に平行測定値とみなせる測定値を得るための工夫なのです。

妥当性が相関係数に与える影響

測定の妥当性が低い場合，それによって変数間の相関係数が低くなるケースと，逆に高くなるケースがあります。

測定の妥当性が低いということは，その変数が反映すべき構成概念以外の要因（社会的望ましさ傾向など）によって変数の値が大きく左右されるということです。したがって，この場合，構成概念の内容からすれば変数間に高い相関が期待されるときでも，こうした攪乱要因のために変数間の相関が低く抑えられてしまうことが予想されます[12]。

一方，対象となる 2 つの変数が同じ攪乱要因を共有する場合，たとえば両変数とも社会的望ましさ傾向を強く反映するものだとしたら，社会的望ましさ傾向の強い人は両変数とも値が高くなり，逆にその傾向の弱い人は両変数とも値が低くなって，結果的にこれら 2 つの変数の間の相関を高めることになります。

妥当性が低いことによって相関が低下するにせよ上昇するにせよ，いずれも測定値間の相関が構成概念間の関係を歪曲して伝えていることになり，好ましいことではありません。測定値間の相関係数が構成概念間の関係を正しく反映するためには，それぞれの測定値が高い妥当性をもっていることが必要なのです。

---

[12] このことは，数学的には次項で述べる相関係数の希薄化の場合と同様に説明できます。

信頼性が相関係数に与える影響

次に,信頼性が変数間の相関係数に与える影響を調べてみましょう。いま,2つの変数 x, y について,

$$x = t + e$$
$$y = t' + e'$$

というモデルを考えます[13]。すると,これら2変数間の共分散は,

$$s_{xy} = s_{(t+e)(t'+e')}$$
$$= s_{tt'} + s_{te'} + s_{et'} + s_{ee'}$$

と展開されます。ここで,最右辺の第2項以下の測定誤差を含む共分散をゼロと仮定すると,

$$s_{xy} = s_{tt'} \qquad (3.38)$$

となり,測定値間の共分散が,その真値間の共分散に等しくなるという関係が導けます。測定値間の相関係数 r_{xy} は,この共分散をそれぞれの測定値の標準偏差 s_x, s_y の積で割ったものですが,これらの標準偏差は,(3.34)式より,信頼性 r_x, r_y と真値の標準偏差を用いて

$$s_x = \frac{s_t}{\sqrt{r_x}}, \qquad s_y = \frac{s_{t'}}{\sqrt{r_y}} \qquad (3.39)$$

とあらわせるので,結局,測定値間の相関係数は

---

[13] ここで,2つの変数は真値も異なっていることに注意してください。$x = t_x + e_x$ のように真値と測定誤差に添字を付けて区別してもよいのですが,この後の展開で添字が添字をもつことになって見にくいので,プライム($'$)の有無によって区別することとしました。

$$r_{xy} = \frac{s_{tt'}}{(s_t/\sqrt{r_x})(s_{t'}/\sqrt{r_y})}$$
$$= \frac{s_{tt'}}{s_t\, s_{t'}} \times \sqrt{r_x\, r_y}$$
$$= r_{tt'} \times \sqrt{r_x\, r_y} \qquad (3.40)$$

となります。この式は，測定値間の相関係数が，真値間の相関係数にそれぞれの測定値の信頼性の積の平方根（これを幾何平均という）をかけたものに等しくなることを示しています。

ここで，測定値の信頼性の値は1以下ですから，その幾何平均も1以下となり，したがって，

$$|r_{xy}| \leq |r_{tt'}| \qquad (3.41)$$

という関係が成り立ちます。このように，測定値の信頼性が完全でない程度に応じて，測定値間の相関係数が真値間の相関係数より低くなることを，相関の**希薄化**（attenuation）とよんでいます。

また，(3.40) 式からは，真値間の相関係数の絶対値が1以下になることより，

$$|r_{xy}| \leq \sqrt{r_x\, r_y} \qquad (3.42)$$

という関係も成り立ちます。この式は，測定値間の相関係数が，測定値の信頼性の幾何平均を超えることができないということを意味しています。つまり，本来，真値間に高い相関がある場合でも，信頼性の低い測定値からは高い相関を得ることはできないということです。測定値間の相関係数が真値間の相関係数を正しく反映するためには，それぞれの測定値が高い信頼性をもっていることが必要なのです。

第3章 相関関係の把握と回帰分析

● キーワード

共分散,不偏共分散,相関係数,ピアソンの積率相関係数,条件付き平均,予測値,回帰直線,回帰係数,条件付き分布,最小2乗法,回帰分析,独立変数,従属変数,予測変数,説明変数,目的変数,基準変数,残差,予測の誤差,直交分解,分散説明率,決定係数,予測の誤差分散,予測の標準誤差,選抜効果,集団における相関関係,個人内の共変関係,処理-効果関係,因果関係,妥当性,収束的証拠,弁別的証拠,信頼性,再検査信頼性,平行検査信頼性,代替検査信頼性,測定誤差,真値,平行測定値,希薄化

第4章　確率モデルと標本分布

本書ではここまで，平均，標準偏差，相関係数，回帰係数など，調査や実験を通して得られるデータの分布の特徴や，変数間の関係の特徴を記述する指標を紹介してきました。心理学の研究で用いられるその他の主要な記述的指標については後の章で取り上げることとし，ここではいったん立ち止まって，こうした指標に関する統計的推測の基礎となる確率的な見方，および基本的な道具立てについて解説しておきましょう。

1　基本的な考え方

サンプルと母集団　　第1章でも述べたように，調査や実験に参加してデータを提供してくれる被験者集団は，通常，研究仮説において想定している集団の一部にすぎません。前者の集団は**サンプル**または**標本**とよばれ，後者は**母集団**とよばれます。母集団は，たいていの場合，「日本のある年代の子どもたち一般」のように，非常に大きな集団であり，サンプルはそれに比べると非常に小さなものとなります。したがって，実際の研究においてサンプルの結果をもとに母集団に関する統計的推測を行うのは，いわば広大な砂浜から砂を一握りすくって，そこの砂全体の性質を調べるようなものです。

サンプルに含まれる被験者数は，**サンプルサイズ**または**標本の大きさ**とよばれます。これに対し，母集団の成員の数は**母集団の大き**

さとよばれます。母集団として，たとえば1つの学校の1学年の生徒全員というような，比較的小さな集合を取り扱う場合には，統計的推測の結果に対し，母集団の大きさも多少は影響します。しかし，多くの心理学研究のように，サンプルサイズに比して非常に大きな母集団を想定する場合には，母集団の大きさを一律に無限大として扱っても統計的推測の結果にはほとんど影響がないことが知られています。本書では，このようなケースに限定して考えることとし，基本的に無限母集団を仮定して話を進めることにします[1]。

なお，サンプルおよび母集団という言葉は，上記のように被験者の集合を指して用いられるだけでなく，それらの被験者から得られたデータの集合を指すこともあります。統計的分析が直接的に対象とするのはデータの集合であること，そして，同じ被験者集団でも，どの変数に注目するかによってデータの集合は異なるものとなることから，統計的な取扱いでは，サンプルや母集団を後者の意味で解釈するのが一般的です。ただし，議論の文脈によっては，サンプルや母集団を被験者の集合として考えるほうがわかりやすいということもあります。

サンプリング

母集団からその一部をサンプルとして取り出すことを**サンプリング**または**標本抽出**とよびます。サンプルでの結果をもとに母集団に関して推測をするには，できるだけ偏りが生じないようにサンプルを選ぶ必要があります。そのための具体的なサンプリングの方法は，主として社会調査の領域で開発されてきました。

---

1) 理論的には無限母集団を仮定するほうが簡単です。なお，有限母集団を考える場合には，母集団の大きさを N と表記し，サンプルサイズを n と表記するのが一般的です。本書では，母集団の大きさに言及することがないため，心理学の研究論文での一般的な表記法に合わせて，サンプルサイズを N と表記しています。有限母集団に関する統計的推測については，池田 (1980)，豊田 (1998a) などを参照してください。

その中で原理的に最も簡単なものは，**単純無作為抽出**（simple random sampling）とよばれる方法です。この方法は，母集団から被験者をひとりひとり，まったくランダムに選ぶ方法です。しかし，たとえば「全国の小学校6年生」という大きな母集団の場合，そこからまったくランダムに被験者を選び出すというのは大変な作業です。また，仮に被験者を選び出すことができても，選ばれた被験者が全国に散らばり，さらにばらばらの学校に散らばることから，それらの被験者に対して調査や実験を行うには，多大な費用と時間を要することになります。そこで社会調査では，多くの場合，たとえば第1段階としていくつかの小学校をランダムに選び，次に第2段階として，選ばれたそれぞれの小学校から被験者をランダムに選ぶという **2段抽出**（two-stage sampling）の方法など，より効率的な方法が用いられています。

> 統計的推測の理論の前提とサンプリング

一方，次節で具体的にみるように，統計的推測に関する理論は，サンプルを構成するそれぞれのデータが「互いに独立に，同じ確率的ふるまいをすること」を前提として組み立てられています[2]。この前提を満たすためには，単純無作為抽出によるサンプリングが必要となります。2段抽出など，ランダム性を組み込んだその他の方法で得られたサンプルに対しても，それなりの確率論的議論は可能ですが，本書でこれから紹介するような，心理学研究で実際に多用されている理論や方法は，厳密に言えば，単純無作為抽出以外の方法で得られたサンプルには適用できません[3]。

---

[2] 本節でこのあと導入する用語を用いれば，この仮定は「互いに独立に，同じ確率分布から得られたものであること」と表現することができます。

[3] たとえば第1段階で学校を選び，第2段階で被験者を選ぶという2段抽出の場合，分析対象となる変数に関して学校間に大きな差があるとしたら，ある学校が選ばれ

本書では，統計的推測の理論について解説するときは，単純無作為抽出によるサンプリングを仮定することとします。そして，**ランダムサンプリング**という言葉を，単純無作為抽出の意味で用いることとします[4]。

ところで，第1章で指摘したように，実際の心理学の研究では，明確に定義した母集団からこのようなランダムな方法でサンプルを選ぶということは少なく，たとえば身近な学校や病院などに研究協力を依頼して被験者になってもらうという，いわゆる「便宜的なサンプリング」が多くみられるのが実情です。このことは，心理学の研究で得られたデータに統計的推測の理論や方法を適用する際に，重大な方法論的問題を引き起こします。この問題については，本章の5節でくわしく考察することにします。

標本統計量と母数

さて，平均や相関係数などの記述的指標は，実際にサンプルとしてとられたデータから計算することができるだけでなく，母集団においてもその値を考えることができます。研究者が収集したいデータの全体が母集団であるならば，その母集団における指標の値こそが研究によって明らかにしたい値であるはずです。

サンプルにおける記述的指標の値と，母集団における値とを区別するときには，前者を**標本統計量**（sample statistic）または単に**統計量**（statistic）とよび，後者を**母数**（parameter）または英語のま

たら値の大きなデータが集中的に得られ，別の学校が選ばれたら逆に値の小さなデータが集中的に得られるということが起こります。この場合，1つ目のデータの値が大きかったら2つ目も大きな値になることが予測可能となり，その意味でデータ間に相関が生じることになって，データの独立性が損なわれます。

4）統計学的に正確には，2段抽出を含め，ランダム性を組み込んだサンプリングの方法を総称して，ランダムサンプリング（無作為抽出）とよびますが，少なくとも心理学では，特にことわらない限り，ランダムサンプリングは単純無作為抽出を意味するものと解釈されることが多いです。

まパラメタとよびます。また，平均や相関係数など具体的な指標に言及するときは，サンプルにおける値を標本平均，標本相関係数などとよび，それらに対応する母数は母集団平均，母集団相関係数などとよびます。この用語を用いれば，統計的推測の課題は「標本統計量の値をもとに，母数についてできるだけ正確な推測をすること」ということになります。

ここで最も重要なポイントは，同じ母集団からとられるサンプルでも，サンプルを構成するデータはサンプルによってさまざまであり，したがって標本統計量の値はサンプルごとに変動するということです。言い換えれば，ある研究で得られたサンプルから計算された統計量の値は，たまたまそのサンプルが選ばれたことに依存する，一種の偶然の産物であるということです。研究結果を解釈する際には，そうした偶然的変動を十分考慮して慎重に結論を下す必要があります。

確率モデルの導入　このように考えると，標本統計量の値が特定のサンプルに依存する程度，すなわちサンプルの間で標本統計量の値が変動する程度を査定することが，サンプルでの結果を解釈するうえで重要な意味をもつということがわかります。しかし，実際の研究ではいろいろとサンプルをとり直して，標本統計量の値の変化を調べるということはふつうできません。したがって，実際にサンプルをとり直すことをしなくても標本統計量の変動の大きさが査定できるような理論的方法が必要になってきます。

この目的のために導入されるのが，母集団を一種の**データ発生装置**とみなし，そこから確率的に発生したデータによってサンプルが構成されると考える確率的な見方です。そこでは，母集団からのデータ発生のしくみ，すなわち，「母集団からのサンプリングによって，

1個1個のデータがどういう確率でどういう値をとるか」をあらわす**確率モデル**が設定されます。一般に，確率的に変動する変数を**確率変数**（random variable）とよび，確率変数がどういう確率でどういう値をとるかを示す分布を**確率分布**（probability distribution）とよびます。統計的推測においては，サンプルを構成する1個1個のデータを確率変数の実現値とみなし，その確率変数に関する確率モデルを具体的な確率分布の形で設定するのです。

こうした確率モデルを出発点として，サンプルのデータから計算される平均や相関係数など関心のある標本統計量が「どういう確率でどういう値をとるか」を数学的に導くのが，**数理統計学**とよばれる学問分野の中心的な研究テーマです。標本統計量がどういう確率でどういう値をとるかをあらわす分布は，その統計量の**標本分布**（sampling distribution）とよばれます。

統計量の標本分布は，確率的に変動する統計量（平均など）が，どういう確率でどういう値をとるかを示す確率分布であり，数学的な方法で理論的に導かれるものです。このことは誤解されることが多いので特に注意しておきたいのですが，標本分布は，「特定の標本におけるデータの度数分布」とはまったく意味の異なる概念なのです[5]。

確率モデルから統計量の標本分布を導く過程は純粋に数学的な問題であり，それを解くには，次節で例示するような単純なケースを除くと一般にはかなり高度な数学を必要とします。心理学の研究において統計学を使う立場からは，さまざまな統計量の標本分布を数

---

[5] "sampling distribution"の邦訳としては，「標本分布」よりも「標本抽出分布」あるいは「サンプリング分布」のほうが正確であり，しかも「標本におけるデータの度数分布」との違いが明確になって好ましいのですが，「標本分布」という用語が定着していますので，本書でもそれにしたがいます。折りにふれて「標本抽出分布」という用語を思い出すようにすれば，ここで注意した誤解も避けられるでしょう。

学的に導出することよりも、その出発点となる確率モデルを正しく理解することと、数学的に導かれた公式を必要に応じて正しく適用することのほうに力を注ぐべきでしょう。

そこで本書では、次節で比率という最も簡単な統計量について標本分布の導出をくわしく解説しますが、その他の統計量に関しては数学的展開は省略し、出発点となる確率モデルとそこから導出される標本分布を示すことにします。

2 比率の標本分布の導出

変数の特定

比率に注目する研究の例として、小学校で習うある分数の計算問題を、中学1年生のうちのどれぐらいの比率の生徒が正しく解くことができるかという調査を考えましょう。このとき、分析の対象となる変数は、ひとりひとりの生徒について、その問題が解けるか否かをあらわす**2値変数**(dichotomous variable)です。この変数を x とし、正答なら $x=1$、誤答なら $x=0$ という値を与えることにします。ここでの関心は、この調査のために選ばれた N 人のサンプルにおいて $x=1$ となる被験者(正答者)の比率を求め、それをもとに母集団における正答者の比率を推測することです。

母集団分布と確率モデル

分析の対象となる変数が特定されたら、次に母集団におけるその変数の分布、すなわち**母集団分布**(population distribution)を考えます。いまの例では、母集団において $x=1$ となる者の比率を π とすれば、変数 x の母集団分布は図4-1のように表現することができます。母集団分布は一般に、この例のように、未知の母数を含

む形で設定されることになります[6]。

　この母集団から，1人の被験者をランダムに選ぶとしたら，その被験者が正答者となる確率は，母集団における正答者の比率 π に等しくなるはずです。したがって，ランダムサンプリングを仮定すれば，「母集団からのサンプリングによって，1個1個のデータがどういう確率でどういう値をとるか」をあらわす確率モデルを，図 4-2 のように表現することができます。この図は図 4-1 と同じですが，縦軸が「比率」ではなく「確率」となっています。つまり，図 4-1 の母集団分布が，いわば静的に，どれだけの比率で $x=1$ および $x=0$ というデータが存在するかを記述しているのに対し，図 4-2 は，サンプリングによって $x=1$ および $x=0$ というデータが得られる確率がどれだけあるか，すなわち，母集団がどういう確率でどういう値を発生する装置であるかを示しているのです。

　このように母集団分布は，ランダムサンプリングを介在させることによって，確率モデルを表現する確率分布として解釈できることになります。そのため，統計的推測の文脈では，確率モデル（またはモデル分布）という用語と母集団分布という用語が同じ意味で使

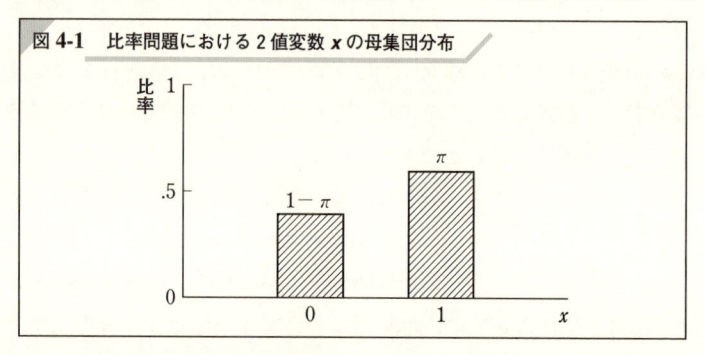

図 4-1　比率問題における 2 値変数 x の母集団分布

[6) 母集団比率を π と表記するように，母数はギリシャ文字で表記するのが一般的です。ギリシャ文字の読み方は付録 A.1 に一覧表にしてあります。

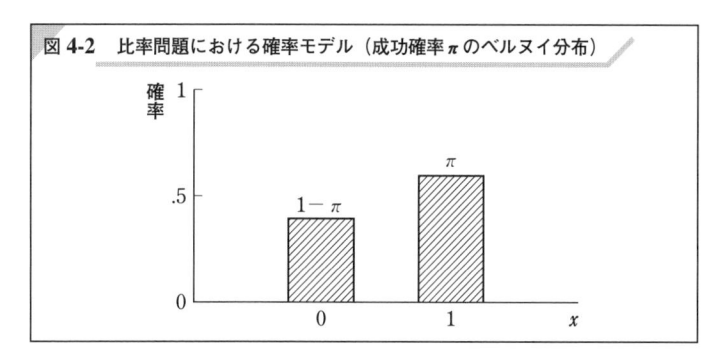

図 4-2　比率問題における確率モデル（成功確率 π のベルヌイ分布）

われています。

比率の標本分布

図 4-2 の確率モデルにしたがって $x=1$ または $x=0$ というデータが発生するとしたら，N 人分のデータから計算される比率 p は，どういう確率でどういう値をとるでしょうか。まず，比率がとりうる値は，その分母となるデータの総数 N に依存することは明らかです。ここでは例示の計算を簡単にするため，$N=5$ という非常に小さなサンプルを考えてみましょう。

$N=5$ のサンプルでは，比率 p のとりうる値は，

$$p = 0, \quad .2, \quad .4, \quad .6, \quad .8, \quad 1$$

の 6 通りです。

ここではじめに，$p=1$ となる確率，つまり 5 人全員が問題に正答する確率を求めてみましょう。図 4-2 のモデルから，5 人の被験者それぞれが正答する確率は π となります。また，ランダムサンプリングの仮定によって，**データの独立性**も保証されています。データの独立性というのは，「個々のデータがどういう値をとるかが，他のデータのとる値やその確率にまったく影響しない」という性質であり，ここでの確率計算にとって必須の仮定です。この仮定のもとで

は,「あるデータがある特定の値をとり,かつ,他のデータがある特定の値をとる」という確率,すなわち複数の事象がともに起こる確率は,それぞれの事象が起こる確率の積で与えられます。ですから,5人全員が正答して $p=1$ となる確率 $Prob(p=1)$ は

$$Prob(p=1) = Prob(x_1=1) \, Prob(x_2=1)$$
$$\cdots Prob(x_5=1)$$
$$= \pi^5$$

ということになります[7]。同様に,全員が誤答して $p=0$ となる確率は

$$Prob(p=0) = Prob(x_1=0) \, Prob(x_2=0)$$
$$\cdots Prob(x_5=0)$$
$$= (1-\pi)^5$$

です。

次に,1人だけが正答して $p=.2$ となる確率ですが,まず最初に選ばれた被験者が正答して,残り4人の被験者が誤答する確率は $\pi(1-\pi)^4$ となります。実際には,正答する1人が何番目の被験者であってもこの確率は同じですから,5人のうちの誰か1人が正答して $p=.2$ となる確率は,この確率の5倍,すなわち

$$Prob(p=.2) = 5\pi(1-\pi)^4$$

となります。同様に, p が .4, .6, .8 という値をとる確率は,

$$Prob(p=.4) = {}_5C_2 \, \pi^2(1-\pi)^3 = 10\,\pi^2(1-\pi)^3$$

---

7) $Prob$ は確率をあらわす英語 probability の略です。

$$Prob(p=.6) = {}_5C_3\,\pi^3(1-\pi)^2 = 10\,\pi^3(1-\pi)^2$$
$$Prob(p=.8) = {}_5C_4\,\pi^4(1-\pi) = 5\,\pi^4(1-\pi)$$

となります。ここで，たとえば ${}_5C_2$ は，5人中2人が正答というときに，5人から正答者2人を選ぶ組合せの総数

$$_5C_2 = \frac{5!}{2!\,(5-2)!}$$

です。

この計算を一般化して，大きさ N のサンプルにおける比率 p が任意の値をとる確率を，公式の形であらわしてみましょう。ここで，上記の確率の式の右辺に注目すると，比率 p の値が直接的には含まれておらず，p を N 倍した値，つまりサンプルにおける正答者数が計算に用いられていることがわかります。そこで，この数を

$$w = Np \tag{4.1}$$

とし，この正答者数 w が任意の値をとる確率を w の関数として表現すると，

$$\begin{aligned}f(w) &= {}_NC_w\,\pi^w\,(1-\pi)^{N-w} \\ &= \frac{N!}{w!\,(N-w)!}\,\pi^w\,(1-\pi)^{N-w}\end{aligned} \tag{4.2}$$

となります。

たとえば，$N=5$ で仮に母集団比率が $\pi=.6$ だとすると，サンプルにおける正答者数が 0, 1, 2, 3, 4, 5 の各値をとる確率は，(4.2)式を用いて

$$f(0) = .4^5 = .01024$$
$$f(1) = 5 \times .6 \times .4^4 = .0768$$

$$f(2) = 10 \times .6^2 \times .4^3 = .2304$$
$$f(3) = 10 \times .6^3 \times .4^2 = .3456$$
$$f(4) = 5 \times .6^4 \times .4 = .2592$$
$$f(5) = .6^5 = .07776$$

となります。これらは，正答者の比率 p が順に，0，.2，.4，.6，.8，1 という値をとる確率を与えるものです。これら 6 通りの結果の確率を合計すると 1 になることが確認できます。図 4-3 は，この確率分布を図示したものです。

（4.2）式であらわされる確率分布は **2 項分布**（binomial distribution）とよばれ，一般的には「成功確率が π の試行を独立に N 回繰り返したときの成功数 w の確率を与える分布」と定義されます。いまの例では，ひとりひとりの被験者が正答することが「成功」で，問題に解答した被験者数（サンプルサイズ）が試行数 N に対応します。なお，2 値変数 x の母集団分布として設定した図 4-2 の分布は，$N=1$ のときの成功数（1 または 0）の分布，すなわち $N=1$ の 2 項分布をあらわしていることになります。$N=1$ の 2 項分布は，特

図 4-3　正答者数 w および比率 p の標本分布（試行数 $N=5$，成功確率 $\pi=.6$ の 2 項分布）

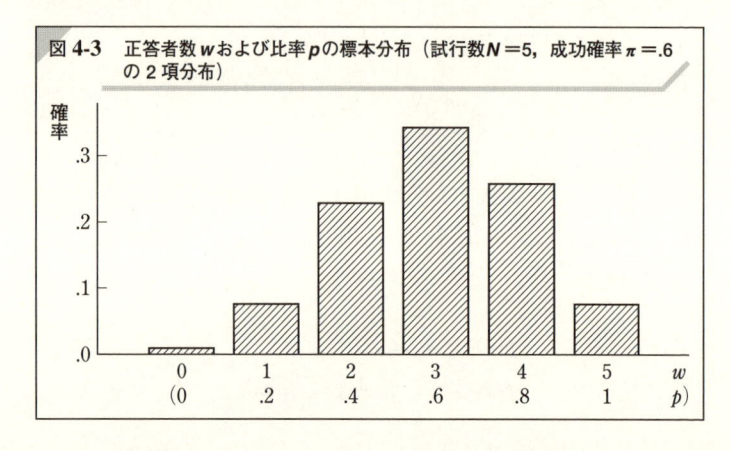

にベルヌイ分布（Bernoulli distribution）とよばれています[8]。

> 確率分布の平均

図4-2や図4-3のような確率分布は，形式的には実際のデータを整理して得られる度数分布と類似しており，違いは縦軸が度数ではなく確率となっていることだけです。度数分布の場合は，このようなグラフから分布の平均や標準偏差を計算することができますが，確率分布についてもそれとまったく同じ方法で平均や標準偏差が計算されます。

まず，平均については，度数分布の場合，変数 x がとりうる値を $x_1, x_2, \cdots, x_m$ とし，それぞれの値の度数（それぞれの値をとる被験者の人数）を $f(x_k)(k=1, 2, \cdots, m)$ とすると，平均 $\bar{x}$ は

$$\bar{x} = \frac{1}{N} \sum_{k=1}^{m} x_k f(x_k) \tag{4.3}$$

となります。ただし，N は度数の総和 $\sum_{k=1}^{m} f(x_k)$ です。

確率分布の場合は，同様に，確率変数 x がとりうる値を $x_1, x_2, \cdots, x_m$ とし，それぞれの値をとる確率を $f(x_k)$ とすると，その分布の平均 μ は

$$\mu = \sum_{k=1}^{m} x_k f(x_k) \tag{4.4}$$

によって定義されます。この場合は確率の総和 $\sum_{k=1}^{m} f(x_k)$ が必ず 1 となるため，(4.3) 式の N に相当する部分が見かけ上消えていますが，式としてはまったく同じものです。確率変数の分布の平均は，その確率変数の**期待値**（expectation, expected value）ともよばれ，$E(x)$ と表記されます。

たとえば図4-3の正答者数 w の標本分布の平均 μ_w（w の期待値 $E(w)$）は，(4.4) 式にしたがって w のそれぞれの値と対応する確率

---
[8] ベルヌイ（J. Bernoulli, 1654-1705）は順列・組合せの理論および確率論の研究で知られるスイスの数学者。

の積を合計することによって

$$0 \times .01024 + 1 \times .0768 + \cdots + 5 \times .07776 = 3$$

となります。つまり，母集団における正答者の比率が $\pi = .6$ のとき，$N = 5$ のサンプルにおける正答者数は，サンプルによっては 4 人になったり，あるいは 0 人だったりしますが，その変動を平均すれば 3 人になるということです。

この正答者数 w の標本分布の平均を求めるための公式は，(4.4) 式に，2 項分布の確率をあらわす (4.2) 式を代入することによって，以下のように導かれます。

$$\begin{aligned}
\mu_w &= \sum_{k=1}^{m} w_k\, f(w_k) \\
&= \sum_{w=0}^{N} w\, \frac{N!}{w!\,(N-w)!}\, \pi^w\, (1-\pi)^{N-w} \\
&= \sum_{w=1}^{N} \frac{N!}{(w-1)!\,(N-w)!}\, \pi^w\, (1-\pi)^{N-w}
\end{aligned}$$

ここで，$w' = w - 1$ とおいて，$N\pi$ を前に出すと，

$$\mu_w = N\pi \sum_{w'=0}^{N-1} \frac{(N-1)!}{w'!\,[(N-1)-w']!}\, \pi^{w'}\, (1-\pi)^{(N-1)-w'}$$

と書くことができますが，この式の和の部分は，試行数 $N-1$，成功確率 π の 2 項分布の確率の総和をあらわしているので 1 となり，結局，

$$\mu_w = N\pi \tag{4.5}$$

となります。

> **比率の標本分布の平均**

正答者の比率 p は正答者数 w を N で割ったものですから，その標本分布の平均は，

$$\mu_p = \frac{\mu_w}{N} = \pi \qquad (4.6)$$

となります(第2章で示した線形変換に伴う平均の変化の式(2.21)参照)。図 4-3 の場合は,$\mu_p = \pi = .6$ となります。つまり,サンプルで得られる比率 p は,サンプルによって母集団比率 π を上回って過大評価となったり,逆に π より小さくなって過小評価となったりしますが,その変動を平均するとちょうど π と一致するのです。

このように標本統計量の分布の平均(期待値)が,その統計量によって推定しようとしている母数の値に一致するとき,その統計量は**不偏性**(unbiasedness)をもっているといいます。また,不偏性をもった統計量は,母数の**不偏推定量**(unbiased estimator)とよばれます。

| 確率分布の標準偏差 | 一般に確率分布 $f(x)$ にしたがう確率変数 x の標準偏差 σ は,これも度数分布からの標準偏差の計算法に準じて

$$\sigma = \sqrt{\sum_{k=1}^{m}(x_k - \mu)^2 f(x_k)} \qquad (4.7)$$

によって定義されます。

たとえば,図 4-3 の正答者数 w の標本分布の標準偏差は,

$$\sqrt{(0-3)^2 \times .01024 + (1-3)^2 \times .0768 + \cdots + (5-3)^2 \times .07776} = \sqrt{1.20} = 1.10$$

となります。代数的には,(4.7)式に,2項分布の確率をあらわす(4.2)式を代入して展開することによって,

$$\sigma_w = \sqrt{N\pi(1-\pi)} \qquad (4.8)$$

という式が導けます。証明はやや煩雑になるので省略しますが, 基本的には (4.5) 式を導いたときと同様です。

> **比率の標本分布の標準偏差**

比率 p の標本分布の標準偏差は, (4.8) 式を N で割ることにより,

$$\sigma_p = \frac{\sqrt{N\pi(1-\pi)}}{N}$$

$$= \sqrt{\frac{\pi(1-\pi)}{N}} \tag{4.9}$$

となります (第 2 章で示した線形変換に伴う標準偏差の変化の式 (2.23) 参照)。この式を用いると, 図 4-3 の場合の p の標準偏差が

$$\sigma_p = \sqrt{\frac{.6 \times (1-.6)}{5}} = .22$$

と簡単に求まります。

一般に標本統計量は, その標準偏差が大きいほどサンプリングに伴う変動が大きく, 対応する母数から離れた値をとる可能性が高いということになります。すなわち, 標準偏差が大きいほど, その統計量に基づく母数の推定の誤差が大きくなる可能性が高いということです。その意味で, 標本統計量の標準偏差は, その統計量の**標準誤差** (standard error) とよばれます。比率 p の標準誤差をあらわす (4.9) 式をみると, その値は母集団比率 π が .5 に近いほど大きくなることがわかります (図 4-4 参照)。さらに重要なのはサンプルサイズ N の影響です。式および図 4-4 の例から明らかなように, 比率 p の標準誤差は N が大きいほど小さくなります。したがって, 標準誤差を小さくし, 統計量が母数に近い値をとる可能性を高めるには, N を大きくすればよいということになります。N が大きいほど標準誤差が小さくなるという性質は, どの統計量にも共通した重要な性質です。

図 4-4 標本比率 p の標準誤差

縦軸: 標準誤差 σ_p、横軸: 母集団比率 π

曲線は上から $N=1$, $N=3$, $N=10$, $N=100$

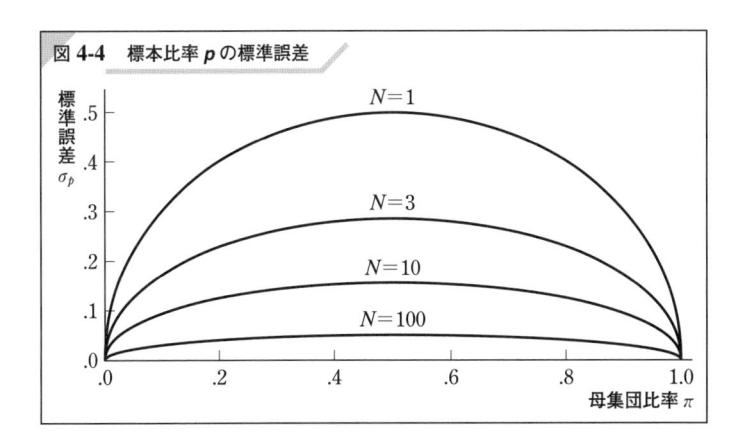

標準誤差に基づくサンプルサイズの決定

標準誤差の式 (4.9) を利用すると，比率 p の標準誤差を一定の値以下に抑えるのに必要なサンプルサイズを，計算によって求めることができます。例として，比率 p の標準誤差を .05 以下にするのに必要なサンプルサイズ N を求めてみましょう。

(4.9) 式を用いて，まず

$$\sigma_p = \sqrt{\frac{\pi(1-\pi)}{N}} \leq .05$$

という不等式を立てます。これを解くと，

$$N \geq 400\,\pi(1-\pi)$$

という関係が導かれます。このままでは，右辺に未知の母数 π が含まれていて N の最小値が確定しませんが，この右辺は $\pi = .5$ のとき最大となるので，$\pi = .5$ に対応する N，すなわち

$$N = 400 \times .5 \times .5 = 100$$

より大きなサンプルをとれば，問題の不等式は未知の母集団比率の

値に関係なく，常に満たされることになります。つまり，比率 p の標準誤差を確実に .05 以下に抑えるには，$N \geq 100$ のサンプルをとればよいということです。

心理学の研究では，明確な根拠もなくサンプルサイズが決められていることが少なくありませんが，このように研究の中で重要な意味をもつ指標（いまの例では比率）の標準誤差に注目することによって，根拠をもってサンプルサイズを決めることができるようになります。

| 逸脱行動データにおける比率の変動 |

第1章の逸脱行動データについて，小6から中2への逸脱行動得点の変化量が3以上の被験者を「逸脱行動の増加が顕著」とみなすことにしたとしましょう。表1-1でその基準に該当する被験者を数えると，男子で20人中9人，女子で20人中15人いることがわかり，女子における比率（.75）のほうが男子における比率（.45）よりかなり大きいことがわかります。

しかし，これらの比率は標本統計量ですから，サンプリングに伴うその変動に注意する必要があります。その標準誤差を（4.9）式を用いて求めるには母集団比率 π の値が必要になります。もちろん，母集団比率は未知ですから，この式を用いる際には，母集団比率として何らかの値を仮定することになります。ここで，男女各群のサンプルで得られた標本比率をそれぞれの母集団比率の推定値として用いるとすると，男子における比率の標準誤差の推定値は

$$\hat{\sigma}_p = \sqrt{\frac{.45 \times (1 - .45)}{20}} = .11$$

で，女子における標準誤差の推定値は

$$\hat{\sigma}_p = \sqrt{\frac{.75 \times (1 - .75)}{20}} = .10$$

となり、いずれも .1 前後の値となることがわかります[9]。つまり、.1 前後の標準誤差で変動する比率のひとつの値として、男子では .45、女子では .75 という値が得られたということです。

この大きさの差が標準誤差に対して十分大きいかどうかを評価するのが、第 5 章および第 6 章で解説する統計的検定の視点です。上記のような比率の差に関する検定については、第 6 章の 4 節で取り上げます。

3 正規分布モデルと平均の標本分布

> 正規分布

次に、テスト得点などのように多くの値をとりうる量的変数の平均について、その標本分布を考えてみることにしましょう。前節で取り上げた 2 値変数の場合は、その母集団分布として図 4-2 のようなベルヌイ分布を想定することが自然ですが、多値の量的変数の場合は、そのような自明な母集団分布というものはありません。したがって、一般論としては、変数の内容や対象となる集団の特徴を考慮して、モデルとして適当と思われる母集団分布を想定し、それをもとに平均やその他の統計量の標本分布を導くということになります。しかし、実際にはほとんどの場合、**正規分布**（normal distribution）がモデルとして仮定されています。

図 4-5 に示したように、正規分布は左右対称の分布で、もともとは、ある条件下での誤差の確率分布として数学的に導かれたものです。前節で導いた比率の標本分布（2 項分布）も、サンプルにおけ

---

[9] $\hat{\sigma}_p$ のハット（＾）は、標準誤差の"推定値"であることを意味しています。次節以降の平均や相関係数の標準誤差についても同様です。

図 4-5 正規分布の確率密度関数

確率密度 $f(x)$

$Prob(a<x<b)$

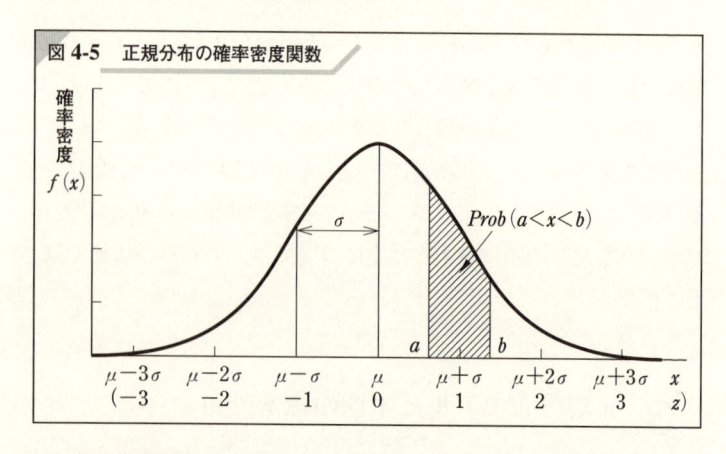

| $\mu-3\sigma$ | $\mu-2\sigma$ | $\mu-\sigma$ | μ | $\mu+\sigma$ | $\mu+2\sigma$ | $\mu+3\sigma$ | x |
| (−3 | −2 | −1 | 0 | 1 | 2 | 3 | z) |

る比率の母集団比率からのズレという一種の誤差の確率分布ですが,図 4-3 からわかるように,これは正規分布と非常に似た形の分布になっています。

心理学の研究で取り扱う量的変数の中には,その内容から,誤差の分布として導かれた正規分布が最適な確率モデルとなるものもありますし,経験的に,実際のデータの度数分布からみて母集団分布に正規分布を仮定することが自然な変数も少なくありません。そのこともあって,心理学の研究では母集団分布に正規分布を仮定することが,いわば常套手段となっています。しかし,多くの場合その選択は,確かな根拠に基づいたものというより,正規分布以外のモデルでは種々の統計量の標本分布の数学的導出が難しく,仮に導出が可能であっても数学的に複雑になって扱いにくい,といった理由でなされているのが現状です。

確率密度関数　正規分布にしたがう確率変数は理論的には**連続変数**(continuous variable)です[10]。連

---

10) これに対し,テスト得点などのようにとびとびの値をとる変数は**離散変数**(discrete

続変数に関する確率分布の場合，その変数が特定の値をとる確率ではなく，ある特定の範囲の値をとる確率を問題にします。そして，そのような確率は，それぞれの分布の**確率密度関数**（probability density function）とよばれる関数を用いて計算されます。図 4-5 に描かれているのは，平均 μ，標準偏差 σ の正規分布にしたがう変数 x の確率密度関数

$$f(x) = \frac{1}{\sqrt{2\pi}\sigma} \exp\left[-\frac{(x-\mu)^2}{2\sigma^2}\right] \tag{4.10}$$

のグラフです[11]。この変数がある特定の範囲 ($a < x < b$) の値をとる確率 $Prob(a < x < b)$ は，図の斜線部の面積，すなわち

$$Prob(a < x < b) = \int_a^b f(x)\,dx \tag{4.11}$$

によって与えられます。確率密度関数のグラフと変数軸の間の総面積は，確率変数 x が何らかの実数値をとる確率 $Prob(-\infty < x < \infty)$ ということになりますから，当然，1 となります。

ただし，実際の応用にあたっては，上記のような積分計算を自分で行う必要はありませんし，(4.10) 式の確率密度関数の計算も必要ありません。というのは，すでに積分計算をした結果が付表 1，付表 2 のように利用しやすい数表にまとめられているからです。また，多くの表計算や統計解析用のソフトウェアに正規分布の確率が関数として組み込まれていますから，それを用いることもできます。

正規分布は，(4.10) 式の確率密度関数からわかるように，平均と

---

variable）とよばれます。このほか反応時間なども，データとして記録されたものは必然的に離散的となりますが，このような変数に対しても，モデルとしては正規分布のように連続変数の分布が用いられているということです。

11) この式の中の π は円周率 $3.14159\cdots$ で，exp( ) は数学的な定数 $e = 2.718\cdots$ の累乗をあらわす指数関数です。後に述べるようにこの式の計算を実際に行うことはほとんどないので，式を覚えておく必要はありません。

標準偏差という2つの母数（パラメタ）を定めれば，それによって完全に分布が決まります。したがって，特定の正規分布に言及するときはその平均と標準偏差を示せばよいのですが，記号であらわすときは，慣例上，平均 μ と分散 σ^2 を用いて"$N(\mu, \sigma^2)$"のように表記します。ここで"N"は正規分布の英語名の頭文字です。ある確率変数 x が平均 μ，分散 σ^2 の正規分布にしたがうということは

$$x \sim N(\mu, \sigma^2) \tag{4.12}$$

のように表記します。

> 正規分布の確率の求め方

ここで，付表1および付表2を利用して，正規分布の確率を求めるための方法を説明しておきましょう。

付表1は，平均0，標準偏差1のいわゆる**標準正規分布**にしたがう変数 z が，0と任意の正の値 z_c の間の値をとる確率 $Prob(0 < z < z_c)$ を示しています。たとえば，$Prob(0 < z < 1.96)$ は，表の左端の欄の 1.9 の行を右にたどり，上端の欄が .06 となるところの数値を読みとると，.475 であることがわかります。また，全確率が1であることと，分布が平均0を中心に左右対称であることを利用すると，この値から以下のような確率も容易に求められます。

$$Prob(z > 1.96) = .5 - Prob(0 < z < 1.96)$$
$$= .5 - .475 = .025$$
$$Prob(|z| < 1.96) = Prob(0 < z < 1.96) \times 2$$
$$= .475 \times 2 = .95$$
$$Prob(|z| > 1.96) = 1 - Prob(|z| < 1.96)$$
$$= 1 - .95 = .05$$

付表2は，付表1とは逆に，所与の確率値に対応する変数の値を

与えるものです。具体的には，標準正規分布において，上側確率，すなわち変数がある値を超える確率が所与の値となるような変数の値を与えています。たとえば，$Prob(z > z_c) = .025$ となる z_c の値は，表の左端の欄の .02 の行を右にたどり，上端の欄が .005 となるところの数値を読みとると，1.960 となることがわかります。

平均 μ，標準偏差 σ の一般の正規分布についての確率も，これらの付表を用いて簡単に求めることができます。図 4-5 の横軸には，一般の正規分布にしたがう変数についての目盛の下に，標準正規分布にしたがう変数についての目盛を括弧に入れて示してあります。この 2 つの目盛の関係からわかるように，一般の正規分布において，たとえば平均より標準偏差の分だけ大きな値は，標準正規分布においては $z = 1$ に対応します。したがって，たとえば平均 50，標準偏差 10 の正規分布にしたがう変数 x が 60 を超える確率 $Prob(x > 60)$ は，標準正規分布にしたがう変数 z が 1 を超える確率 $Prob(z > 1)$ と等しく，その値は付表 1 より $.5 - .341 = .159$ となることがわかります[12]。このように，平均 μ，標準偏差 σ の一般の正規分布にしたがう変数 x に関する確率の計算は，変数値を

$$z = \frac{x - \mu}{\sigma} \tag{4.13}$$

によって標準化することによって，標準正規分布における確率の計算，すなわち付表 1 および付表 2 の読み取りの問題に置き換えることができます。

平均の標本分布

ここまで母集団分布として仮定される正規分布について説明してきましたが，ここではまず，母集団分布が必ずしも正規分布ではない一般的なケースを

---

[12] 第 2 章の図 2-4 参照。

想定して,そのときに N 個のデータで構成されるサンプルの平均 $\bar{x}$ が,どういう確率でどういう値をとるか,つまり,$\bar{x}$ の標本分布はどのようなものになるかを考えてみましょう[13]。

実はサンプルにおける平均 $\bar{x}$ については,非常に都合の良い性質があります。それは,母集団分布の種類に関係なく,$\bar{x}$ の標本分布の平均(期待値)が母集団平均 μ に等しくなるということです。つまり標本平均が母集団平均の不偏推定量になるのです。このことを式であらわすと,

$$\mu_{\bar{x}} = \mu \tag{4.14}$$

となります。

そして,平均 $\bar{x}$ の標本分布の標準偏差,すなわち $\bar{x}$ の標準誤差 $\sigma_{\bar{x}}$ は,母集団分布の種類に関係なく,母集団標準偏差 σ とサンプルサイズ N から

$$\sigma_{\bar{x}} = \frac{\sigma}{\sqrt{N}} \tag{4.15}$$

によって与えられることが知られています。

ところで,いま述べた平均の標本分布の性質,すなわち標本平均が母集団平均の不偏推定量になることと,標準誤差が $\sqrt{N}$ に比例して小さくなることは,前節で見た比率の標本分布の性質とまったく同じです。このことは,比率 p が 1 か 0 かの値をとるベルヌイ分布にしたがう母集団からのサンプルの平均であること[14],そして,上記の平均の標本分布の性質が,母集団分布に関係なく一般的に成り

---

[13] 本章の 1 節でことわったように,ここでは標本分布の性質について数学的に導出することはせず,その結果のみを見ていきます。

[14] たとえば N 人中,1 が w 人,0 が $(N-w)$ 人いたとすると,その平均は $[1 \times w + 0 \times (N-w)]/N = w/N$ となり,比率 p と同じになります。

3 正規分布モデルと平均の標本分布

立つものであることを考えれば納得できるでしょう。

正規分布を仮定したときの平均の標本分布

母集団分布が正規分布である場合には、$\bar{x}$ の標本分布について前項で述べた性質が成り立つだけでなく、その標本分布自体が正規分布となることが知られています。つまり、平均 μ、標準偏差 σ の正規母集団からの大きさ N のサンプルの平均 $\bar{x}$ は、母集団と同じ平均 μ と、母集団の標準偏差の $1/\sqrt{N}$ 倍の標準偏差 $\sigma/\sqrt{N}$ をもつ正規分布にしたがうということです。

図 4-6 には、正規分布の仮定のもとで、$N = 1$、3、10 としたときの $\bar{x}$ の標本分布を示してあります。$N = 1$ のときの平均 $\bar{x}$ というのは x そのものですから、$N = 1$ の曲線は母集団分布をあらわしていることになります。この母集団分布に比べ、$N = 3$、そして $N = 10$ へと N が大きくなるにつれて、$\bar{x}$ の分布のひろがりが小さくなり、母集団平均 μ の近くに集中した分布になることがわかります。つまり、それだけ、サンプルにおける平均 $\bar{x}$ が母数 μ に近い値をとる可能性が高くなるということです。

ここで例として、平均 50、標準偏差 10 の正規母集団からサンプ

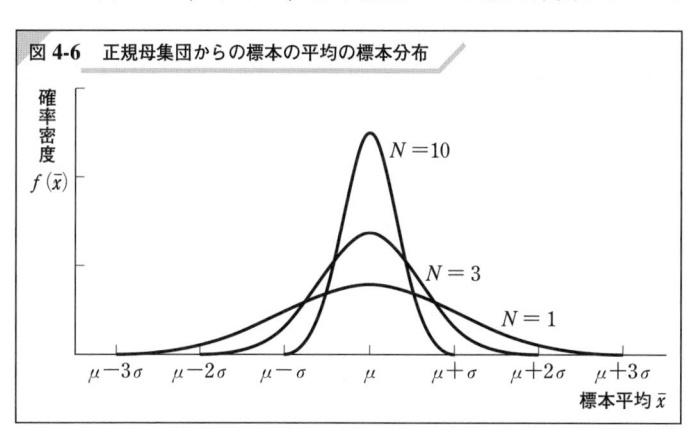

図 4-6　正規母集団からの標本の平均の標本分布

ルをとったとき,その平均 $\bar{x}$ が母集団平均 50 から 1 以上離れた値をとる確率を計算してみましょう。たとえば $N = 25$ とすると,$\bar{x}$ は平均 50,標準偏差 $10/\sqrt{25} = 2$ の正規分布にしたがうので,上記の確率は,付表 1 を利用することによって

$$Prob(|\bar{x} - 50| > 1) = Prob(\bar{x} < 49) + Prob(\bar{x} > 51)$$
$$= Prob(\bar{x} > 51) \times 2$$
$$= Prob\left(\frac{\bar{x} - 50}{2} > \frac{51 - 50}{2}\right) \times 2$$
$$= Prob(z > .5) \times 2$$
$$= (.5 - .191) \times 2 = .618$$

となります。つまり,$N = 25$ 程度の大きさのサンプルでは,そこから計算される平均 $\bar{x}$ が母集団平均から 1(母集団標準偏差の 10 分の 1 の大きさ)以上離れた値をとる可能性はかなり高いということです。これに対し,$N = 400$ とすると $\bar{x}$ の標準偏差(標準誤差)が $10/\sqrt{400} = .5$ と小さくなり,その結果,上記の確率は .046 と非常に小さくなります。つまり,ここで仮定した母集団から $N = 400$ のサンプルをとれば,その平均はほぼ確実に($1 - .046 = .954$ の確率で)母集団平均 ±1 の範囲におさまるということです。

なお,ベルヌイ分布という正規分布とはまったく異なる母集団分布からのサンプルの平均である比率 p が,正規分布に類似した分布にしたがうことからも示唆されるように,母集団分布が正規分布でない場合でも,標本平均の分布が正規分布に似た形になることは珍しくありません。実際,N を大きくしていくと,母集団分布の種類に関係なく,標本平均の分布が正規分布に近づいていくことが数学的に証明されています[15]。母集団分布が正規分布でない場合でも,

---

15) 母集団分布が有限の分散をもつというゆるい仮定のもとで,このことが成り立つことを示した定理は**中心極限定理**とよばれています。

正規分布モデルから導出された標本分布が近似的に利用できることは，心理学の研究においてほぼ機械的に正規分布を仮定していることに対して，ある程度の理論的根拠を与えるものといえるでしょう。しかし，このことが成り立つのは N が大きいときであり，N が小さいときには必ずしも成り立ちません。

> 逸脱行動データにおける平均の変動

第 2 章でみたように，逸脱行動得点の変化量の平均は，男子が 1.95 で，女子が 4.55 であり，2.6 ポイントの差がありました。しかし，これらの平均は標本統計量ですから，この差を解釈するには，サンプリングに伴うそれぞれの平均の変動を考慮する必要があります。

それぞれの平均の標準誤差を (4.15) 式を用いて求めるには，それぞれの群における変化量の母集団標準偏差 σ の値が必要になります。ここではこれを，表 2-2 に示した不偏分散の平方根 s' によって推定することにすると，男子における平均の標準誤差の推定値は

$$\hat{\sigma}_{\bar{x}} = \frac{3.55}{\sqrt{20}} = 0.79$$

で，女子における標準誤差の推定値は

$$\hat{\sigma}_{\bar{x}} = \frac{3.20}{\sqrt{20}} = 0.72$$

となります。これらの標準誤差の値に照らして，男女間の平均値差の大きさを評価することになるのですが，実際に 2 群間の平均値差を評価する際には，それぞれの群の平均の標準誤差ではなく，「2 群間の平均値差の標準誤差」が用いられます。このことについては第 6 章で説明します。

4 2変数正規分布モデルと相関係数・回帰係数の標本分布

2変数の確率モデル　2つの変数 x と y の間の相関係数 r の標本分布を考えるためには，それぞれの変数について別々に確率モデルを想定するのでは不十分です。そのような1変数ずつのモデルでは，研究において調べたい2つの変数間の関連の強さをモデルで表現することができないからです。

2つの連続変数 x, y の確率モデルは，それらを同時に組み込んだ2変数の確率密度関数 $f(x, y)$ によってあらわされます。そして，1変数の場合の確率密度関数と確率の関係をあらわした (4.11) 式に準じて，$a < x < b$ かつ $c < y < d$ となる確率が，

$$Prob(a < x < b, \ c < y < d) = \int_a^b \int_c^d f(x, \ y)\, dy dx \quad (4.16)$$

によって与えられます。この式の右辺は，$a < x < b$ かつ $c < y < d$ の領域で確率密度関数をあらわす曲面と x-y 平面によって作られる立体の体積にあたります。

2変数正規分布モデル　連続型の2変数分布の確率モデルとして広く用いられているのが，**2変数正規分布**（bivariate normal distribution）とよばれる分布です[16]。この分布の確率密度関数は，$\mu_x, \mu_y, \sigma_x, \sigma_y$ をそれぞれ変数 x と y の平均と標準偏差，ρ をその2変数の相関係数としたとき，

---

16) 2変量正規分布ともよばれます。

$$f(x,\ y) = \frac{1}{2\pi\sigma_x\sigma_y\sqrt{1-\rho^2}}$$
$$\times \exp\left[-\frac{z_x^2 - 2\rho z_x z_y + z_y^2}{2(1-\rho^2)}\right] \quad (4.17)$$

によって与えられます[17]。ただし，z_x および z_y は，x および y をそれぞれの平均と標準偏差を用いて，

$$z_x = \frac{x - \mu_x}{\sigma_x}, \qquad z_y = \frac{y - \mu_y}{\sigma_y} \quad (4.18)$$

によって標準化したものです。2変数正規分布では，x および y それぞれの分布（これを**周辺分布** marginal distribution という）は（1変数の）正規分布となります。

図4-7は，2変数の平均を0，標準偏差を1とし，相関係数を $\rho = .6$ としたときの2変数正規分布の確率密度関数を示したものです。この図では，$y = x$ の直線に沿って確率密度が高くなっており，x と

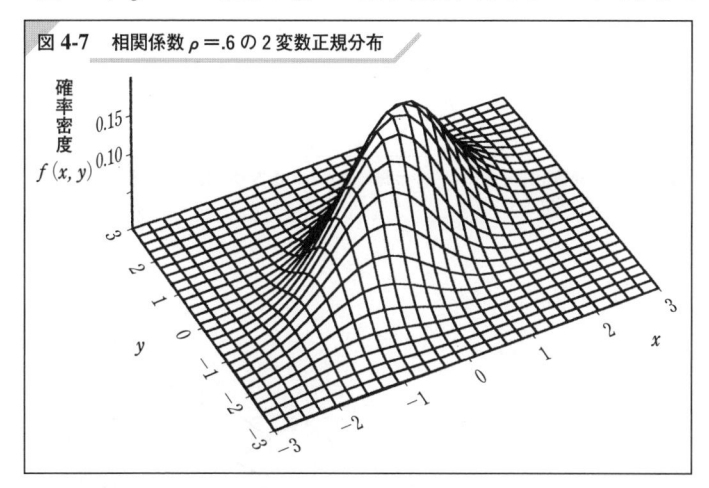

図4-7 相関係数 $\rho = .6$ の2変数正規分布

---

17) この式も，応用上は覚える必要はありません。

y の間に正の相関があることがわかります。

心理学の研究で扱うデータの確率モデルとして，2 変数正規分布が最も適切であるという根拠は特にはありませんが，1 変数の正規分布モデルと同様に，それ以外のモデルでは相関係数などの標本分布の数学的導出が難しいという事情もあって，2 変数正規母集団を想定した方法が一般的に用いられています。

相関係数の標本分布

データが 2 変数正規分布にしたがって発生するときの相関係数 r の標本分布は，母集団相関係数 ρ とサンプルサイズ N のみによって規定される確率分布となります。図 4-8 には，$N = 20$ のときの r の標本分布が，$\rho = 0$, .2, .4, .6, .8 の場合について描かれています。この図から，相関係数 r の標本分布は，$\rho = 0$ の場合を除いて左右対称ではないことが読みとれます。

相関係数 r の標本分布の確率密度関数は数学的にかなり複雑になるので，ここでは示しませんが，その平均 μ_r は近似的に

$$\mu_r = \rho - \frac{\rho(1-\rho^2)}{2N} \tag{4.19}$$

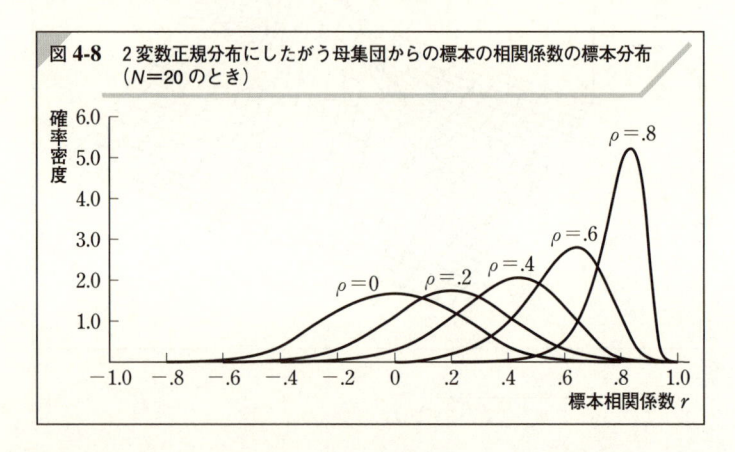

図 4-8　2 変数正規分布にしたがう母集団からの標本の相関係数の標本分布（$N=20$ のとき）

となります。この式から，$\rho = 0$ または $|\rho| = 1$ の場合を除いて，標本相関係数 r の平均（期待値）は母集団相関係数 ρ に一致せず，したがって r は ρ の不偏推定量ではないことがわかります。一般に統計量の期待値と母数の値との差（前者から後者を引いたもの）は，その統計量の**偏り**（bias）または英語のまま**バイアス**とよばれます。相関係数 r の場合，(4.19) 式の右辺の第2項が偏りの大きさをあらわしていますが，この値はサンプルサイズ N が大きくなるにしたがって小さくなることがわかります。

この標本分布の標準偏差，すなわち相関係数 r の標準誤差 σ_r は，近似的に

$$\sigma_r = \frac{1 - \rho^2}{\sqrt{N}} \qquad (4.20)$$

で与えられます。この式から r の標準誤差は，ρ の絶対値が大きいほど小さくなること，そして平均や比率の標準誤差と同様に，N の平方根に比例して小さくなることがわかります。

たとえば，逸脱行動データについては，第3章でみたように，20人の男子における小6のときの逸脱行動得点と中2のときの逸脱行動得点の間の相関係数は $r = .60$ でした。この値を，(4.20) 式の母集団相関係数 ρ の推定値として用いると，相関係数 r の標準誤差の推定値は

$$\hat{\sigma}_r = \frac{1 - .60^2}{\sqrt{20}} = .14$$

となります。$N = 20$ 程度では，標本相関係数の変動はかなり大きいことがわかります。

相関係数に関する確率計算

相関係数 r の標本分布に関する確率の正確な値を求めるにはかなり複雑な計算が必要ですが，その近似値であれば，次式で定義

されるフィッシャーの Z 変換を用いることで比較的容易に求めることができます[18]。

$$Z = \tanh^{-1} r = \frac{1}{2} \ln \frac{1+r}{1-r} \qquad (4.21)$$

ここで $\tanh^{-1}$ という関数は逆双曲線正接（inverse hyperbolic tangent）とよばれるもので，関数電卓で簡単に計算できるものですが，これを自然対数 ln を用いて表現したものが右端の式です。

この変換は，図 4-9 に示したように，相関係数 r が ±1 に近いところでの差異を大きくするものです。それによって，たとえば図 4-8 に示した $\rho = .8$ のときの r の分布であれば，その右すそが広がって左右対称の分布に近づくことになります。

実際，2 変数正規母集団からのサンプリングを仮定したとき，標本相関係数 r をこの式によって変換して得られる変数 Z の確率分布は，以下の平均と標準偏差をもつ正規分布で近似できることがわかっています。

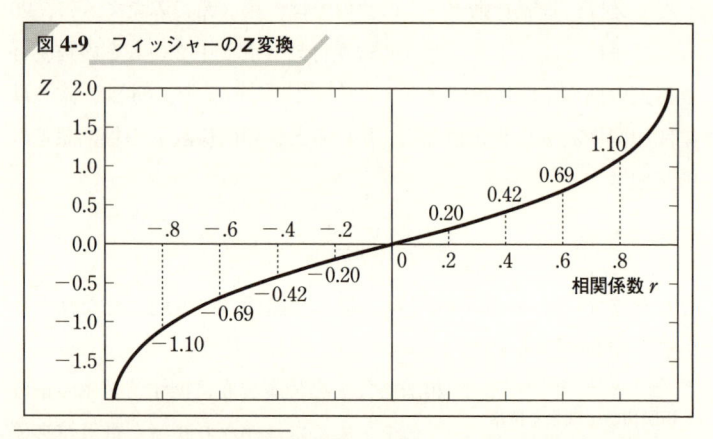

図 4-9 フィッシャーの Z 変換

---

[18] フィッシャー（R. A. Fisher, 1890-1962）は，実験計画や統計的推測の理論に多大な貢献をしたイギリスの統計学者。

$$\mu_Z = \tanh^{-1} \rho = \frac{1}{2} \ln \frac{1+\rho}{1-\rho} \tag{4.22}$$

$$\sigma_Z = \frac{1}{\sqrt{N-3}} \tag{4.23}$$

したがって、r がある範囲の値をとる確率を近似的に求める問題は、その範囲を (4.21) 式を用いて Z に関する範囲に置き換えれば、正規分布の確率を求める問題に帰着することになります。

例として、$\rho = .6$ の 2 変数正規母集団から $N = 100$ のサンプルがとられるとき、$r > .7$ となる確率、すなわち標本相関係数が母集団相関係数の値を .1 以上、過大に推定してしまう確率を近似的に求めてみましょう。この場合の r の Z 変換値は、平均 $\mu_Z = \tanh^{-1} .6 = .693$、標準偏差 $\sigma_Z = 1/\sqrt{100-3} = .102$ の正規分布に近似的にしたがいます。そして、$r > .7$ という範囲は Z では $Z > \tanh^{-1} .7 = .867$ となるので、その確率は

$$\begin{aligned} Prob(Z > .867) &= Prob\left(\frac{Z - .693}{.102} > \frac{.867 - .693}{.102}\right) \\ &= Prob(z > 1.706) \end{aligned}$$

とあらわせます。そこで、1.706 を 1.71 と考えて付表 1 を参照すると、標準正規分布にしたがう変数 z がこの値を超える確率は $.5 - .456 = .044$ であることがわかります。これが、上記の条件下で、標本相関係数 r が母集団相関係数 ρ の値を .1 以上過大推定する確率の近似値です。

回帰分析のための確率モデル

同じ 2 変数問題でも、一方の変数を独立変数とし、他方の変数を従属変数とする回帰分析の場合は、2 変数正規分布よりもやや制限の弱い確率モデルが用いられます。回帰分析は第 3 章でも述べたように、独立変数の値を所与としたときに、独立変数のそれぞれ

の値に対する従属変数の条件付き分布に注目した方法です。そのため，確率モデルとしては，独立変数と従属変数の2変数モデルを導入する必要はなく，独立変数の値を所与としたときの従属変数の条件付き分布に関する1変数モデルで十分なのです。

独立変数を x とし，回帰直線の切片と傾き（回帰係数）に対応する母数を α および β とすると，回帰分析のモデルは

$$y = \alpha + \beta x + \epsilon \tag{4.24}$$

と表現することができます。ここで，ϵ は残差であり，これが従属変数 y の中の確率的に変動する成分です。

通常，回帰分析のために想定される確率モデルは，「独立変数 x のどの値においても，残差 ϵ は，平均ゼロで一定の分散 σ_ϵ^2 をもつ正規分布にしたがう」というものです。つまり，

$$\epsilon | x \sim N(0, \ \sigma_\epsilon^2) \tag{4.25}$$

ということです。ただし，$\epsilon | x$ は，x を与えたときの ϵ の確率的変動を意味しています。このモデルは従属変数 y を用いて，

$$y | x \sim N(\alpha + \beta x, \ \sigma_\epsilon^2) \tag{4.26}$$

と表現することもできます。なお，2変数正規分布モデルは上記のモデルの条件を満たすことがわかっています。すなわち，相関係数の統計的推測のために仮定される2変数正規分布モデルは，回帰分析のためのモデルの十分条件になっているということです。

回帰係数の標本分布

上記の確率モデルを仮定したとき，標本回帰係数 b の標本分布は，平均が母数 β に等しく，標準偏差（標準誤差）が

$$\sigma_b = \frac{\sigma_\epsilon}{\sqrt{N}\, s_x} \tag{4.27}$$

の正規分布となります。

たとえば，逸脱行動データについて，小6のときの逸脱行動得点から中2のときの逸脱行動得点を予測するときの回帰係数は，男子の場合 $b = 0.59$ でした。また，独立変数にあたる小6のときの逸脱行動得点の標準偏差は，表2-2に示したように，$s_x = 3.90$ でした。ここで，(4.27)式の中の母集団における残差の標準偏差 σ_ϵ を第3章の(3.26)式で推定することにすると，回帰係数 b の標準誤差の推定値は

$$\hat{\sigma}_b = \frac{3.21}{\sqrt{20} \times 3.90} = 0.18$$

と求められます。

回帰係数 b の標準誤差が N の平方根に比例して小さくなるのは，平均や相関係数など，他の統計量の場合と同様ですが，b の標準誤差に特徴的なのは，独立変数 x の標準偏差が大きいほど，その値が小さくなるということです。回帰係数は，独立変数の値の差異に対応して従属変数の値が平均的にどれぐらい違ってくるかを示す指標です。したがって，x が平均付近に集中していてほとんど差がない場合よりも，分散が大きく，x の値の間に十分な差がある場合のほうが，回帰係数が統計量として安定したものになるということは，直観的にも理解できるでしょう。

5 確率モデルの適用に関する諸問題

> 母集団の設定

本章の1節で述べたように、サンプルとしてとられるデータに確率モデルを適用する場合、母集団からのランダムサンプリングがその前提となっています。しかし、実際にはほとんどの心理学研究において、その前提は満たされていません。このギャップをどう理解し、どのように対処するかは非常に根本的で重要な問題です。ここではこの問題を、「母集団の設定」と「サンプリングのランダム性」という2つの問題に分けて考えることにします。

まず、母集団からランダムサンプリングを行うには、母集団が明確に定義され、その成員が特定されていることが必要です。その条件が満たされていれば、母集団平均や母集団相関係数などの母数がどの集団における指標なのか、サンプルの結果を一般化するターゲット集団は何なのか、という問いにも明確に答えることができます。

これに対し、身近な学校や病院などに協力依頼をして集めたサンプルについては、それに対応する母集団がどういう集団なのか、どこに向けて結果を一般化しようとしているのか自体がはっきりしません。そして、このことを曖昧にしたまま研究が進められ、データの分析が進められると、便宜的なサンプルが、あたかも研究仮説において想定された大きな母集団からのランダムサンプルであったかのように扱われ、結論がその大きな母集団に一般化されてしまうということが生じてきます。これは、確率モデルに基づく統計的推測が適用できるかどうかという問題以前の、より本質的な問題です。このような過度の一般化を未然に防ぎ、得られたサンプルの限界をふ

まえた結論を導くには,「実際のサンプルからその結果を一般化しても無理がないと思われる母集団」というものを新たに想定する, すなわち母集団を実際のサンプルに合わせて限定するという作業が必要になってきます。

たとえば, 第1章から例として取り上げている逸脱行動データが, 都市部のいわゆる進学校といわれる小学校と中学校の生徒をサンプルとしたものだとすると, そこで得られた逸脱行動の変化の男女差についての結果が, 農村部や進学校でない学校における男女比較にも一般化できるとは限りません。そこで, たとえば「都市部の進学校の生徒」という母集団を設定し, サンプルで得られた結果の一般化のターゲットを, その母集団に限定するということが考えられます。

これに対して, 同じ都市部といっても大都市なのか地方の小都市なのかで違うのではないか, 母集団をもっと限定すべきではないか, という意見や, 逆に, この内容については都市部とか農村部とかは特に関係がないだろうから, もう少し大きな母集団を考えてもよいのではないか, という意見が出ることも予想されます。母集団を限定するという作業は, 誰もが納得するような形で客観的に行うのは困難です。都市部と農村部で逸脱行動の変化の男女差のあり方が異なってくるかどうかというような問題は, 本来, 実際に都市部と農村部でデータを収集して調べてみることによって, つまり, 多様なサンプルで追試的な研究を積み重ねていく中でしだいに明らかになってくる性質のものです。したがって, そうした研究の蓄積がない時点では, 研究テーマとなっている現象について研究者がもっている知識や, その他関連するさまざまな知見に基づいて, 一般化可能な範囲というものを主観的に判断する必要があります。

そうした主観性や曖昧さを排除することはできませんが, サンプルに合わせて母集団を限定するという作業をすること自体, 過度の

一般化を避けるうえで有効であると考えられます。

> サンプリングのランダム性

しかし、このようにして、サンプルに合わせて一般化のターゲットとなる母集団を限定したとしても、実際のサンプルがその限定された母集団からランダムに選ばれたものではないという事実は変わりません。したがって、相変わらず、確率モデルを適用するための手続き的根拠を欠いているということになります。

このことについてどう考えるかは、専門家によっても意見が一致していません。ひとつの立場は、明確に定義された母集団からのランダムサンプルでない限り、確率モデルを前提とした統計的推測を適用してはならないとするものです。その場合、平均や相関係数などの統計量は記述的に解釈されるだけということになります。

この考え方の欠点は、たとえば $N = 10$ の小さなサンプルから得られた統計量の値と、$N = 100$ の、より大きなサンプルから得られた統計量の値について、どちらがより安定した信頼のおける値であるかを判断する根拠がないことです。本章では、確率モデルに基づいて、標本平均や標本相関係数の標準誤差がサンプルサイズ N の平方根に比例して小さくなることを示しましたが、N が大きいほど値が安定してくることは、ランダムサンプリングによるデータでなくても、日常的にもしばしば観察される現象です。たとえば、学校の中の生徒ひとりひとりのテスト得点のばらつきに比べ、数名ずつグループにした班の平均得点のばらつきは小さくなり、より大きな集団である学級間のばらつきは通常、もっと小さくなります。確率モデルを適用するための手続き的な根拠を欠いているという理由で、確率的な考え方そのものの導入を否定するのは、小さなサンプルから得られた統計量の値に過度の信頼をおくといった誤りにつながる危険性があります。

もうひとつの立場は，前項で述べたように，対象となる変数の内容（前項の例では逸脱行動の変化）や統計量の種類（前項の例では男女間の平均値差）を考慮して一般化のターゲットとなる母集団を限定したら，実際のサンプルをその限定された母集団からのランダムサンプルとみなすというものです。この立場に立てば，とりあえず確率モデルの導入は容認されることになります。

この後者の立場の問題点は，そのような「みなし」が，どういう場合にどれぐらい正当化できるかが明らかでないことです。これは実際に母集団を明確に定義して，そこからランダムにサンプルを選ぶという手続きを踏んでいないことからくる必然的な限界です。

本書では，こうした限界をふまえつつも，基本的には後者の立場に立って，統計量の値を記述的に解釈する方法だけでなく，確率的な観点から評価する方法についても解説していくことにします。それは，たまたま選ばれたサンプルによって結果が左右される程度を評価したり，結果の安定性に対してサンプルサイズのもつ意味を理解したり，必要なサンプルサイズの目安をつけたりするうえで，統計的推測の理論や方法が，実際に役に立つ情報を提供してくれると考えるからです。もちろん，ランダムサンプルでない限り，理論は厳密には成り立たないわけですが，そのことをふまえて，理論から得られる知見を参考にして結論を導くというようにすれば，統計的推測の理論に沿った考え方をまったく用いないやり方に比べ，より妥当な結論を導くことができるだろうというのが本書の考え方です。

ランダム化

ところで，実験研究では，異なる条件群への被験者の配置や，刺激の呈示順序などをランダムに決めるのが基本です。こうした操作を一般に，**ランダム化**（randomization）または**無作為化**，確率化などとよびます。ランダム化を行えば，たとえばどの被験者がどの群に配置されるかが確

率的に決まることになるため,実験の結果として得られる平均値差などの統計量は,それを反映して値が確率的に変動すると考えることができます。

母集団からのランダムサンプルでないデータに確率的な視点を導入する際に,このようなランダム化を根拠とする考え方があります[19]。実際,実験によって得られた各被験者のデータを用いて,条件群間でランダムに被験者の入れ替えを行うと,それに伴う統計量の変動が,正規母集団からのランダムサンプリングに基づく統計量の標本分布によって近似できることが知られています。

ランダム化を確率モデル導入の根拠とすると,先に述べたような母集団設定の曖昧さの問題を回避することができます。しかし,その一方で,たとえば条件群間での被験者の入れ替えによる統計量の変動というのは,実際にその実験の被験者となった集団(および得られたデータの値)を固定した上での,その内部での変動であり,関心のあるデータ全体の集合としての母集団についての議論とは直接結びつきません。実験で得られた結果が,どのような母集団に対して一般化できるかということについては,やはり,そのつど,統計学の枠を越えたやり方で判断していかざるをえません。また,この考え方では,ランダム化を行えない調査型の研究に対しては確率的視点を導入することの根拠は与えられませんから,心理学の研究全体としてみると応用範囲が限定されています。

頑健性

さて,確率モデルとしての母集団分布を設定することが容認されたとしても,具体的にどのような確率分布をモデルに採用するかは,また別の問題として残ります。本章では,1-0型の2値変数についてはベルヌイ分布

---

19) 橘(1997)は,一貫してこの観点から書かれたユニークな統計書です。

を，多値の量的変数については，1変数の正規分布と2変数正規分布を母集団分布として，話を進めてきました。先にも述べたように，このうちの1変数および2変数の正規分布の仮定は，データの性質から必然的に導かれたものというより，標本分布の数学的な導出が容易であるといった，心理学の研究からすれば本質的でない理由によることが多いのが現状です。

そこで問題になるのが，「では，もし本当の母集団分布が正規分布でなかったとしたら，正規分布を仮定した結果はどれぐらい妥当なのか」ということです。このように，仮定したモデルが真の状態と異なる場合に，それでもそのモデルに基づく結果が妥当である程度を，その方法の**頑健性**（robustness）とよびます。

本章の3節でみたように，標本平均の分布は，Nが大きいときには母集団分布の種類に関係なく正規分布で近似できますが，この例から示唆されるように，一般にNが大きいときには，母集団分布の違いの影響は小さくなり，それだけ頑健性が増すことが知られています。しかし，Nが小さい場合や，母集団分布が非常に偏っていて正規分布からのずれが大きい場合には，正規分布を仮定した方法の結果の解釈には注意が必要です。このような場合は，特定の分布形を仮定しないノンパラメトリック法とよばれる一連の方法を用いるのもひとつの選択肢です。

もちろん，先に述べたように母集団そのものを明確に規定すること自体が難しい状況があるので，その母集団における分布の特性や，そこからの逸脱の影響について細かく議論することにも自ずから限界があります。しかし，そういう状況だからこそ，モデルからの逸脱に対して頑健な方法が求められるということも言えるでしょう。

第 4 章 確率モデルと標本分布

⦿ キーワード

サンプル，標本，母集団，サンプルサイズ，サンプリング，標本抽出，単純無作為抽出，2 段抽出，ランダムサンプリング，標本統計量，母数，パラメタ，データ発生装置，確率モデル，確率変数，確率分布，標本分布，2 値変数，母集団分布，データの独立性，2 項分布，ベルヌイ分布，期待値，不偏性，不偏推定量，標準誤差，正規分布，連続変数，離散変数，確率密度関数，標準正規分布，中心極限定理，2 変数正規分布，周辺分布，偏り，バイアス，フィッシャーの Z 変換，ランダム化，無作為化，頑健性

第 5 章 推定と検定の考え方

相関係数を中心に

確率モデルをベースにして，データから母数に関する推測を行う方法には，大きく分けて**推定**（estimation）と**検定**（statistical test）があります。推定には，母数の値はこれぐらいだろうという形で1つの値によって母数を推定する**点推定**（point estimation）と，ある区間を設けて母数の値はこの区間に含まれるだろうという形で推定する**区間推定**（interval estimation）があります。一方，検定では，母数の値に関する仮説を立て，データに基づいてその仮説を採択するか棄却するかの判断をします。本章でははじめに，第4章の内容を推定の観点から見直しながら，点推定についての基本的な事項の解説を行います。そしてそれに続いて，相関係数を例にとって検定と区間推定の考え方を説明します[1]。

1 推定量とその標準誤差

推 定 量

母数の点推定のために用いられる標本統計量を**推定量**（estimator）とよびます。前章では，母集団比率 π，母集団平均 μ，母集団相関係数 ρ，そして母集団回帰係数 β といった母数を導入しましたが，それぞれに対応す

---

[1] 相関係数を例にとることにしたのは，比率の場合は標本分布が離散的で例として扱いにくく，また平均の場合は，標本分布が標準偏差という別の母数にも規定されるという複雑さがあるためです。

る標本統計量,すなわち,標本比率 p,標本平均 $\bar{x}$,標本相関係数 r,そして標本回帰係数 b は,それらの母数の推定量となります。このように,多くの場合,母数に直接対応する標本統計量が,その母数の推定量として用いられます。

なお,実際のデータから計算される推定量の値(具体的な数値)を**推定値**(esitmate)とよびます。つまり,推定量の実現値が推定値です。

> 不偏推定量

第4章の2節でも述べたように,推定量の期待値が,推定しようとしている母数の値に一致するとき,その推定量は**不偏推定量**とよばれます。たとえば,標本平均は,想定される母集団分布の種類に関係なく,母集団平均の不偏推定量です。また,平均の特殊なケースである比率についても同様に,標本比率は母集団比率の不偏推定量です。これに対し,標本相関係数は母集団相関係数の不偏推定量ではありません。

推定量の不偏性は一般的には望ましい性質ですので,不偏推定量が存在する場合には,偏りのある推定量より不偏推定量のほうを利用するのが普通です[2]。たとえば,第2章で紹介した分散(標本分散)s^2 は,母集団分布の種類によらず,その期待値が

$$E(s^2) = \frac{N-1}{N}\sigma^2 \qquad (5.1)$$

となることが知られています。ここで,σ^2 は母集団分散を,そして N はサンプルサイズをあらわします。つまり,この式は,標本分散 s^2 の期待値が母集団分散 σ^2 に一致せず,それよりわずかに小さくなることを示しています。ここで,そのずれの程度をあらわすファクター $(N-1)/N$ の逆数を s^2 に乗じて修正すれば,その修正され

---

[2] 相関係数の場合は,簡単な形の不偏推定量が存在しないので,偏りのある標本相関係数を推定量として用いることが多いです。

た統計量の期待値は母集団分散 σ^2 に一致することになります。つまり,

$$s'^2 = \frac{N}{N-1}s^2 = \frac{1}{N-1}\sum_{i=1}^{N}(x_i - \bar{x})^2 \tag{5.2}$$

という統計量は,母集団分散 σ^2 の不偏推定量となります。これが第2章の2節で示した**不偏分散**です。

標本分散と不偏分散は,N が大きいときはほとんど同じ値になるため,実用上はどちらを用いてもかまいませんが,母数の推定ということを意識する場合には不偏分散を用いるほうがよいでしょう。一方,記述的な指標としての分散は,「平均からの偏差の2乗の平均」という意味をもっています。この意味からは,平均からの偏差の2乗和を N で割る標本分散のほうが,$N-1$ で割る不偏分散より直接的でわかりやすいと言えます。

最尤法

推定量は,それを導く際にどういう数学的方法ないしは基準を用いたかによっても特徴づけることができます。

推定量を導く数学的方法の代表的なものに,**最尤法**(maximum likelihood method)あるいは**最尤推定法**とよばれるものがあります。この方法は,実際に得られたデータは母数の値がいくらのときに最も得られやすいかを調べ,実際に得られたデータの生起確率を最大とする母数の値を推定値とするものです。

たとえば,母集団比率 π を推定するために,$N=5$ の2値データ 1, 1, 0, 1, 0 を得たとします。比率 π の母集団からのランダムサンプリングによって,この特定のデータが得られる確率は,1つ目の観測値が1になる確率 π,2つ目の観測値が1になる確率 π,$\cdots$,5つ目の観測値が0になる確率 $1-\pi$ の積,すなわち,$\pi^3(1-\pi)^2$ となります。これは母数 π の関数であり,π の値によってその確率

は大きくなったり小さくなったりします。上記のデータが実際に得られたことからすると、そういうデータを生じやすいような母数値であっただろうと考えるのは自然なことです。最尤法は、こうした考え方によって、実際のデータの生起確率を最大にする母数値を見つけ、それを母数の推定値とするのです。

上記の確率を母数 π の関数として、

$$L(\pi) = \pi^3(1-\pi)^2 \tag{5.3}$$

とおいてみます。これをグラフであらわしたものが図 5-1 です。この図をみると、上記のデータ（"試行数" $N=5$ に対し "成功数" $w=3$）が得られる確率は、π が .1 とか .2 のように小さいときは低く、π の値の上昇に伴ってその確率が上昇し、$\pi = .6$ のときに最大値をとることがわかります。したがって、このデータから得られる π の最尤推定値は .6 ということになります。この値は、ちょうど標本比率 $p = 3/5 = .6$ に一致しています。この例から予想されるように、母集団比率 π の最尤推定量は標本比率となります。

母数推定の文脈では、（5.3）式のようにデータの生起確率を母数

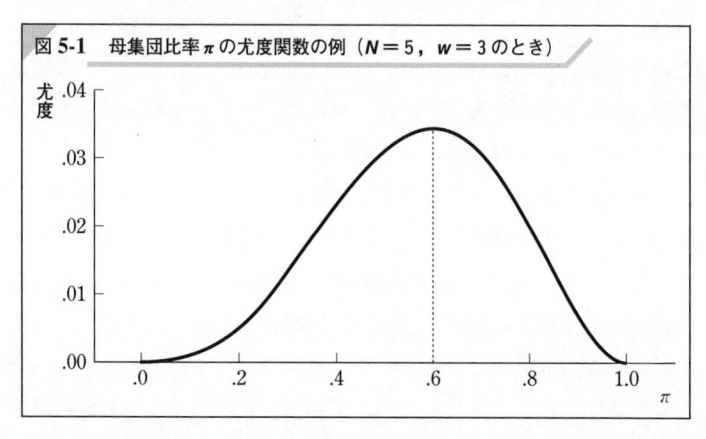

図 5-1 母集団比率 π の尤度関数の例（$N=5$，$w=3$ のとき）

の関数として表現したものを**尤度関数**とよび，特定の母数値に対するその関数の値を**尤度**とよびます。最尤法という名称はそこからきており，最大尤度法とよぶべきものを簡略化したものです。

なお，母集団分布として正規分布を想定したとき，標本平均 $\bar{x}$ と標本分散 s^2 は，それぞれ母集団平均 μ および母集団分散 σ^2 の最尤推定量となることが知られています。一方，不偏分散 s'^2 は σ^2 の最尤推定量ではありません。また，母集団分布として2変数正規分布を想定したとき，（不偏でない）標本相関係数 r は，母集団相関係数 ρ の最尤推定量となります。このように，最尤推定量であっても不偏性をもたなかったり，逆に最尤推定量でなくても不偏性をもったりすることがあります。

最小2乗法

最尤法は，想定した母集団分布にしたがって計算されるデータの生起確率（尤度）に基づく方法ですから，完全に母集団分布に依存した確率論的な方法と言えます。これに対し，第3章で回帰直線を推定する際に用いた**最小2乗法**は，特定の母集団分布に依存せずに推定量を導く方法です。

たとえば，N 個のデータ $x_1, x_2, \cdots, x_N$ から母集団平均 μ を推定したいとします。このとき，平均は分布全体の代表値であることを考慮して，母集団平均の推定値として，N 個のデータと全体的に最も値の近いものを選ぶことにしたとします。最小2乗法では，この場合，N 個のデータと母数 μ との間の全体としての距離を

$$Q(\mu) = \sum_{i=1}^{N} (x_i - \mu)^2 \tag{5.4}$$

によって定義します。そして，この関数（最小2乗基準）を最小化する母数値を見つけ，それを母数の推定値とするのです。

この最小2乗基準 $Q(\mu)$ は，第2章の1節で代表値を導く基準のひとつとして示した (2.3) 式の T_2 と同じであり，これを最小化す

る母数 μ の値は，そこで証明したように標本平均 $\bar{x}$ となります。すなわち，標本平均が母集団平均 μ の最小 2 乗推定量です。

> **標準誤差による推定精度の評価**

母数の点推定においては，不偏性などの望ましい性質をもった推定量や，最尤法，最小 2 乗法といった明確な原理に基づく推定量を用いることも大切ですが，それ以上に重要なことは，それらの推定量の精度を的確に把握することです。

実際の推定値と母数の値の差は**標本誤差**（sampling error）とよばれます。その誤差の値が直接評価できればよいのですが，そのためには母数の値が必要になりますから，これは無理な話です。そこで通常は，サンプリングに伴って推定量が母数のまわりをどの程度変動するかに注目します。その変動の大きさをあらわす代表的な指標が，推定量の標本分布の標準偏差[3]，すなわち**標準誤差**です。

第 4 章で述べたように，たとえば母集団比率 π の推定量としての標本比率 p の標準誤差は，

$$\sigma_p = \sqrt{\frac{\pi(1-\pi)}{N}}$$

です（(4.9) 式）。この式に含まれる未知の母数 π を，データから得られる値 p で置き換えれば，標準誤差の推定値

$$\hat{\sigma}_p = \sqrt{\frac{p(1-p)}{N}} \tag{5.5}$$

が得られます。

また，母集団平均 μ の推定量としての標本平均 $\bar{x}$ の標準誤差は，

$$\sigma_{\bar{x}} = \frac{\sigma}{\sqrt{N}}$$

---

[3] これは，標本誤差の標本分布の標準偏差でもあります。

です((4.15)式)。そこで、この中に含まれる母集団標準偏差を、データから得られる不偏分散の平方根 s' で置き換えた

$$\hat{\sigma}_{\bar{x}} = \frac{s'}{\sqrt{N}} \quad (5.6)$$

を標準誤差の推定値とすることができます。

同様に、母集団相関係数 ρ の推定量 r の標準誤差の推定値は、データから得られる相関係数 r を (4.20) 式に代入して、

$$\hat{\sigma}_r = \frac{1-r^2}{\sqrt{N}} \quad (5.7)$$

によって計算することができます。たとえば、$N = 100$ のサンプルで $r = .5$ という相関係数が得られたとしたら、相関係数の標準誤差の推定値は

$$\hat{\sigma}_r = \frac{1-.5^2}{\sqrt{100}} = .075$$

と計算されます。つまり、.075 程度の標準偏差をもって変動する推定量が、たまたま $r = .5$ という値をとったと解釈するわけです。こうすることによって、サンプルが小さい場合に、そこから得られた結果に過度の信頼をおく誤りを避けることができます。いまの例の結果を論文等で報告するときは、"$r = .5 (N = 100, SE = .075)$" のように簡潔な形で記述します。ここで、"$SE$" は、標準誤差をあらわす英語 standard error の略です。

標準誤差に基づくサンプルサイズの決定

第 4 章でも述べたように、サンプルサイズの決定も、推定量の標準誤差をいくら以下に抑えたいかという観点から行うことができます。たとえば、相関係数を推定する場合、標準誤差を .05 以下に抑えたいとします。(5.7) 式を用いて、

$$\frac{1-r^2}{\sqrt{N}} \leq .05$$

とおき,これを展開すると

$$N \geq 400\,(1-r^2)^2$$

となります。ここで,もし $r = .5$ 程度の大きさの相関が見込まれるとしたら,これを上式に代入して,

$$N \geq 400\,(1-.5^2)^2 = 225$$

という値を得ます。これだけのサンプルをとれば,そして見込み通り $r = .5$ またはそれ以上の大きさの相関が得られれば,相関係数の標準誤差の推定値を .05 以下に抑えることができるということです。

もし r がどんな値であっても標準誤差を確実に .05 以下に抑えたいとしたらどうすればよいでしょうか。上記の不等式の右辺は $r = 0$ のときに最大になりますから,$r = 0$ に対応する N,すなわち

$$N \geq 400\,(1-0^2)^2 = 400$$

だけサンプルをとれば,実際の r の値がいくらであっても,標準誤差の推定値は .05 以下に抑えることができます。

2 検定の考え方

帰無仮説　本章の冒頭で述べたように,母数に関する推測の方法としては,推定のほかに検定とよばれる方法があります。ここでは,検定の基本的な考え方を説明するために,相関係数に関する検定を例に取り上げます。母集団分

布としては2変数正規分布を仮定しておきます。

相関係数に関する検定のうち最も単純で，かつ最も典型的なものは，「母集団相関係数はゼロである」という仮説を立て，データに基づいてその仮説が棄却できるかどうかを判定する，いわゆる無相関仮説の検定です。この検定は通常，母集団相関係数がゼロか否かに関心があって行われるというよりも，2つの変数の間の相関関係について議論する際の前提として，少なくとも無相関仮説を棄却できる程度のデータが得られているかどうかを確認するために行われます。このように，検定される仮説は多くの場合，それを棄却する目的で設定されます。そのため，検定される仮説は一般に，「無に帰するべき仮説」という意味で**帰無仮説**（null hypothesis）とよばれています。

帰無仮説は H_0 と表記され，たとえば母集団相関がゼロであるという帰無仮説は $H_0: \rho = 0$ のように表現されます[4]。

検定統計量の帰無分布と棄却域

$H_0: \rho = 0$ という帰無仮説を検定するには，その帰無仮説が正しいときの，すなわち母集団相関係数がゼロのときの標本相関係数 r の標本分布を利用します。つまり，帰無仮説が正しいとしたら標本相関係数はどういう確率でどういう値をとるか，ということをまず理論的に押さえておきます。そしてそれに対して，データから得られた相関係数の値がどういう位置づけになっているか，帰無仮説のもとでは得られにくいような大きな値になっているか，それとも帰無仮説のもとでも得られる可能性が十分あるような小さな値にすぎないか，ということを見るのです。ここでの標本相関係数のように，帰無仮説の検定に用いられる統計量を一般に**検定統計量**（test statistic）

4）"H" は仮説をあらわす英語 hypothesis の頭文字です。

とよびます。そして，帰無仮説のもとでの検定統計量の分布，すなわち検定の際に参照される分布を**帰無分布**（null distribution）とよびます。

図 5-2 は，母集団相関係数 ρ がゼロという条件下での，$N = 20$ のときの標本相関係数 r の標本分布を示したものです。この図から，帰無仮説のもとでは，絶対値の大きな相関係数は得られにくいことがわかります。たとえば，横軸が太い線で描かれている範囲（正確には，後で付表 3 から求めるように $|r| > .444$ の範囲）の相関が得られる確率（図の斜線部の面積）は，上側と下側を合わせてわずか 5% にすぎません。したがって，母集団相関係数がゼロのときには，$N = 20$ のサンプルから計算される相関係数 r の絶対値が .444 を超えるのはかなり"まれ"だということになります。言い換えれば，$N = 20$ のときには $|r| > .444$ となる標本相関係数と $\rho = 0$ という母集団値とはあまり整合的ではないということです。

母集団相関係数 ρ の値が未知である現実の状況で，このように $\rho = 0$ と整合的でない r が得られたとき，これをもとに $\rho = 0$ という帰無仮説を棄却するというのが検定の論理です。ここで，帰無仮

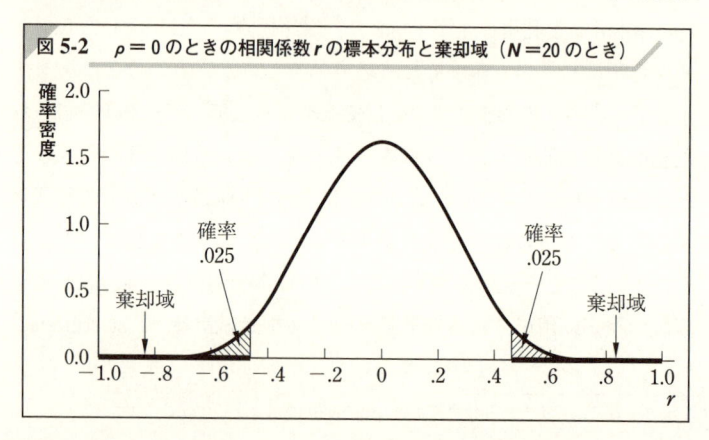

図 5-2 $\rho = 0$ のときの相関係数 r の標本分布と棄却域（$N = 20$ のとき）

説と整合的でないとされる検定統計量の値の範囲を，帰無仮説の棄却に導く範囲という意味で**棄却域**（rejection region）とよび，棄却域の端点（いまの例では $r=\pm.444$）を**棄却の限界値**とよびます。そして，検定統計量の値が棄却域に入り，帰無仮説が棄却されるとき，その検定統計量（いまの例では r）は「**統計的に有意**（statistically significant）である」または単に「有意である」といいます。

このように，直接的に検定の対象となるのは帰無仮説です。このため，検定は**仮説検定**（hypothesis test）ともよばれます。しかし，その仮説が棄却されるかどうかは標本相関係数 r の値が棄却域に入るか否かで決まるので，その意味では標本相関係数が有意かどうかがテストされているともいえます。このため，「標本相関係数の**有意性検定**（significance test）」とか，あるいはもっと簡単に「相関係数の検定」といった表現も用いられます[5]。

なお，図 5-2 のように分布の両側に棄却域を設定する検定方式を**両側検定**といいます。相関係数の検定では両側検定を用いるのが一般的ですので，本書では，特にことわらない限り，両側検定を前提として話を進めます。棄却域を分布の片側のみに設定する**片側検定**については次節で説明します。

有意水準

ところで，上記の棄却域の説明では，「5% の確率でしか生じない事象は"まれ"な事象で，帰無仮説とは整合的でない事象だ」として話を進めましたが，このように 5% の確率を"まれ"で"整合的でない"とするのは一種の慣例で，特に理論的根拠があるわけではありません。しかし，慣

---

5) 次節で述べるネイマン=ピアソン理論では「仮説検定」という言葉を，一方，フィッシャー理論では「有意性検定」という言葉を用いるというように，用語法の違いは検定についての学派の違いをも反映しています。この点については，細谷 (1995) が参考になります。

例としてほぼ確立しているということは、統計量が有意か否かを判断する際の共通の基準があるということであり、これは便利なことです。本書でも、特にことわらない限り、この 5% という基準を用いることとします。

検定理論では、いまの 5% という値のように、「帰無仮説のもとでは"まれ"にしか生じない事象」というものを定義する確率の値を**有意水準**（significance level）とよび、α という記号であらわします[6]。

付表 3 には、有意水準を $\alpha = .05$ とした場合のほか、$\alpha = .10$ および $\alpha = .01$ とした場合の相関係数の検定における棄却の限界値が、サンプルサイズとの対応で示されています。それぞれの大きさのサンプルにおいて、得られた相関係数の絶対値が表の値を超えれば、それぞれの有意水準で統計的に有意となり、母集団相関がゼロであるという帰無仮説が棄却されることになります。たとえば、サンプルサイズが $N = 20$ であれば、相関係数の絶対値が .444 より大きければ、その相関係数は 5% 水準で有意だということになります。先にみた図 5-2 では、この限界値が用いられています。

いまの $N = 20$ の例で有意水準を $\alpha = .01$ とすると、棄却域は $|r| > .561$ となり、棄却の限界値は $\alpha = .05$ のときに比べて大きくなります。このように、有意水準の値を小さくすると、帰無仮説の棄却に必要とされる相関係数の絶対値は大きくなり、より厳しい検定となります。逆に有意水準の値を大きくすると、有意な結果が得られやすい、より緩い検定となります。

たとえば、第 3 章で計算した、男子 20 人の逸脱行動得点の 2 時点間の相関係数 $r = .60$ は、有意水準 .01 のときの棄却の限界値 .561

---

[6] 有意水準は、次節で述べるように、第 1 種の誤りの確率または危険率ともよばれます。

を超えるので，1% 水準で有意な相関だということになります。

サンプルサイズと棄却の限界値

付表3からは，サンプルサイズが大きいほど，帰無仮説の棄却に必要とされる相関係数の絶対値は小さくなることが読み取れます。たとえば，上の $\alpha = .05$ の検定の例で，N を 20 から 200 へと大きくすると，棄却域は $|r| > .444$ から $|r| > .139$ へ変化し，$N = 20$ のときの限界値に比べ r の絶対値が3分の1以下の大きさでも有意になります。

まず，このことの原理を考えてみましょう。図 5-2 からわかるように，有意水準 $\alpha = .05$ の両側検定における棄却の限界値は，帰無仮説のもとでの相関係数の標本分布の，上側および下側確率 .025 に対応する値です。サンプルサイズが大きくなれば，この標本分布の標準偏差（相関係数の標準誤差）が小さくなり，分布が $r = 0$ の近くにより集中するようになるので，それに伴って上側および下側確率 .025 に対応する値も絶対値が小さくなるというわけです。

次に，サンプルサイズが大きいときに，標本相関係数の値がかなり小さくても有意になるという事実を，検定結果の解釈という観点から考えてみます。たとえば，上記のように $N = 200$ の場合，$r = .15$ 程度でも統計的に有意になるわけですが，この相関係数自体が非常に小さな値であり，散布図でみても全体として右上がりなのか右下がりなのか判然としない程度の相関であるということには変わりありません（第3章の図 3-3 参照）。このことからわかるように，統計的に有意であるということが，実質的に意味のあるような相関であることを意味するわけではありません。統計的に有意であるということは，あくまでも母集団相関がゼロだとしたら得られにくいような値だということだけです。

p 値

検定の結果は **p 値**とよばれる指標で表現されることもよくあります。これは得られた結果がぎりぎり有意となるのは有意水準がいくらのときかをあらわすものです。その意味で p 値は**限界水準**ともよばれます。また，**有意確率**という用語が用いられることもあります。有意水準 α が棄却域を定めるために設定される基準であるのに対し，p 値はデータから計算される統計量です。

たとえば $p = .04$ であれば，有意水準が $\alpha = .05$ なら有意だが，$\alpha = .01$ なら有意でないことになります。統計解析用のソフトウェアの多くが，検定結果をこの p 値で出力する方式を用いています。論文等で検定結果を示す場合には，出力された p 値をそのまま書くこともありますが，.05 とか .01 などの特定の有意水準との比較で，$p < .05$ のように不等式の形で報告することもあります。

t 分布を用いた検定

無相関仮説の検定は，サンプルで得られた相関係数の値を付表 3 の棄却の限界値と比べるだけで実行できます。また，これと同じ検定は，**t 分布**とよばれる確率分布を用いて行うことも可能です。t 分布は，図 5-3 に示したように正規分布に似た形の確率分布で，データ発生のモデルとして正規分布を用いた場合にさまざまな統計量の標本分布と関係をも

図 5-3　t 分布

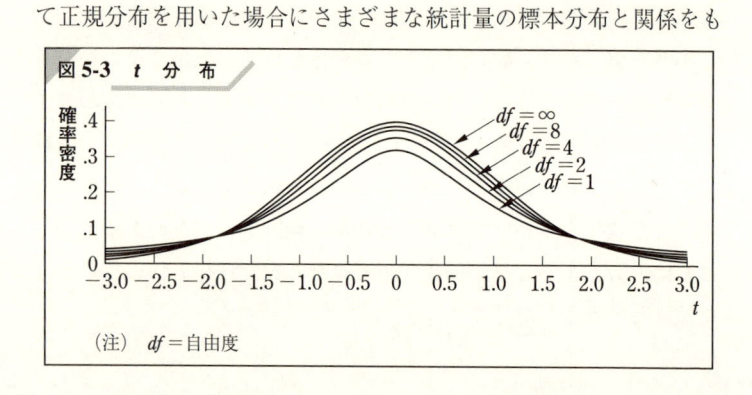

(注)　df = 自由度

つ重要な分布です。t 分布に関する確率計算は，付表 4 の t 分布表を用いて簡単に行うことができます。

いま問題にしている無相関仮説 $H_0: \rho = 0$ の検定に関しては，標本相関係数 r を

$$t = \frac{r}{\sqrt{1-r^2}} \times \sqrt{N-2} \qquad (5.8)$$

によって単調変換した変数 t が，その帰無仮説のもとで自由度 $N-2$ の t 分布にしたがうことが知られています。自由度というのは，t 分布の形状や標準偏差などを規定するパラメタです（図 5-3 参照）[7]。得られた相関係数 r をこの式によって t に変換したとき，その絶対値が付表 4 に示した t 分布の上側確率 .025 に対応する値を超えれば，その相関係数は有意水準 .05 の両側検定で有意となります。

(5.8)式をみると，t は標本相関係数 r によって決まる部分 $r/\sqrt{1-r^2}$ と，サンプルサイズ N によって決まる部分 $\sqrt{N-2}$ の積になっており，このことからも N が大きいときは小さな r でも統計的に有意になることがわかります。

なお，t 分布のような標準的な確率分布を利用する検定においては，この例のように，検定統計量が，関係の強さなり平均値差の大きさなりをあらわす部分と，サンプルサイズを反映する部分の積で構成されるというのが一般的な形です。前者の部分は「効果の大きさ」とよばれることが多いので，これを覚えやすいように

$$\text{検定統計量} = \text{効果の大きさ} \times \text{標本の大きさ} \qquad (5.9)$$

と定式化しておくことにしましょう。

---

[7] 自由度については第 7 章の 4 節でくわしく説明しますが，ここでは数表を引くときに必要な数値という程度に理解しておけば十分です。なお，自由度が ∞ の t 分布は標準正規分布と同じになります。

先の逸脱行動データにおける $r = .60$ ($N = 20$) という数値例について，(5.8) 式によって t 値を求めると

$$t = \frac{.60}{\sqrt{1 - .60^2}} \times \sqrt{20 - 2} = 3.18$$

となります。付表4より，自由度 $20 - 2 = 18$ の場合，上側確率 .025 に対応する t の値は 2.101 です。計算された t の値はこの値を超えるので，得られた相関係数は $\alpha = .05$ の両側検定で有意になります。また，計算された t の値は上側確率 .005 に対応する値 2.878 をも超えるので，先にみたように，この相関係数は 1% 水準でも有意であることがわかります。

3 検定力とその利用

検定力とは

前節で述べたように，相関係数に関する帰無仮説の検定は，相関関係について議論する際の前提として，得られた結果が帰無仮説のもとでは生じにくいものであること，すなわち有意であることを確認する目的で行われます。このことは，相関係数の検定だけでなく，第 6 章で紹介する平均値差や比率差に関する検定についても，一般的に言えることです。したがって，研究においては，その前提が満たされるように，すなわち有意な結果が得られるようにサンプルサイズなどの計画を立てることが望ましいということになります。

一方，たとえば母集団相関係数が $\rho = .1$ のように非常に低い値のものだとしたら，これを検出することができなくても，つまり，有意な結果が得られなくても，研究上，特に不都合ではありません。すなわち，どんな場合でも常に有意な結果が得られることが望まし

いというのではなく,「母集団において無視できない程度の相関があるのなら,それを検出できること,つまり,有意な結果が得られることが望ましい」ということです。

母集団においてゼロでない相関(あるいは問題によっては平均値差など)があるとき,サンプルにおいて有意な結果が得られる確率のことを**検定力**(power)とよびます。また,母集団に存在する相関や平均値差を正しく検出できる確率という意味で**検出力**ともよばれます。

検定力は,母集団においてどの程度の相関や平均値差があるかによって規定される,一種の関数です。帰無仮説の検定を想定してサンプルサイズを決めるとしたら,母集団相関や母集団平均値差がいくら程度なら,それを正しく検出する必要があるかを考え,その母数の値に対する検定力が十分高くなるようにサンプルサイズを決めることになります。

本節では,検定においてこのように重要な意味をもつ検定力について,その計算法を含めて,くわしく解説します。

検定における 2 種類の誤りと検定力

母集団においてゼロでない相関が存在するとき,それを検出できず,有意な結果が得られなかったとしたら,これは検定結果が母集団の状態を正確に伝えていないという意味で"誤り"であったということになります。また,逆に,母集団相関がゼロであるときに有意な結果が得られたとしたら,これも"誤り"です。

検定理論においては,後者のタイプの誤り,すなわち「帰無仮説が正しいときに,それを棄却してしまう誤り」のことを**第 1 種の誤り**(type I error)とよびます。そして,前者のタイプの誤り,すなわち「帰無仮説が正しくないときに,それを採択してしまう誤り」のことを**第 2 種の誤り**(type II error)とよびます。

図 5-4 第 1 種の誤りの確率（有意水準）α と第 2 種の誤りの確率 β と検定力 $1-\beta$

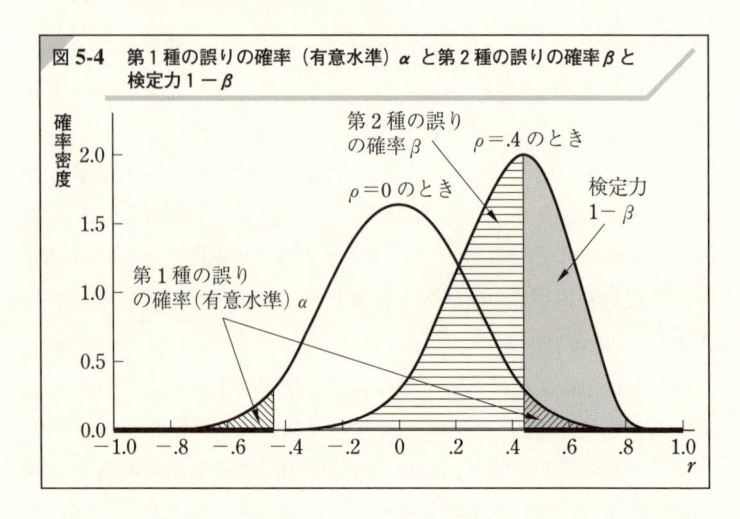

図 5-4 には例として，$\rho=0$ のときの標本相関係数 r の標本分布，すなわち帰無分布と，$\rho=.4$ のときの r の標本分布が，$N=20$ の場合について描いてあります。これを用いて 2 種類の誤りを犯す確率について考えてみましょう。

まず，第 1 種の誤りの確率は，帰無分布において r が棄却域に入る確率ですから，前節で述べた有意水準 α と同じです。この確率は**危険率**とよばれることもあります。

次に，$\rho=.4$ のときの第 2 種の誤りの確率は，その母集団相関に対応する標本分布において r が棄却域に入らない確率ですから，図で横線を引いた部分の面積で与えられます。第 2 種の誤りの確率は β と表記されます。図 5-4 の例では，後で示す計算からわかるように，$\beta=.59$ となります。したがって，この場合，第 2 種の誤りの確率，すなわち母集団において $\rho=.4$ という相関があるときに，それを見逃して帰無仮説を採択してしまう確率は，かなり大きなものになることがわかります。

この第 2 種の誤りの確率を 1 から引いた値，すなわち，第 2 種の誤りを犯さずに，母集団に存在する相関を正しく検出できる確率（図の灰色部分の面積）が検定力であり，いまの例の場合，その値は $1-\beta = 1 - .59 = .41$ となります。

表 5-1 に示したように，第 1 種の誤りの確率 α は帰無仮説が正しいときの条件付き確率であり，第 2 種の誤りの確率 β と 検定力 $1-\beta$ は，いずれも帰無仮説が正しくないときの条件付き確率です。このことはしばしば誤解され，たとえば，第 1 種の誤りの確率 α を，「帰無仮説を棄却した（有意な結果が得られた）ときに，実際には帰無仮説が真である（母集団相関がゼロである）確率」というようにまったく正反対の条件付き確率であるかのように考える人が多いので注意が必要です（南風原，1995）。

検定理論のうち，特に**ネイマン=ピアソン理論**とよばれるものは，このように検定における 2 種類の誤りを明確に区別したうえで，第 1 種の誤りの確率 α を固定したときに，第 2 種の誤りの確率 β が

表 5-1 検定における 2 種類の誤りとその確率

事 実	検定による判断	
	帰無仮説を採択	帰無仮説を棄却
帰無仮説が真	正しい判断 （帰無仮説が真であるときの条件付き確率は $1-\alpha$）	第 1 種の誤り （帰無仮説が真であるときの条件付き確率は α）
帰無仮説が偽 （対立仮説が真）	第 2 種の誤り （帰無仮説が偽であるときの条件付き確率は β）	正しい判断 （帰無仮説が偽であるときの条件付き確率は検定力 $1-\beta$）

最小になるように,すなわち検定力 $1-\beta$ が最大になるようにという観点から検定法を導出および評価する理論です[8]。この理論では,帰無仮説が偽であるという状態を**対立仮説**(alternative hypothesis)として考えます。上の例における $\rho = .4$ というのは可能な対立仮説のひとつです。第 2 種の誤りの確率および検定力は,対立仮説が真であるという条件下で評価されることになります[9]。

> **検定力の求め方**

相関係数の検定を例にとって,検定力の計算の仕方を説明しましょう。図 5-2 の例では $N = 20$, $\alpha = .05$ で,帰無仮説 $H_0 : \rho = 0$ の両側検定の棄却域は $|r| > .444$ でした。図 5-4 も,これと同じ状況をあらわしています。いま,その帰無仮説が偽であり,実際の母集団相関係数は $\rho = .4$ であるとしましょう。そのときの検定力,すなわち図 5-4 の $\rho = .4$ に対応するグラフの灰色部分の面積を求めてみましょう。

ここで,第 4 章で紹介したフィッシャーの Z 変換を利用します。$\rho = .4$ のとき,r を Z 変換して得られる変数 Z は,平均と標準偏差がそれぞれ

$$\mu_Z = \tanh^{-1} .4 = \frac{1}{2} \ln \frac{1+.4}{1-.4} = .424$$
$$\sigma_Z = \frac{1}{\sqrt{20-3}} = .243$$

の正規分布で近似できます。一方,棄却の限界値 $r = \pm.444$ を Z 変換すると,$Z = \pm.477$ となります。したがって,$\rho = .4$ のときの検

---

8) ネイマン (J. Neyman, 1894-1981) はポーランド,イギリス,アメリカで活躍した統計学者。ピアソン (E. S. Pearson, 1895-1980) はイギリスの統計学者で,第 3 章の脚注 3 で紹介した K. Pearson の息子。
9) これに対しフィッシャーの理論では,仮説としては帰無仮説のみを考え,あくまで,データで得られた結果とその帰無仮説との整合性を評価するという立場で検定を考えます。フィッシャーは,ネイマン=ピアソン理論の中核をなす検定力という概念の有用性を最後まで認めなかったと言われています。

定力は，上記の正規分布における確率 $Prob(|Z| > .477)$ で与えられることになります。この確率を標準正規分布の数表で求めることができるように，その上下の限界値を平均 μ_Z と標準偏差 σ_Z を用いて標準化したものを z_L, z_U とすると

$$z_L = \frac{-.477 - .424}{.243} = -3.708, \qquad z_U = \frac{.477 - .424}{.243} = .218$$

となります。ここで，標準正規分布の確率を与える付表1を用いると，

$$Prob(z < -3.708) \fallingdotseq 0$$
$$Prob(z > .218) \fallingdotseq .41$$

ですから，求める検定力はその和，すなわち約 .41 となります。この結果から，$N = 20$ の場合には，真の母集団相関係数が $\rho = .4$ であっても，$H_0 : \rho = 0$ という帰無仮説を棄却できる確率，すなわち有意な相関係数を得る確率は .41 にすぎないことがわかります。

検定力分析によるサンプルサイズの決定

付図1は，$H_0 : \rho = 0$ の両側検定（$\alpha = .05$）の検定力を上記の方法で求めたものです。これをみると，N を大きくすることによって検定力が高まり，たとえば $\rho = .4$ のときの検定力は $N = 100$ ではほぼ 1 に達することがわかります。このような図や検定力計算プログラムを用いて，一定の検定力を確保するのに必要なサンプルサイズを決める手続きは**検定力分析**（power analysis）とよばれています。たとえば $\rho = .2$ という低い母集団相関係数を検出して，有意な標本相関係数を得る確率を .8 としたいなら，$N = 200$ 程度のサンプルが必要になることが付図1から読み取れます。

片側検定

ここまで，図 5-2 や図 5-4 に示したように，帰無仮説の棄却域を帰無分布の両側に設定する両側検定を考えてきましたが，棄却域を上側または下側の一方

のみに設定する片側検定について、ここで簡単に触れておきます。

ネイマン=ピアソンの検定理論にしたがえば、どちらの方式を用いるかは帰無仮説と対立仮説の設定の仕方に依存することになります。ここで、帰無仮説 H_0 に対し、対立仮説を H_1 とあらわすことにしましょう。そしていま、帰無仮説を $H_0 : \rho \leq 0$ とし、対立仮説を $H_1 : \rho > 0$ と設定したとします。つまり、「母集団相関はゼロまたは負である」という帰無仮説を「母集団相関は正である」という対立仮説に対して検定するということです。このような検定は、たとえばある市において、学級の児童数と、学級の中で授業がわからないという不満をもつ児童の割合との相関係数について、帰無仮説が棄却されて「母集団相関は正である」という対立仮説が採択されたら、学級定員を減らすための検討を開始する、というような場合などに考えられる可能性のあるものです。

このとき、$r = -.5$ のように、負で絶対値が比較的大きな r が得られたとしても、これは明らかに対立仮説を支持するものではありませんから、こうした負の領域には棄却域を設けず、正で値の大きい r の範囲のみを棄却域とする片側検定を用いるのが合理的です。

このように、片側検定が有効であるケースは考えられますが、通常の研究において検定が用いられる文脈では、このようなケースはあまりありません。そのため、先にも述べたように、実際の研究では両側検定を用いるのが一般的です。

なお、有意水準 $\alpha = .05$ の片側検定で、棄却域を上側にのみ設定するとしたら、帰無分布の上側確率 .05 に対応する値を棄却の限界値とすることになります。これは、両側検定であれば有意水準 $\alpha = .10$ のときの棄却の限界値にあたります。したがって、付表 3 の両側検定用の有意水準を 1/2 倍したものが片側検定用の有意水準となります。たとえば、$N = 20$ のときの $\alpha = .05$ の片側検定の棄却域は

$r > .378$ となり,棄却の限界値は先にみた両側検定の場合の限界値 .444 より小さくなります。このように,片側検定とすることによって,帰無仮説の棄却に必要とされる相関係数の絶対値は小さくなります。

4 区間推定の考え方

信頼区間

この節では,再び母数の推定の問題に戻って,検定と表裏一体の関係にある区間推定について説明します。

区間推定では,「あらかじめ定められた確率で母数を含む区間」というものを考えます。その「あらかじめ定められた確率」を**信頼水準**(confidence level)または**信頼係数**とよび,その確率で母数を含むと推定される区間を**信頼区間**(confidence interval)とよびます。たとえば信頼水準 .95 で母集団相関係数を含むと推定される区間は,母集団相関係数の 95% 信頼区間とよばれます。

任意の相関値を帰無仮説とした検定

ここで,母集団相関係数 ρ の区間推定の原理を説明するための準備として,任意の ρ の値を帰無仮説とした検定を考えてみます。

図5-5 には,$N = 20$ の場合について,縦軸の $\rho = 0$ のところに母集団相関がゼロのときの標本相関係数 r の標本分布を,そして縦軸の $\rho = .4$ のところに母集団相関が .4 のときの r の標本分布を示してあります。これら 2 つの標本分布には,下側および上側確率 .025 に対応する値も示してあります。また,ρ のすべての値に対する同様の値を求めて線で結んだのが,図に示されている一対の曲線です。この図を利用すると,無相関仮説の場合と同様に,任意の相

図 5-5　$\rho = 0$ および $\rho = .4$ のときの相関係数の標本分布（$N = 20$ の場合）

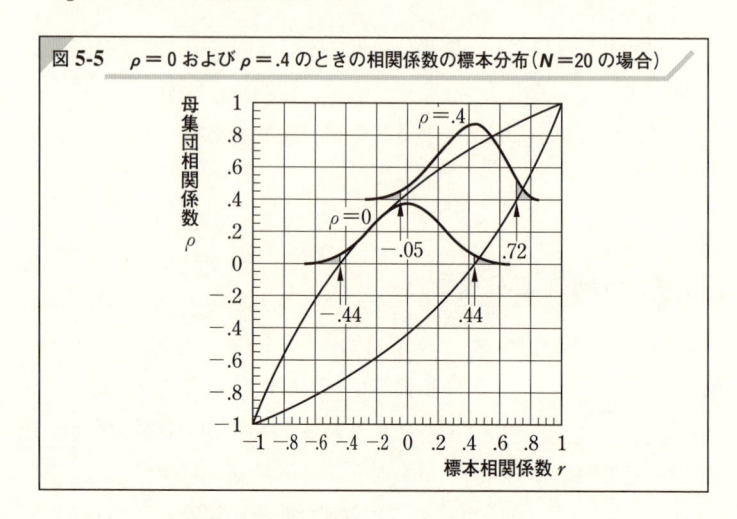

関値を帰無仮説とした検定が可能になります。たとえば帰無仮説を $H_0: \rho = .4$ としたときの，有意水準 $\alpha = .05$ の両側検定の棄却域は，$r < -.05$ および $r > .72$ となります。

区間推定の原理

区間推定は帰無仮説の検定と基本的に同じ原理に基づいています。2 節で述べたように，たとえば標本相関係数が統計的に有意であるということは，相関係数の標本分布を考えたとき，$\rho = 0$ という母集団値は得られた結果と整合的でないと判断されるということです。逆に有意でなければ，$\rho = 0$ という母集団値は得られた結果と整合的であるということになります。しかし，この後者のケースは帰無仮説 $H_0: \rho = 0$ が証明されたということを意味するものではありません。なぜなら，検定によって棄却されない母集団値は $\rho = 0$ 以外にも無数にあるからです。

もう一度，図 5-5 を見てください。ここでいま，$r = .2$ という結果が得られたとしましょう。この値は帰無仮説 $H_0: \rho = 0$ を棄却し

ませんが，同時に $H_0: \rho = .4$ をも棄却しません。したがって，いずれの母集団相関係数の値も $r = .2$ という結果と整合的であるということになります。それでは，$r = .2$ という結果と整合的な ρ の値はどの区間の値でしょうか。ここまで述べてきたことからわかるように，その下限値 ρ_L は，$r = .2$ を上側の棄却の限界値とする母集団値であり，上限値 ρ_U は $r = .2$ を下側の棄却の限界値とする母集団値です。その2つの値の間の ρ の値に対しては $r = .2$ は棄却域には入らず，その意味でそれらの母集団値と整合的であるということになります。

図5-5には，ρ のすべての値に対して，有意水準 .05 の両側検定における上下の棄却の限界値を求め，それを一対の曲線で示してありますが，その曲線だけを取り出したのが図5-6です。この図を用いて上で述べたことを一般的に表現すると次のようになります。いま $r = r_0$ という相関係数が得られたとします。この値を上側の棄却の限界値とする母集団値は，$r = r_0$ を通る垂線と上側確率 .025 の

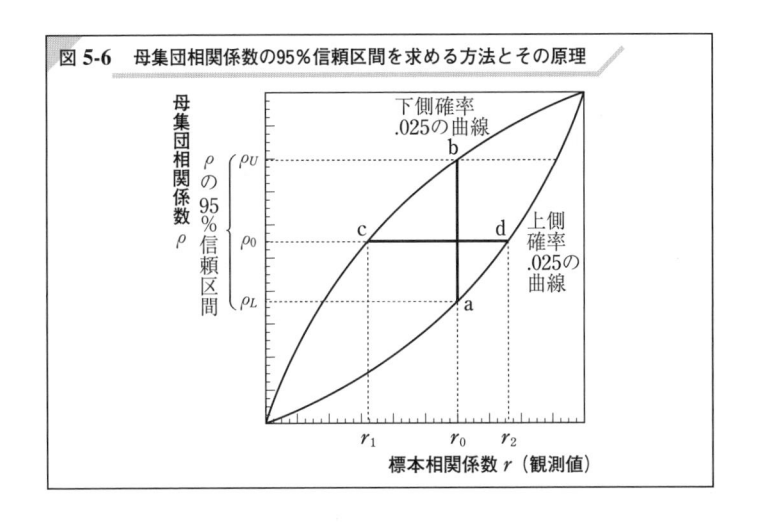

図5-6 母集団相関係数の95%信頼区間を求める方法とその原理

曲線との交点 a に対応する値 ρ_L です。また，$r = r_0$ を下側の棄却の限界値とする母集団値は，下側確率 .025 の曲線との交点 b に対応する値 ρ_U です。そして，この 2 つの母集団値で構成される区間

$$\rho_L < \rho < \rho_U \tag{5.10}$$

が，$r = r_0$ という結果と整合的な母集団相関係数の値の集合ということになります。以下に説明するように，この区間が，母集団相関係数 ρ の 95% 信頼区間となります。

いま母集団相関係数の値が ρ_0 であるとします。このとき標本相関係数 r の値は，確率 .95 で図 5-6 の線分 cd に対応する区間，すなわち (r_1, r_2) に含まれます。一方，図からわかるように，r が区間 (r_1, r_2) に含まれるならば，その r に対応して上記の方法で求められる区間 (ρ_L, ρ_U) は母集団相関係数 ρ_0 を含み，r が区間 (r_1, r_2) に含まれないならば，区間 (ρ_L, ρ_U) は ρ_0 を含みません。したがって，真の母集団相関係数 ρ_0 を固定したとき，

$$Prob(\rho_L < \rho_0 < \rho_U) = Prob(r_1 < r < r_2) = .95 \tag{5.11}$$

となり，確率的に変動する r に伴って確率的に変動する区間 (ρ_L, ρ_U) が母集団相関係数を含む確率は .95 ということになります。一般に，有意水準 α の両側検定の棄却の限界値を用いて構成される信頼区間は，$100(1-\alpha)$% 信頼区間となります。

信頼区間の算出 標本相関係数 r から，母集団相関係数 ρ の 95% 信頼区間の下限値 ρ_L および上限値 ρ_U をフィッシャーの Z 変換を用いて求める式は以下のようになります。まず，標本相関係数 r を上側の棄却の限界値とする母集団相関係数 ρ_L については，それぞれにフィッシャーの Z 変換を適用した値の間に

$$\tanh^{-1} r = \tanh^{-1} \rho_L + 1.96/\sqrt{N-3}$$

という関係が成り立ちます。ここで 1.96 という定数は付表 1 から得られる標準正規分布の上側確率 .025 の値であり，$1/\sqrt{N-3}$ は r を Z 変換した変数の標準偏差です。この式を適宜移項すると，

$$\tanh^{-1} \rho_L = \tanh^{-1} r - 1.96/\sqrt{N-3}$$

となります。ここで両辺にフィッシャーの Z 変換の逆変換にあたる双曲線正接変換

$$\tanh Z = (e^{2Z} - 1)/(e^{2Z} + 1) \tag{5.12}$$

を適用すると，ρ の 95% 信頼区間の下限値 ρ_L が

$$\rho_L = \tanh\left(\tanh^{-1} r - 1.96/\sqrt{N-3}\right) \tag{5.13}$$

によって与えられます。同様に上限値 ρ_U は

$$\rho_U = \tanh\left(\tanh^{-1} r + 1.96/\sqrt{N-3}\right) \tag{5.14}$$

となります[10]。この計算は関数電卓で簡単にできます。

先の逸脱行動データにおける $r = .60\ (N=20)$ という結果から，上記の式を用いて，母集団相関係数の 95% 信頼区間の限界値を求めてみると，

$$\rho_L = \tanh\left(\tanh^{-1} .60 - 1.96/\sqrt{20-3}\right) = .21$$
$$\rho_U = \tanh\left(\tanh^{-1} .60 + 1.96/\sqrt{20-3}\right) = .82$$

---

[10] 任意の有意水準 α に対して ρ の $100(1-\alpha)$% 信頼区間を求めるには，付表 1 を用いて標準正規分布の上側確率 $\alpha/2$ に対応する値を求め，それをこれらの式の 1.96 のところに代入します。

となり，信頼区間が (.21, .82) となります。この $r = .60$ という相関値が有意水準 .05 の両側検定で有意であったという先の結果から，$\rho = 0$ という母集団値がこの標本値と整合的でないことだけはわかっていましたが，いまの信頼区間の算出によって，$.21 < \rho < .82$ という広い範囲の母集団値が，得られた結果と整合的であること，つまり $N = 20$ 程度では，母集団相関についてかなり不確かな情報しか得られないということがわかります。このように信頼区間は，帰無仮説の検定だけでは得られない知見を提供してくれます。なお，いまの例の結果を論文等で報告するときは，$r = .60\ (95\%\ CI: .21, .82)$ のように記述します。ここで，"CI" は信頼区間をあらわす英語 confidence interval の略です。

付図 2 は，いろいろなサンプルサイズに対して，図 5-6 と同じ方法で相関係数の標本分布の上側および下側確率 .025 に対応する曲線を描いたものであり，(5.13) 式および (5.14) 式によって与えられる母集団相関係数 ρ の 95% 信頼区間の限界値をグラフから読み取るのに利用できます。具体的には，得られた相関係数 r の値を横軸にとり，そこから引いた垂線と用いたサンプルサイズに対応する曲線とが交わる点の縦座標を読み取れば，それが ρ の 95% 信頼区間の上下の限界値となります。

信頼区間を利用したサンプルサイズの決定

付図 2 をみると，サンプルサイズが大きいほど信頼区間の幅が狭くなり，より精度の高い区間推定が可能になることがわかります。この関係を利用すれば，標準誤差の場合と同様に，信頼区間の幅をどの程度に抑えたいかをあらかじめ定め，その幅を実現するために必要なサンプルサイズを決めることができます。付表 5 はその目的のために作成したもので（南風原，1986），サンプルで予想される相関係数の値を表の左欄にとり，望まれる 95% 信頼区間の幅（上

限値と下限値の差）を表の上欄にとって，必要なサンプルサイズを読み取ります。たとえば，$r = .3$ 程度の相関係数が予想されるとき，母集団相関係数の 95% 信頼区間の幅を .2 程度に抑えたいとしたら，$N = 320$ 程度のサンプルが必要になります。なお，相関係数の値の予想がまったくつかないときには，$r = 0$ として表を利用すれば，実際に必要なサンプルサイズの上限を知ることができます。

◉キーワード

推定，検定，点推定，区間推定，推定量，推定値，不偏推定量，不偏分散，最尤法，最尤推定法，尤度関数，尤度，最小2乗法，標本誤差，標準誤差，帰無仮説，検定統計量，帰無分布，棄却域，棄却の限界値，有意，仮説検定，有意性検定，両側検定，片側検定，有意水準，p 値，限界水準，有意確率，t 分布，検定力，検出力，第1種の誤り，第2種の誤り，危険率，ネイマン=ピアソン理論，対立仮説，検定力分析，信頼水準，信頼係数，信頼区間

第6章 平均値差と連関に関する推測

　この章では,はじめに,2群の平均値差に関する検定と推定の方法について解説します。2群の比較は,調査研究においても実験研究においても基本的なものです。たとえば調査研究においては,量的変数に関して性別などの属性の異なる群の間で平均を比較することがよくあります。また実験研究の場合は,被験者を異なる実験条件に割り当て,その条件群間で量的な従属変数に関する平均を比較します。それぞれ,「性」および「実験条件」といった質的な変数が独立変数となり,平均を計算することのできる量的変数が従属変数となります。なお,心理学の研究では,独立変数だけでなく従属変数も質的変数である場合があります。この場合は比率の群間比較,あるいは2つの質的変数の間の連関を分析するという形をとります。このタイプの分析については,4節および5節で取り上げることにします。

1 独立な2群の平均値差の検定

　確率モデル　　いま,従属変数を y とあらわすことにします。2つの群の間でこの従属変数 y の平均を比較する統計的推測では,データ発生の確率モデル,すなわち y の母集団分布として,それぞれの群ごとに正規分布を仮定するのが一般的です。そして,各群の母集団分布の分散については,それらが互いに等しいという仮定をおきます。つまり,第1群および第2

群の母集団平均を μ_1 および μ_2 とし,共通の分散を σ^2 としたとき,それぞれの群の母集団分布として $N(\mu_1, \sigma^2)$ および $N(\mu_2, \sigma^2)$ を仮定します。

2つの群の間で母集団分散を等しいと仮定するのは,実際の母集団においてそうであるケースが多いからというのではなく,検定や推定の方法を数学的に導くための便宜上,そう仮定されるだけです。ただし,本章で述べる2群の平均値差の分析法,およびそれを拡張した3群以上の平均値差の分析法(第9章で述べる分散分析)は,特に各群の被験者数が大きく異ならない場合,母集団分散の等質性というこの仮定に関してかなり頑健であることがわかっています。つまり,この仮定が満たされていなくても,分析結果が大きく歪むことはないということです[1]。

本節ではさらに,各群のデータが互いに独立であることを仮定します。具体的には,各群ごとのサンプリングがそれぞれ独立に行われること,あるいは,まとめてサンプリングした被験者がランダムに群分けされることが仮定されます。この仮定が成り立たないのは,3節で述べるように,被験者を群分けする際に,あらかじめ何らかの仕方で対にした被験者を,それぞれの対ごとに1人は第1群に,そしてその対のもう1人は第2群に割り当てるという方法を用いるような場合です。このような群分けは実験の精度を高める目的でなされるのですが,このようにして構成される群は「対応のある群」とよばれ,本節で仮定する**独立な群**(independent groups)とは,その分析方法も異なってきます(3節参照)。

---

[1] 母集団分散の等質性の仮定が満たされない場合の近似的な方法も開発されており,統計解析用のソフトウェアにはそうした方法も組み込まれています。これらのソフトウェアでは,2つの母集団の分散が等しいという帰無仮説の検定を先に行い,その帰無仮説が棄却されなければ本章で解説する通常の方法を用い,棄却されれば近似的な方法を用いる,というのが一般的な手順です。

1 独立な2群の平均値差の検定

平均値差の標本分布

母集団における従属変数 y の平均値差 $\mu_1 - \mu_2$ に関する検定や推定には,当然,y の標本平均の差 $\bar{y}_1 - \bar{y}_2$ が利用されます。前項で述べた仮定のもとで,各群の標本平均の標本分布は,第4章の3節で述べたように正規分布となりますが,各群のデータが互いに独立な場合には,その差 $\bar{y}_1 - \bar{y}_2$ の標本分布もまた正規分布となることが知られており,その平均と分散は,それぞれ

$$\mu_{\bar{y}_1 - \bar{y}_2} = \mu_{\bar{y}_1} - \mu_{\bar{y}_2}$$
$$= \mu_1 - \mu_2 \qquad (6.1)$$

$$\sigma^2_{\bar{y}_1 - \bar{y}_2} = \sigma^2_{\bar{y}_1} + \sigma^2_{\bar{y}_2}$$
$$= \frac{\sigma^2}{n_1} + \frac{\sigma^2}{n_2}$$
$$= \sigma^2 \left(\frac{1}{n_1} + \frac{1}{n_2} \right) \qquad (6.2)$$

となります((4.14)式および(4.15)式参照)。ただし,n_1 および n_2 は各群のサンプルサイズです。

正規分布を用いた近似的な検定

2群間の平均値差の検定における帰無仮説は,2群の母集団平均が等しいというもの,すなわち

$$H_0 : \mu_1 = \mu_2 \qquad (6.3)$$

です。

この帰無仮説が正しいときの,標本平均の差 $\bar{y}_1 - \bar{y}_2$ の標本分布,すなわち帰無分布は,(6.1)式および(6.2)式より,平均がゼロで,分散が(6.2)式で与えられる正規分布 $N(0, \sigma^2_{\bar{y}_1 - \bar{y}_2})$ となります(図6-1)。したがって,原理的には,この分布の上側確率 .025 に対応する値と下側確率 .025 に対応する値を求めれば,それらが,有意水準

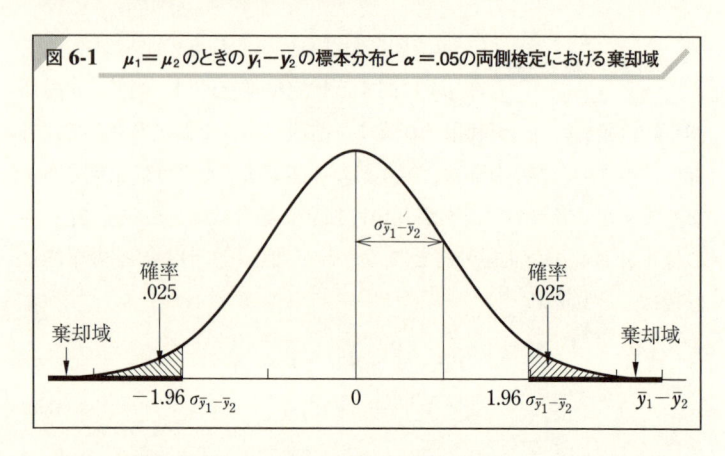

図 6-1 $\mu_1 = \mu_2$ のときの $\bar{y}_1 - \bar{y}_2$ の標本分布と $\alpha = .05$ の両側検定における棄却域

確率 .025 / 確率 .025
棄却域 / 棄却域
$-1.96\, \sigma_{\bar{y}_1 - \bar{y}_2}$　0　$1.96\, \sigma_{\bar{y}_1 - \bar{y}_2}$　$\bar{y}_1 - \bar{y}_2$

$\alpha = .05$ の両側検定における棄却の限界値を与えることになります。

付表2より,標準正規分布における上側確率 .025 に対応する値は 1.96 であることがわかります。したがって,図 6-1 に示したように,正規分布 $N(0, \sigma^2_{\bar{y}_1 - \bar{y}_2})$ における上側および下側確率 .025 の値,すなわち棄却の限界値は $\pm 1.96\, \sigma_{\bar{y}_1 - \bar{y}_2}$ ということになるはずです。

しかし,この限界値の式に含まれる標本平均値差の標本分布の標準偏差,すなわち標本平均値差の標準誤差 $\sigma_{\bar{y}_1 - \bar{y}_2}$ は,(6.2) 式からわかるように未知の母集団標準偏差 σ を含んでいるため,この限界値をこのまま検定に利用することはできません。通常,母集団標準偏差 σ の推定量としては,

$$s^* = \sqrt{\frac{n_1 s_1^2 + n_2 s_2^2}{n_1 + n_2 - 2}} \tag{6.4}$$

によって定義される統計量が用いられます。この式の右辺の平方根の中は,2群の標本分散 s_1^2, s_2^2 をそれぞれのサンプルサイズ n_1, n_2 で重み付けた平均の形となっています。通常の重み付き平均なら,分母は $n_1 + n_2$ となりますが,ここでは $n_1 + n_2 - 2$ となっています。その理由は,そうすることによって,(6.4) 式の平方根の中の統計

1 独立な2群の平均値差の検定

量が,両群の母集団に共通と仮定している分散 σ^2 の不偏推定量になるからです。すなわち,

$$E(s^{*2}) = \sigma^2 \tag{6.5}$$

となるのです。ここでは,(6.4)式で与えられる統計量を,「群内の標準偏差の推定量」とよんでおきます。この群内の標準偏差の推定量 s^* によって (6.2) 式の σ を置き換えると,平均値差の標準誤差の推定量

$$s_{\bar{y}_1 - \bar{y}_2} = s^* \sqrt{\frac{1}{n_1} + \frac{1}{n_2}} \tag{6.6}$$

が得られます[2]。

サンプルサイズが十分大きいときは,この式で得られる推定値を $\sigma_{\bar{y}_1 - \bar{y}_2}$ の代わりに用いて棄却の限界値を近似的に計算することができます。たとえば,有意水準 .05 の両側検定における棄却の限界値は,近似的に $\pm 1.96\, s_{\bar{y}_1 - \bar{y}_2}$ となります。

このように,平均値差の標準誤差の推定値を用いれば,正規分布を用いて近似的な検定を行うことができますが,次に述べるように,正規分布の代わりに第5章で紹介した t 分布を利用すれば,標準誤差の推定値を用いても正確な検定を行うことができます。

t 分布を用いた正確な検定

前項で説明した近似的な方法は,結局のところ,標本平均値差 $\bar{y}_1 - \bar{y}_2$ をその標準誤差の推定量 $s_{\bar{y}_1 - \bar{y}_2}$ で割った比

$$t = \frac{\bar{y}_1 - \bar{y}_2}{s_{\bar{y}_1 - \bar{y}_2}} \tag{6.7}$$

---

[2] 第5章の1節の表記法にしたがえば,この推定量は $\hat{\sigma}_{\bar{y}_1 - \bar{y}_2}$ と書くことになりますが,このあとの (6.7) 式などを見やすくするために,ここで示した表記を用いることとしました。

が，帰無仮説のもとで，近似的に標準正規分布にしたがうことを利用したものです。平均値差 $\bar{y}_1 - \bar{y}_2$ に対する棄却の限界値を $\pm 1.96 \, s_{\bar{y}_1 - \bar{y}_2}$ とするということは，この比に対して，± 1.96 という限界値を設定していることにほかなりません。

一方，この比の正確な標本分布は，自由度 $n_1 + n_2 - 2$ の t 分布となることが知られています。したがって，正規分布の代わりに付表4に示された t 分布の上側確率値を用いることによって，平均値差の正確な検定ができるわけです。(6.7) 式の t を検定統計量とし，その値を t 分布に照らして行う平均値差の検定を t **検定** (t test) とよびます。3節で述べる対応のある2群のための t 検定との区別を明確にするために，「独立な2群の t 検定」とよぶこともあります。

例として，第2章の表2-1および表2-2の逸脱行動データについて，小6から中2への変化量を従属変数とし，男子を第1群，女子を第2群として，その平均値差の検定をしてみましょう。まず，サンプルでの平均値差は

$$\bar{y}_1 - \bar{y}_2 = 1.95 - 4.55 = -2.60$$

です。そして，サンプルサイズが $n_1 = n_2 = 20$ なので，(6.4) 式で与えられる群内の標準偏差の推定値は，

$$s^* = \sqrt{\frac{20 \times 11.95 + 20 \times 9.75}{20 + 20 - 2}} = 3.38$$

となります。この値を用いると，平均値差の標準誤差の推定値は

$$s_{\bar{y}_1 - \bar{y}_2} = 3.38 \times \sqrt{\frac{1}{20} + \frac{1}{20}} = 1.07$$

となり，その結果，(6.7) 式によって検定統計量 t の値が

$$t = \frac{-2.60}{1.07} = -2.43$$

と求められます。この値の絶対値は付表 4 に示された自由度 $20 + 20 - 2 = 38$ の t 分布の上側確率 .025 に対応する値 2.024 より大きいので,有意水準 .05 の両側検定で帰無仮説は棄却され,統計的に有意な差があったことになります(後出の図 6-2 参照)。前項の近似的な方法であれば,t 値に対する棄却の限界値は ± 1.96 ですから,t 分布による正確な値(± 2.024)に比べ,やや甘い基準となることがわかります。

> **t 統計量の成り立ち**

検定統計量 t をあらわす (6.7) 式の分母に (6.6) 式を代入すると,

$$t = \frac{\bar{y}_1 - \bar{y}_2}{s^* \sqrt{1/n_1 + 1/n_2}}$$

$$= d \times \sqrt{\frac{n_1 \, n_2}{n_1 + n_2}} \tag{6.8}$$

と書くことができます。ただし,この最右辺の d は,2 群の標本平均の差を群内の標準偏差の推定量で割った統計量

$$d = \frac{\bar{y}_1 - \bar{y}_2}{s^*} \tag{6.9}$$

で,群内の標準偏差の推定値を単位として,2 群間の平均値差の大きさを表現したものです。この d にかかっている $\sqrt{n_1 n_2/(n_1 + n_2)}$ は,もしサンプルサイズが $n_1 = n_2 = n$ と等しければ $\sqrt{n/2}$ となることからもわかるように,サンプルサイズが大きいほど大きな値となります。したがって,ここでも,第 5 章の 2 節でみた

検定統計量 = 効果の大きさ × 標本の大きさ

という関係が成り立っていることがわかります。

(6.9) 式の d は,この一般式における「効果の大きさ」の一種ですが,その代表格であることから,この統計量そのものを**効果量**(effect size）とよぶことがあります。また，記述的により正確に**標準化された平均値差**（standardized mean difference）とよぶこともあります。効果量は複数の研究結果を統合するための統計的方法である**メタ分析**（meta-analysis）において，特定の従属変数の単位に依存しない平均値差の指標として重要な役割を担っていますが（芝・南風原，1990），個々の研究結果の解釈においても，もっと利用されてよい指標です。

効果量を用いた検定

検定統計量が（6.8）式のように書けるということは，サンプルサイズが与えられていれば，相関係数の検定の場合と同様に，効果量 d の値の大小によって簡単に検定ができるということを意味しています。付表6は，2群のサンプルサイズが等しい場合について，効果量 d を検定統計量としたときの棄却の限界値を示したものです。

たとえば，先の数値例の場合，平均値差が -2.60 で，群内の標準偏差の推定値が 3.38 だったので，効果量の値は

$$d = \frac{-2.60}{3.38} = -0.77$$

となります。サンプルサイズは各群 20 ずつでしたから，付表6の中央の欄より，d の絶対値が 0.640 を超えれば，有意水準 .05 の両側検定で有意となることがわかります。いま得られた値はこれを超えますから，統計的に有意であることになります。

検定力とサンプルサイズ

2群の平均値差の検定の検定力，すなわち有意差が得られる確率は，基本的に，母集団における効果量

$$\delta = \frac{\mu_1 - \mu_2}{\sigma} \quad (6.10)$$

とサンプルサイズによって規定されます。

帰無仮説が正しいとき，すなわち δ がゼロのときの t の分布は，図 6-2 の $\delta = 0$ のグラフのように，ゼロを中心とした左右対称の分布となります。それに対し，帰無仮説が正しくないとき，すなわち δ がゼロでないときは，図 6-2 の $\delta = 0.5$ のグラフのように，δ の値を反映して位置が正または負の方向にずれた分布となります[3]。このような $\delta \neq 0$ のときの t の分布は，特に**非心 t 分布**（noncentral t distribution）とよばれます。

検定力を計算するには，図 6-2 に示したように，母集団効果量 δ の値とサンプルサイズに応じて定まる非心 t 分布のもとで，t が棄却域に入る確率を計算することが必要です。このような非心 t 分布のもとでの確率計算はやや複雑になります。そこで，付図 3 に，相関係数の場合と同様に，δ のさまざまな値に対して検定力を計算したものをグラフで示しておきました。ただし，煩雑さを避けるために，両群のサンプルサイズは等しいものと仮定しています。また，有意水準 .05 の両側検定を仮定しています。この図から，たとえば，各

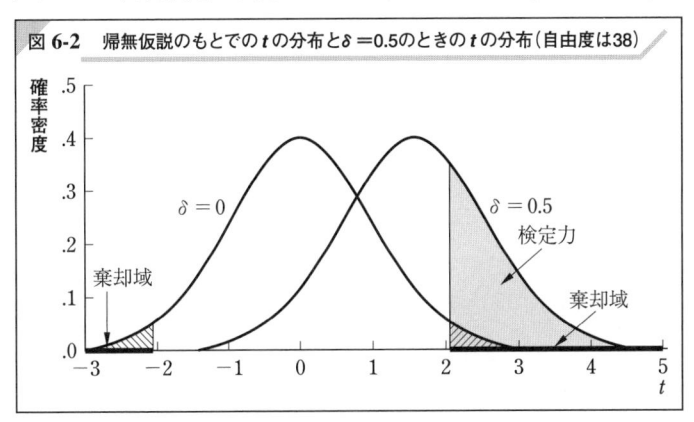

図 6-2　帰無仮説のもとでの t の分布と $\delta = 0.5$ のときの t の分布（自由度は38）

---

[3] δ がゼロでないときは，位置がずれるだけでなく，形もやや歪み，標準偏差はやや大きくなります。

群のサンプルサイズが 20 ずつであるとき，母集団効果量 δ が 1 程度あれば，約 87% の確率でそれを検出することができること，δ が 0.5 程度だと，検定力は約 34% となり，有意にならない確率のほうが高くなることなどがわかります。

この図を利用すれば，任意の大きさの δ を想定したときに，それを十分な検定力で検出するのに必要なサンプルサイズを求めることができます。ただし，何らかの理由で 2 群のサンプルサイズが同じにならないときは，少し注意が必要です。証明は省略しますが，2 群のサンプルサイズの合計 $N = n_1 + n_2$ が一定であれば，付図 3 で仮定しているようにそれを各群に均等に配分したとき，すなわち $n_1 = n_2 = N/2$ のときに検定力は最大になります。したがって，たとえば，$n_1 = 25$, $n_2 = 15$ のときの検定力は，合計のサンプルサイズ N が同じでも，$n_1 = n_2 = 20$ のときに比べるとやや低くなります。この場合は，付図 3 から，$n_1 = n_2 = 20$ のときの検定力と，小さいほうのサンプルサイズを両群に仮定した $n_1 = n_2 = 15$ のときの検定力を求め，実際の検定力はその間の値になると考えればよいでしょう。研究に用いるサンプルサイズの目安を知るための検定力の計算は，この程度の粗さでも十分役に立ちます[4]。

---

4) 検定力の正確な計算のためには，たとえば，GPOWER とよばれるフリーソフトウェア（Erdfelder, Faul, & Buchner, 1996）が利用できます。このプログラムは，平均値差の検定だけでなく，相関係数の検定や，本書でこの後紹介するさまざまな検定法にも対応しています。

2 平均値差および効果量の区間推定

平均値差の区間推定　母集団平均値差の区間推定においても，検定の場合と同様に各群のデータの母集団分布として，平均がそれぞれ μ_1, μ_2 で，分散が共通の値 σ^2 である正規分布を仮定します。そして，この仮定のもとで

$$t = \frac{(\bar{y}_1 - \bar{y}_2) - (\mu_1 - \mu_2)}{s_{\bar{y}_1 - \bar{y}_2}} \tag{6.11}$$

が，自由度 $n_1 + n_2 - 2$ の t 分布にしたがうことを利用します[5]。

いま母集団平均値差 $\mu_1 - \mu_2$ を Δ（デルタの大文字）とあらわし，自由度 $n_1 + n_2 - 2$ の t 分布の上側確率 .025 の値を t_c としましょう。このとき，特定の Δ の値を母集団平均値差とする帰無仮説を考えると，有意水準 .05 でのその仮説の両側検定は，前節で述べた $H_0: \mu_1 = \mu_2$ の検定と同じく，その Δ の値を上式の $\mu_1 - \mu_2$ に代入して得られる t 値の絶対値が t_c を超えるかどうかという判断になります。つまり，t の絶対値が t_c を超えれば，母集団平均値差が Δ に等しいという帰無仮説は棄却され，超えなければ棄却されないことになります。

すると，有意水準 $\alpha = .05$ の両側検定で棄却されない Δ の値，言い換えれば，実際に得られたデータと整合的な Δ の値は次式の関係を満たす値であることがわかります。

$$|t| = \frac{|(\bar{y}_1 - \bar{y}_2) - \Delta|}{s_{\bar{y}_1 - \bar{y}_2}} < t_c \tag{6.12}$$

---

[5] 前節で検定に利用した (6.7) 式の t は，この式において $\mu_1 = \mu_2$ としたものです。

そのような Δ の値の下限を Δ_L, 上限を Δ_U とすると, それぞれの値は

$$\Delta_L = (\bar{y}_1 - \bar{y}_2) - t_c \times s_{\bar{y}_1 - \bar{y}_2} \quad (6.13)$$
$$\Delta_U = (\bar{y}_1 - \bar{y}_2) + t_c \times s_{\bar{y}_1 - \bar{y}_2} \quad (6.14)$$

となります。相関係数の場合と同様に, これらの限界値によって構成される区間が母集団平均値差の 95% 信頼区間となります。

この区間 (Δ_L, Δ_U) は実際にどういうデータが得られるかによって確率的に変動しますが, その区間が母集団平均値差を含む確率が .95 となることは, 次のように示されます。いま母集団平均値差 $\mu_1 - \mu_2$ を固定して考えれば, t_c の定義より

$$Prob(-t_c < \frac{(\bar{y}_1 - \bar{y}_2) - (\mu_1 - \mu_2)}{s_{\bar{y}_1 - \bar{y}_2}} < t_c) = .95 \quad (6.15)$$

となります。これを変形して (6.13) 式および (6.14) 式に注意すれば,

$$Prob(\Delta_L < \mu_1 - \mu_2 < \Delta_U) = .95 \quad (6.16)$$

となることが容易に導けます。

効果量の区間推定　ところで, 前章で解説した母集団相関係数 ρ に関する統計的推測が, それに対応する標本統計量 r のみを用いて行うことができたのに対し, 母集団平均値差 $\mu_1 - \mu_2$ に関する推測には, それに対応する標本統計量 $\bar{y}_1 - \bar{y}_2$ 以外に各群の標準偏差が必要となります。そのため, ρ の区間推定のための付図 2 のように, 母集団平均値差と標本平均値差を直接対応させて, 帰無仮説の棄却の限界値と信頼区間の限界値を関連づける図を作成することはできません。

これに対し, (6.10) 式で定義される母集団効果量 δ については, 前節でみたように, 各群のサンプルサイズが与えられれば, あとは

標本効果量 d のみによって検定を行うことができます。ということは，その情報だけで区間推定を行うこともでき，相関係数の場合と同様の原理で信頼区間を求めるための図を作成することができるということです。

付図 4 は 2 群のサンプルサイズが等しい場合について，母集団における δ の値ごとに，d の標本分布の上側および下側確率 .025 に対応する値をプロットした曲線を示したものであり，δ の 95% 信頼区間の算出に利用することができるものです。たとえば，先の例では，$n_1 = n_2 = 20$ のサンプルで $d = -0.77$ という値が得られました。その値を付図 4 の横軸にとり，その点を通る垂線と対応する曲線との交点の縦座標を読みとると，およそ -1.4 および -0.1 という値が得られます。したがって，δ の 95% 信頼区間はおよそ $(-1.4, -0.1)$ となることがわかります。

各群のサンプルサイズが異なる場合など，δ の信頼区間を図表を利用せずに求める必要があるときは，以下のような近似計算を用いることができます。2 群の母集団分布として分散の等しい正規分布を仮定したとき，標本値 d の標準誤差の推定値は

$$s_d = \sqrt{\frac{n_1 + n_2}{n_1 n_2} + \frac{d^2}{2(n_1 + n_2 - 2)}} \qquad (6.17)$$

で求めることができます。さらに，サンプルサイズがある程度大きいとき（たとえば各群とも 10 以上のとき）に d の標本分布が正規分布で近似できることを利用すると，母集団における効果量 δ の 95% 信頼区間を

$$(d - 1.96\, s_d,\ d + 1.96\, s_d) \qquad (6.18)$$

によって求めることができます。

たとえば上の例の場合，d の標準誤差の推定値は

$$s_d = \sqrt{\frac{20+20}{20 \times 20} + \frac{(-0.77)^2}{2(20+20-2)}} = 0.33$$

となります。これと $d = -0.77$ という値を (6.18) 式に代入すれば,母集団値 δ の近似的な 95% 信頼区間が

$$(-0.77 - 1.96 \times 0.33,\ -0.77 + 1.96 \times 0.33)$$

すなわち, $(-1.42, -0.12)$ と求められます。

いま得られた $-1.42 < \delta < -0.12$ という区間は, 有意水準 .05 の両側検定において, データによって棄却されない δ の値の集合をあらわしています。たとえば, $\delta = 0$ という帰無仮説 (これは $\mu_1 = \mu_2$ という帰無仮説と同じ) は, 上記の範囲が 0 を含んでいないことから, データによって棄却されることがわかります。このこと自体は信頼区間を求めなくても, 検定さえすればわかることですが, 信頼区間を算出することによって, $-1.42 < \delta < -0.12$ という比較的広い範囲の値がデータと整合的であることを知ることができます。

| 信頼区間を利用したサンプルサイズの決定 |

付表7は, 上記の近似計算を用いて, 母集団における効果量 δ の 95% 信頼区間の幅 (上限値と下限値の差) を所与の大きさ以下に抑えるのに必要なサンプルサイズを求めたものです。ただし, この表では各群のサンプルサイズが等しいことを仮定しています。たとえば $d = 0.8$ 程度の値が予想されるとき, 95% 信頼区間の幅を 0.5 以下に抑えたいとしたら, 各群のサンプルサイズを 133 以上とすればよいことがわかります。群によってサンプルサイズが異なる場合は, 小さいほうの群のサンプルサイズがこの表で得られる大きさ以上であれば, 信頼区間の幅は指定した大きさ以下となります。なお, 必要とされるサンプルサイズは予想される d の値が大きいほど大きくなるので, この表を利用してサンプルサイズを決める場合, 予想

3 対応のある2群の平均値差の検定と推定

される d の値を大きめに予想しておくほうが安全です。

| 独立な群と対応のある群 |

前節まで述べた独立な2群の平均を比較する方法は，実験における群分けの手続きも簡単で，統計的にも標本平均の差が母集団平均の差の不偏推定量となるなど，良い性質をもっています（(6.1)式参照）。しかし，平均値差に関する検定力や信頼区間の幅という基準，すなわち平均の比較の精度という観点からは，以下に述べるように，この方法が最善とは言えません。

実験において被験者を完全にランダムに2群に分ける場合，その結果として，かなり偏った群分けになる可能性もあります。たとえば，従属変数 y が何らかの認知的な課題の成績であるとき，ランダムな群分けによって，知的水準の高い被験者が第1群に多めに割り当てられたら，標本平均の差 $\bar{y}_1 - \bar{y}_2$ は，母集団平均の差 $\mu_1 - \mu_2$ を過大推定してしまうことになります。逆に，知的水準の高い被験者が第2群に多めに割り当てられた場合は，標本平均の差は母集団平均の差を過小推定してしまうことになります。

ここで，たとえば知能検査の得点や学校での教科の成績など，従属変数と高い相関をもつ変数について全被験者のデータが利用できるとしましょう。その場合，その変数の値によって被験者を順位づけ，順位が1位と2位の被験者で対をつくり，3位と4位の被験者で対をつくり，… というようにして，被験者を対にしたとします。そして，それぞれの対ごとに1人は第1群に，そしてもう1人は第2群にランダムに被験者を割り当てるとします。そうすると，まっ

たくランダムに群分けした場合に比べ、2つの群の知的水準はかなり近いものになるはずです。もちろん、2つの群の知的水準を完全に同じにすることはできませんし、対ごとに2つの群にランダムに被験者を割り当てることに伴う標本平均値差 $\bar{y}_1 - \bar{y}_2$ の偶然変動をゼロにすることもできませんが、その標準誤差 $\sigma_{\bar{y}_1 - \bar{y}_2}$ はかなり小さくなるはずです。そして、その分、母集団に存在する平均値差が正確に標本平均値差に反映されることになり、結果として、母集団平均値差を検出する確率である検定力は大きくなることが期待されます。それと同時に、標準誤差の大きさによって規定される信頼区間の幅も小さくなることが期待されます。

このような対づくりを被験者の**マッチング**とよび、マッチングによって作られる被験者の対を**ブロック**とよびます。そして、このような方法で作られる2つの群を**対応のある群**（dependent groups）とよびます。マッチングによって標本平均値差の標準誤差が小さくなる程度は、後に「平均値差の標本分布」の項で示すように、従属変数に関する対間の相関によって決まります。マッチングが有効に機能すればその相関が正の高い値を示し、その分、平均値差の標準誤差は小さくなります。一方、もし従属変数に関する対間の相関がほとんどなかったとしたら、データとしては独立な2群の場合と何ら変わらず、対応のあるデータとして分析することの利点がありません。それどころか、実質上独立である2群のデータを、対応のあるデータとして分析すると、かえって検定力が低くなったり、信頼区間の幅が大きくなったりすることもあります。

対応のある群のバリエーション

対応のある群は、たとえば双生児の対や夫婦をブロックとして、各ブロックごとに2つの群にランダムに被験者を割り当てる場合のように、自然にマッチングされた被験者を用いて構成されるこ

ともあります。

対応のある群のもうひとつのバリエーションは,個々の被験者自身がブロックとなるケースです。つまり,同一の被験者に対して,2つの異なる実験条件下で従属変数の測定をし,各条件下での平均を比較するという場合です。このとき,実際には被験者の群は1つですが,データ分析では,各被験者をブロックとした,対応のある2群のデータとして取り扱います。

こうした実験デザインに関する事柄については,第9章であらためてくわしく述べることとし,次項以降では,対応のある2群のデータを用いて母集団における平均値差に関する検定と推定を行う方法について解説することにします。

> **平均値差の標本分布**

表6-1は,第1章の表1-1で示した逸脱行動データのうち男子の部分だけを取り出し,このあと利用する統計量の値とともに示したものです。この表では,小6のときの逸脱行動得点と中2のときの逸脱行動得点が,同じ被験者についての2つの条件(測定時期)のもとでのデータとして示されています。したがって,この場合,小6のときと中2のときの逸脱行動得点の平均を比較する問題は,対応のある2群における平均の比較の問題ということになります。

表6-1には,小6から中2にかけての逸脱行動得点の変化量も示されています。第2章で述べたように,この変化量の平均については,「変化量の平均 = 中2のときの平均 − 小6のときの平均」という関係が成り立ちます。つまり,中2のときの得点を変数 y_1,小6のときの得点を変数 y_2 であらわし,変化量を

$$v = y_1 - y_2 \tag{6.19}$$

とすると,

表 6-1 男子 20 人の小 6 と中 2 のときの逸脱行動得点と変化量

番号	小6	中2	変化量
1	4	8	4
2	9	12	3
3	14	11	-3
4	16	20	4
5	15	16	1
6	14	18	4
7	7	7	0
8	13	19	6
9	18	20	2
10	20	14	-6
11	12	14	2
12	6	12	6
13	10	16	6
14	16	14	-2
15	12	13	1
16	16	17	1
17	13	19	6
18	12	10	-2
19	12	19	7
20	15	14	-1
平均	12.70	14.65	1.95
標準偏差 s'			3.55

$$\bar{v} = \bar{y}_1 - \bar{y}_2 \tag{6.20}$$

となります。より一般的には,対応のある 2 群の場合,標本平均値差 $\bar{y}_1 - \bar{y}_2$ は,各対内の差 v の平均 $\bar{v}$ に等しいということです。したがって,平均値差 $\bar{y}_1 - \bar{y}_2$ の標本分布の問題は,1 つの変数 v の平均の標本分布の問題に帰着することになります。

ここで,対内の差をあらわす変数 v について,それが平均 μ_v,分

散 σ_v^2 の正規分布にしたがうという確率モデル,すなわち

$$v \sim N(\mu_v, \; \sigma_v^2) \tag{6.21}$$

というモデルを考えると,第4章の3節で述べたように,サンプルサイズ N のときの標本平均 $\bar{v}$ の標本分布は

$$\bar{v} \sim N(\mu_v, \; \frac{\sigma_v^2}{N}) \tag{6.22}$$

となります。この分布の分散の平方根

$$\sigma_{\bar{v}} = \frac{\sigma_v}{\sqrt{N}} \tag{6.23}$$

は,標本平均 $\bar{v}$ の(したがって,標本平均値差 $\bar{y}_1 - \bar{y}_2$ の)標準誤差です。

この標準誤差の式の分子,すなわち対内の差 $v = y_1 - y_2$ の標準偏差 σ_v は,

$$\sigma_v = \sqrt{\sigma_1^2 - 2\sigma_{12} + \sigma_2^2} \tag{6.24}$$

となります(第2章の(2.18)式参照)。ここで,σ_1^2 および σ_2^2 は y_1 および y_2 の分散で,σ_{12} は y_1 と y_2 の共分散です。この式から,対応のあるデータ y_1, y_2 の間に高い正の相関があるほど,対内の差 v の標準偏差 σ_v が小さくなり,その結果として平均 $\bar{v} = \bar{y}_1 - \bar{y}_2$ の標準誤差 $\sigma_{\bar{v}}$ が小さくなることがわかります。対応のある2群を用いることによって検定力が高くなるのは,こういうしくみによるのです。

標準誤差の推定量と t 分布の利用

さて,(6.22)式より,標本平均 $\bar{v}$ を標準化した

$$z = \frac{\bar{v} - \mu_v}{\sigma_{\bar{v}}}$$

は標準正規分布にしたがうことになります。ここで、標本平均 $\bar{v}$ の標準誤差 $\sigma_{\bar{v}}$ の推定量として、

$$s_{\bar{v}} = \frac{s'_v}{\sqrt{N}} \tag{6.25}$$

を用いると、上記の z に対応する統計量

$$t = \frac{\bar{v} - \mu_v}{s_{\bar{v}}} \tag{6.26}$$

が、自由度 $N-1$ の t 分布にしたがうことが知られています。ただし、(6.25) 式の右辺の s'_v は、v の不偏分散の平方根です。このことを利用すると、以下のように、対応のある 2 群の平均値差の検定および推定を行うことができます。

帰無仮説の検定

対応のある 2 群の平均値差の検定における帰無仮説は、独立な 2 群の場合と同じく、

$$H_0 : \mu_1 = \mu_2 \tag{6.27}$$

と書くこともできますし、対ごとの差 v に関して、

$$H_0 : \mu_v = 0 \tag{6.28}$$

と書くこともできます。もちろん、両者は同じことを意味しています。

この帰無仮説のもとでは、(6.26) 式にこの帰無仮説を組み込んだ

$$t = \frac{\bar{v}}{s_{\bar{v}}} \tag{6.29}$$

が、自由度 $N-1$ の t 分布にしたがうことになります。したがって、データから計算される (6.29) 式の値を、付表 4 の t 分布の上側確率の値と比べることによって、対応のある 2 群の平均値差の検定ができます。

たとえば、表 6-1 のデータ（$N=20$）については、変化量 v の

平均が $\bar{v} = 1.95$ で不偏分散の平方根が $s'_v = 3.55$ となっています。したがって，(6.25) 式で与えられる v の標本平均の標準誤差の推定値は，

$$s_{\bar{v}} = \frac{3.55}{\sqrt{20}} = 0.79$$

となり，その結果，(6.29) 式によって，検定統計量 t の値が

$$t = \frac{1.95}{0.79} = 2.47$$

となります。この値は付表 4 に示された自由度 $20-1 = 19$ の t 分布の上側確率 .025 に対応する値 2.093 より大きいので，有意水準 .05 の両側検定で帰無仮説は棄却され，男子における逸脱行動得点の小 6 のときの平均と中 2 のときの平均の間に有意な差があったということになります。

| 平均値差の区間推定 |

母集団平均値差 $\mu_1 - \mu_2 (= \mu_v)$ を 2 節と同様に Δ とあらわし，それに対する 95% 信頼区間の下限と上限をそれぞれ Δ_L および Δ_U とします。これらの限界値は，(6.26) 式の統計量 t が自由度 $N-1$ の t 分布にしたがうことを利用すると，2 節と同様の展開によって，

$$\Delta_L = \bar{v} - t_c \times s_{\bar{v}} \quad (6.30)$$
$$\Delta_U = \bar{v} + t_c \times s_{\bar{v}} \quad (6.31)$$

で与えられることが導けます。ただし，t_c は自由度 $N-1$ の t 分布の上側確率 .025 に対応する値で，$s_{\bar{v}}$ は (6.25) 式で求められる標準誤差の推定量です。

たとえば，前項で取り上げた男子の逸脱行動得点の変化量については，$\bar{v} = 1.95$，$s_{\bar{v}} = 0.79$，$t_c = 2.093$ であることから，その変化量の母集団平均の 95% 信頼区間の上下の限界値が，

$$\Delta_L = 1.95 - 2.093 \times 0.79 = 0.30$$
$$\Delta_U = 1.95 + 2.093 \times 0.79 = 3.60$$

となります。すなわち，男子における変化量の母集団平均の 95% 信頼区間は，(0.30, 3.60) となります。

4　2群の比率の差の検定

問題の例　ここまで例として取り上げてきた逸脱行動得点は，第1章で述べたように，20 個の具体的な逸脱行動について，それぞれの行動を最近1か月の間にしたことがあるかどうかを尋ね，「したことがある」と答えた行動の数を数えたものです。ここで，20 個の行動のそれぞれについて，「したことがある」と答える比率を男女の間で比較することを考えてみましょう。

その結果は，たとえば表 6-2 のようにまとめることができます。この表から，逸脱行動 A について，その経験が「ある」と答えた被験者の比率は，

表 6-2　逸脱行動 A の経験に関する回答

	ある	ない	合計
男子	11	9	20
女子	5	15	20
合計	16	24	40

男子 　　$p_1 = \dfrac{11}{20} = .55$

女子 　　$p_2 = \dfrac{5}{20} = .25$

と求められます。本節では，このような質的変数に関する比率の群間差 $p_1 - p_2$ に注目し，その有意性を検定する問題を考えてみます[6]。

独立な 2 群の比率差の標本分布

第 4 章の 2 節で述べたように，一般に比率 p の標本分布は，サンプルサイズ N を試行数とし，母集団比率 π を成功確率とする 2 項分布によって与えられます。そこで示した $N = 5$，$\pi = .6$ の例（図 4-3）からわかるように，この分布は正規分布に近い形をとります。実際，**中心極限定理**（central limit theorem）とよばれる定理により，比率 p の標本分布は，N を大きくしていくにつれて，平均 $\mu_p = \pi$，分散 $\sigma_p^2 = \pi(1-\pi)/N$ の正規分布に限りなく近づくことが知られています。そして，N がある程度以上大きければ（たとえば π が .5 に近いときは $N \geq 10$ 程度あれば），比率 p の標本分布を，正規分布 $N(\pi, \pi(1-\pi)/N)$ で十分正確に近似できることがわかっています。

このことから，独立な 2 群における比率の差 $p_1 - p_2$ の標本分布は，1 節で述べた平均値差の標本分布に準じて，平均と分散がそれぞれ

$$\mu_{p_1 - p_2} = \pi_1 - \pi_2 \tag{6.32}$$

$$\sigma_{p_1 - p_2}^2 = \frac{\pi_1(1 - \pi_1)}{n_1} + \frac{\pi_2(1 - \pi_2)}{n_2} \tag{6.33}$$

の正規分布で近似できることが導かれます。ここで，n_1，n_2 は各群

---

[6] 第 4 章の 3 節でも述べたように，比率は 1-0 型の 2 値変数の平均ですので，比率の差の問題を前節までの平均の差の問題の延長上で考えることは自然なことです。

のサンプルサイズ，π_1, π_2 は各群に対応する母集団における比率をあらわしています。

> 独立な 2 群の比率差の検定

母集団比率 π_1, π_2 について，帰無仮説

$$H_0 : \pi_1 = \pi_2 \qquad (6.34)$$

を検定するには，この帰無仮説のもとでの比率差 $p_1 - p_2$ の標本分布が必要になります。帰無仮説のもとでの $p_1 - p_2$ の標本分布の平均は，(6.32) 式からゼロとなることがわかりますが，(6.33) 式の分散は，(6.34) 式の条件だけでは求まりません。

そこで，帰無仮説のもとでの両群の母集団比率を，2 群合わせた $N (= n_1 + n_2)$ 人のデータにおける比率

$$p = \frac{n_1 p_1 + n_2 p_2}{N} \qquad (6.35)$$

によって推定することを考えます。そして，これを (6.33) 式の π_1 および π_2 の代わりに用いた

$$s_{p_1-p_2}^2 = p(1-p)\left(\frac{1}{n_1} + \frac{1}{n_2}\right) \qquad (6.36)$$

を，帰無仮説のもとでの $p_1 - p_2$ の標本分布の分散とみなすことにします。すると，帰無仮説のもとで，その平方根で与えられる標準誤差の推定量 $s_{p_1-p_2}$ を用いて $p_1 - p_2$ を標準化した

$$\begin{aligned}z &= \frac{p_1 - p_2}{s_{p_1-p_2}} \\ &= \frac{p_1 - p_2}{\sqrt{p(1-p)(1/n_1 + 1/n_2)}}\end{aligned} \qquad (6.37)$$

が近似的に標準正規分布にしたがうことになるので，これを利用して帰無仮説の検定を行うことができます。

たとえば，表 6-2 のデータの場合，全体での「ある」の比率が

$$p = \frac{11+5}{20+20} = \frac{16}{40} = .40$$

となるので，検定統計量 z の値が

$$z = \frac{.55 - .25}{\sqrt{.40\,(1-.40)\,(1/20 + 1/20)}} = 1.94$$

と求められます。この値は，付表 2 に示された標準正規分布の上側確率 .025 に対応する値 1.96 を超えないので，表 6-2 における逸脱行動 A の経験に関する男女の比率の差は，有意水準 .05 の両側検定で有意とはならないことがわかります。

> 対応のある 2 群の比率差の検定

次に，男女こみにした $N = 40$ のサンプルにおいて，逸脱行動 A と逸脱行動 B の経験の有無が表 6-3 のようになったとします。これをみると，「ある」の比率は，逸脱行動 A が $16/40 = .40$ で逸脱行動 B が $22/40 = .55$ となっており，逸脱行動 B のほうが比率が高くなっています。この比率差が統計的に有意かどうかを確かめるにはどうしたらよいでしょうか。

この場合は，同じ被験者群が 2 つの質問に回答していますので，逸脱行動 A に関するデータと逸脱行動 B に関するデータは互いに独立ではなく，3 節で説明したような対応のあるデータとなってい

表6-3 逸脱行動AおよびBの経験に関する回答

逸脱行動 A	逸脱行動 B		合計
	ある	ない	
ある	12	4	16
ない	10	14	24
合計	22	18	40

ることがわかります。3節では，対応のあるデータの間で差をとり，その差の母集団平均がゼロであるという帰無仮説を検定しました。この考え方を表6-3のデータにも適用することを考えてみましょう。もちろん，この場合は数値化された量的なデータではないので，このままでは差をとることも，その差の平均をとることもできませんが，考え方自体は適用可能です。

たとえば，逸脱行動AについてもBについても「ある」と答えた被験者については，その差はゼロとみなすことができます。同様に，逸脱行動AについてもBについても「ない」と答えた被験者についても，その差をゼロとみなします。これに対し，逸脱行動Aについて「ある」と答え，逸脱行動Bについては「ない」と答えた被験者は，A > Bというタイプの差があると言ってよいでしょう。一方，逸脱行動Aについて「ない」と答え，逸脱行動Bについては「ある」と答えた被験者は，逆にA < Bというタイプの差があると言えます。そうすると量的変数において差の平均がゼロであることは，いまの場合，A > Bというタイプの差がある被験者と，その逆のA < Bというタイプの差がある被験者が同数いるという場合に対応すると考えてよいでしょう。その場合は，必然的に，2つの逸脱行動の「ある」の比率は同じになります。

いま，これら2通りのタイプの人数を，表の中の該当するセル（マス目）の位置より，それぞれ n_{12} および n_{21} とあらわすことにし，その合計を m とあらわすことにします。対応のある2群の比率差の検定では，上記のような考え方に基づいて，これら2通りのタイプのうちのどちらか一方の人数（たとえば n_{12}）について，これが2通りのタイプの人数の合計の半数 $m/2 = (n_{12} + n_{21})/2$ から有意に隔たっているかという検定を行います。

いま，表6-3の2つの逸脱行動について，「ある」の母集団比率が

等しいという帰無仮説を考えます。このとき，2つの逸脱行動について異なる回答をした人数 m を固定して考えると，この帰無仮説のもとで，逸脱行動 A に「ある」と答え，逸脱行動 B に「ない」と答える人数 n_{12} の分布は，試行数 m，成功確率 .5 の 2 項分布にしたがうはずです。そこで，両側検定であればこの 2 項分布の両端に棄却域を設定し，実際に得られた n_{12} の値がその棄却域に入るかどうかを調べればよいということになります。

なお，先に述べたように，2 項分布が正規分布によって近似できることを利用すると，この場合の検定統計量を，

$$z = \frac{n_{12} - m/2}{\sqrt{m}/2} \qquad (6.38)$$

として標準正規分布を参照することもできます。この式の右辺の分子の $m/2$ は帰無仮説のもとでの n_{12} の分布の平均であり，分母は同じくその標準偏差 $\sqrt{m(1/2)(1/2)} = \sqrt{m}/2$ です（第 4 章の (4.8) 式参照）。

たとえば，表 6-3 のデータの場合，$n_{12} = 4$ で，$m = 4 + 10 = 14$ ですから，(6.38) 式より，検定統計量の値が

$$z = \frac{4 - 14/2}{\sqrt{14}/2} = -1.60$$

となります。この値の絶対値は，標準正規分布における上側確率 .025 に対応する値 1.96 を超えないので，表 6-3 の 2 つの逸脱行動における「ある」の比率の差は，有意水準 .05 の両側検定で有意とならないことがわかります。

5 カテゴリ変数間の連関の分析

カテゴリ変数とその間の連関

同一の被験者群における2つの項目への回答を整理した表 6-3 は，2つの項目間の相関関係という観点からも分析することができます。つまり，一方の項目において「ある」と答えた被験者ほど，もう一方の項目においても「ある」と答える傾向があるのかという見方です。回答が「ある」「ない」といった値をとるような質的変数については，そうした関係を，相関ではなく**連関**（association）とよぶのが一般的です。この観点からすると，男女ごとの回答分布を示した表 6-2 も，性という質的変数と逸脱行動の経験の有無という質的変数の間の連関をあらわしていると言うことができます。

この節では，こうした質的変数間の連関の程度を記述する方法，および連関の有無について検定する方法について解説します。なお，ここで述べる方法は質的差異をあらわす変数だけでなく，たとえば，「賛成」「やや賛成」「やや反対」「反対」といった，順序性のある量的な差異を反映するカテゴリをもつ変数にも適用可能なものです。そこで，本節ではこの後者のような変数を含む一般的な用語である**カテゴリ変数**という用語を用いることとします。カテゴリ変数間の連関を示す表 6-2 や表 6-3 のような表は，**連関表**（contingency table）または**クロス集計表**（cross tabulation）とよばれます。

カイ2乗統計量

カテゴリ変数の間の連関については，**カイ2乗統計量**（chi-square statistic）とよばれる統計量をベースにした指標がよく利用されます。カイ2乗統計量 χ^2 は，2つのカテゴリ変数の間に連関がまったくない状況を想定し，

その状況下で期待される結果と実際のデータとの差異を評価するものです。

いま変数 x と y がそれぞれ a 個と b 個のカテゴリをもつとすると、両変数のデータは表 6-4 のような連関表にまとめられます。ここで、2 つの変数の間に連関がまったくないとしたら、連関表の各セルの度数 n_{ij} の期待値 e_{ij} はいくらになるでしょうか。

この問題を、表 6-4 の連関表の各行および各列の合計の欄の度数（それぞれ変数 x および変数 y の**周辺度数**という）を、実際に得られた値に固定して考えてみましょう。たとえば、変数 x のカテゴリ 1 に入る $n_{1.}$ 個のデータが、変数 y の b 個のカテゴリにどのように配分されることが期待されるかということです。もし変数 x と変数 y の間に連関がないとしたら、変数 y の b 個のカテゴリへの配分のされ方は、変数 x のどのカテゴリにおいても同じになるはずです。そしてその上で、変数 y の周辺度数が $n_{.1}, n_{.2}, \cdots, n_{.b}$ になるのですから、変数 x のどのカテゴリでも、この周辺度数に比例した配

表 6-4　$a \times b$ の連関表におけるセル度数と周辺度数

		変数 y のカテゴリ						合計
		1	2	$\cdots$	j	$\cdots$	b	
変数 x のカテゴリ	1	n_{11}	n_{12}	$\cdots$	n_{1j}	$\cdots$	n_{1b}	$n_{1.}$
	2	n_{21}	n_{22}	$\cdots$	n_{2j}	$\cdots$	n_{2b}	$n_{2.}$
	$\vdots$	$\cdots$	$\cdots$	$\cdots$	$\cdots$	$\cdots$	$\cdots$	$\vdots$
	$\vdots$	$\cdots$	$\cdots$	$\cdots$	$\cdots$	$\cdots$	$\cdots$	$\vdots$
	i	n_{i1}	n_{i2}	$\cdots$	n_{ij}	$\cdots$	n_{ib}	$n_{i.}$
	$\vdots$	$\cdots$	$\cdots$	$\cdots$	$\cdots$	$\cdots$	$\cdots$	$\vdots$
	$\vdots$	$\cdots$	$\cdots$	$\cdots$	$\cdots$	$\cdots$	$\cdots$	$\vdots$
	a	n_{a1}	n_{a2}	$\cdots$	n_{aj}	$\cdots$	n_{ab}	$n_{a.}$
合計		$n_{.1}$	$n_{.2}$	$\cdots$	$n_{.j}$	$\cdots$	$n_{.b}$	N

分が期待されることになります。つまり，全体の度数を N としたとき，2 変数間に連関がまったくない場合の (i, j) セルの度数の期待値 e_{ij} は

$$\begin{aligned} e_{ij} &= n_{i\cdot} \times \left(\frac{n_{\cdot j}}{N}\right) \\ &= \frac{n_{i\cdot} \times n_{\cdot j}}{N} \end{aligned} \quad (6.39)$$

によって与えられることになります。この値を，連関がないときの**推定期待度数**とよびます。

表 6-5 は，表 6-3 の各セルについて，連関がないときの推定期待度数を求めて，かっこ内に示したものです。たとえば，(1, 1) セル，すなわち，2 つの項目に対していずれも「ある」と答えるセルについては，推定期待度数が

$$e_{11} = \frac{16 \times 22}{40} = 8.8$$

となります。

カイ 2 乗統計量は，この推定期待度数 e_{ij} と実際のセル度数 n_{ij} との差異を次式で評価したものです。

表 6-5 逸脱行動 A および B の経験に関する回答と，連関がないときの推定期待度数（かっこ内）

逸脱行動 A	逸脱行動 B		合計
	ある	ない	
ある	12 (8.8)	4 (7.2)	16
ない	10 (13.2)	14 (10.8)	24
合計	22	18	40

$$\chi^2 = \sum_{i=1}^{a} \sum_{j=1}^{b} \frac{(n_{ij} - e_{ij})^2}{e_{ij}} \qquad (6.40)$$

表 6-5 のデータの場合,その値は

$$\chi^2 = \frac{(12-8.8)^2}{8.8} + \frac{(4-7.2)^2}{7.2} + \frac{(10-13.2)^2}{13.2} + \frac{(14-10.8)^2}{10.8}$$
$$= 4.31 \qquad (6.41)$$

となります。この統計量は,次項以下で述べるように,連関の程度の記述および連関の有無の検定に利用されます。

> クラメルの連関係数と
> ファイ係数

カイ2乗統計量をさらに次式のように加工すると,**クラメルの連関係数**(Cramer's measure of association)とよばれる指標が得られます。

$$V = \sqrt{\frac{\chi^2}{(\min(a,\ b)-1)N}} \qquad (6.42)$$

ここで $\min(a,\ b)$ は連関表の行数 a と列数 b のうちの小さいほうの値です。この指標は,量的変数で用いられるピアソンの積率相関係数の絶対値と同じく,

$$0 \leq V \leq 1 \qquad (6.43)$$

の範囲の値をとることがわかっています。なお,クラメルの原著では V ではなく V^2 が連関の指標とされていますが(池田,1976),応用場面では V を用いることが多いため,ここでも V をクラメルの連関係数とよんでおきます。

表 6-5 の 2×2 の連関表の場合は,$a = b = 2$ ですので,$\min(a,\ b) = 2$ となり,クラメルの連関係数が

$$V = \sqrt{\frac{\chi^2}{N}} = \sqrt{\frac{4.31}{40}} = .33$$

と求められます。

なお、この例のように対象となる変数がいずれも2値変数であるときは、各変数の第1のカテゴリを1, 第2のカテゴリを0と数値化してピアソンの積率相関係数を求めることもできます。その相関係数は**ファイ係数**（phi coefficient）とよばれ、以下の簡便な式で計算することができます。

$$\phi = \frac{n_{11}n_{22} - n_{12}n_{21}}{\sqrt{n_{1.}n_{2.}n_{.1}n_{.2}}} \tag{6.44}$$

ファイ係数は相関係数ですから正または負の値をとることができ、連関の向きを表現することができます。表6-5の連関表の場合は、

$$\phi = \frac{12 \times 14 - 4 \times 10}{\sqrt{16 \times 24 \times 22 \times 18}} = .33$$

となり、逸脱行動Aについて「ある」と答えた人ほど、逸脱行動Bについても「ある」と答えるという正の連関のあることがわかります。なお、この数値例からも示唆されるように、ファイ係数の絶対値はクラメルの連関係数に一致します。つまり、2×2の連関表の場合、

$$V = |\phi| \tag{6.45}$$

という関係が成り立ちます。

> **連関の検定**

母集団において2つのカテゴリ変数間の連関がまったくないという帰無仮説を検定するには、(6.40) 式で定義したカイ2乗統計量

$$\chi^2 = \sum_{i=1}^{a}\sum_{j=1}^{b} \frac{(n_{ij} - e_{ij})^2}{e_{ij}}$$

が、その帰無仮説のもとで、カイ2乗分布とよばれる確率分布に近似的にしたがうことを利用します。カイ2乗分布もt分布と同様に

自由度によって規定される分布です。$a \times b$ の連関表における連関の検定の場合の自由度は，$(a-1)(b-1)$ で与えられます。カイ2乗分布を用いた連関の検定は，**カイ 2 乗検定**とよばれます。

付表 8 には，自由度ごとに，カイ 2 乗分布の上側確率 .10，.05，.01 に対応する値が示されています。実際のデータから計算されたカイ 2 乗統計量の値が表の値を超えれば，それぞれの有意水準において帰無仮説が棄却され，統計的に有意な連関があったということになります。

たとえば，表 6-5 のデータの場合，$a=b=2$ で $\chi^2 = 4.31$ という値が得られました。付表 8 より，自由度 $(2-1)(2-1)=1$ のカイ 2 乗分布の上側確率 .05 に対応する値は 3.841 であり，データから得られた値はこの値を超えるので，表 6-5 のデータには，5% 水準で有意な連関があるということになります。なお，2×2 の連関表の場合のカイ 2 乗統計量は，(6.42) 式および (6.45) 式より，ファイ係数を用いて

$$\chi^2 = N \phi^2 \tag{6.46}$$

によって求めることもできます。

> 連関の検定と比率差の検定の関係

先に述べたように，独立な 2 群の比率差の検定の例題として分析した表 6-2 は，性というカテゴリ変数と逸脱行動の経験の有無というカテゴリ変数の間の連関という観点から分析することもできます。この 2 つの変数の間に連関があるということは，逸脱行動の経験の有無の比率が性によって異なるということですから，この 2 通りの分析は基本的に同じことを検討していることになります。

表 6-2 のデータについて，連関の検定のためのカイ 2 乗統計量を計算すると，$\chi^2 = 3.75$ という値が得られます。この値は，自由度

1のカイ2乗分布の上側確率 .05 に対応する値 3.841 を超えないので,この連関は有意水準 .05 では有意でないことがわかります。この結果は,帰無仮説のもとで標準正規分布にしたがう検定統計量 z を用いて先におこなった比率差の検定結果と同じです。実は (6.37) 式で求められる2群の比率差の検定のための統計量 z と,2×2 の連関表のためのカイ2乗統計量の間には,

$$\chi^2 = z^2 \tag{6.47}$$

という単純な関係があり,z を用いた両側検定とカイ2乗検定とは常に同じ結果になるのです[7]。

●キーワード

独立な群,t 検定,効果量,標準化された平均値差,メタ分析,非心 t 分布,マッチング,ブロック,対応のある群,中心極限定理,連関,カテゴリ変数,連関表,クロス集計表,カイ2乗統計量,周辺度数,推定期待度数,クラメルの連関係数,ファイ係数,カイ2乗検定

---

7) 一般的に,標準正規分布にしたがう統計量を2乗したものは,自由度1のカイ2乗分布にしたがうことが証明されています。なお,カイ2乗検定における自由度については,他の分析法における自由度とあわせて,第7章の4節で解説します。

第 7 章　線形モデルの基礎

　ここまでの章で主として取り上げてきた 2 変数間の相関関係の分析と，2 群間の平均値差の分析は，それ自体，心理学研究で非常によく用いられる分析法ですが，それと同時に，次章以降で紹介する重回帰分析，分散分析，因子分析など，より高度な分析法の基礎となるものです。また，相関関係の分析と平均値差の分析は，それらを基礎とする，より高度な分析法を含めて，線形モデルに基づく方法としてまとめることができます。

　この章は，ここまで説明してきた分析法を，線形モデルという一般的な枠組みの中に位置づけ，さらに高度な方法の学習に進むための「ギア・チェンジ」のためのものです。心理学の研究で用いられる主要な統計的方法を統合的に理解するという本書の目的のためには，この章が最も重要な役割を担っていると言ってもよいでしょう。

　本章では，はじめに，ひとつひとつの変数を幾何学的なベクトルで表現して変数間の関係を視覚的に把握する方法について説明しておきます。この方法は最初はとっつきにくいかもしれませんが，取り扱う統計的方法が複雑になればなるほどその理解を助けてくれる強力なツールです。

1 変数と統計量のベクトルによる表現

1つの変数を1本のベクトルで

ベクトルというのは向きと長さをもった線分のことです。高等学校の数学では平面上のベクトルと空間のベクトル、つまり2次元および3次元のベクトルを扱っています。それらは、それぞれ

$$\boldsymbol{a} = (a_1,\ a_2)$$
$$\boldsymbol{a} = (a_1,\ a_2,\ a_3)$$

のように次元数に等しい数の成分であらわすことができます[1]。これを拡張すれば、一般に N 個の成分をもつ N 次元のベクトルは

$$\boldsymbol{a} = (a_1,\ a_2, \cdots,\ a_N)$$

と定義することができます。このような多次元のベクトルを用いれば、たとえばある変数 x について得られた N 人分のデータ x_1, x_2, $\cdots$, x_N を、

$$\boldsymbol{x} = (x_1,\ x_2, \cdots,\ x_N) \tag{7.1}$$

というひとつのベクトルによって表現することができます。この場合、ベクトルの各成分は個々の被験者に対応しています。

標準偏差とベクトルの長さ

ベクトルの長さ（大きさともいう）は、その成分を用いて、たとえば3次元のベクトルなら

---

[1] ベクトルは $\vec{a}$ のように矢印を付けて表記することもありますが、本書では太字体の文字でベクトルをあらわすことにします。

$$\|\boldsymbol{a}\| = \sqrt{a_1^2 + a_2^2 + a_3^2} = \sqrt{\sum_{i=1}^{3} a_i^2}$$

によって与えられます。同様に，変数 x についての N 人分のデータをあらわす N 次元のベクトル $\boldsymbol{x}$ についても，その長さを

$$\|\boldsymbol{x}\| = \sqrt{x_1^2 + x_2^2 + \cdots + x_N^2}$$
$$= \sqrt{\sum_{i=1}^{N} x_i^2} \tag{7.2}$$

と定めます。

後述するように，ベクトルを統計的方法の理解のために利用するときは，(7.1) 式のように N 人分のデータそのものを成分とするベクトルではなく，それぞれのデータ x_i から平均 $\bar{x}$ を引いた偏差 $x_i - \bar{x}$ を成分とするベクトル

$$\boldsymbol{x} = (x_1 - \bar{x}, \ x_2 - \bar{x}, \ \cdots, \ x_N - \bar{x}) \tag{7.3}$$

のほうが便利です。このベクトルの長さは

$$\|\boldsymbol{x}\| = \sqrt{\sum_{i=1}^{N} (x_i - \bar{x})^2} \tag{7.4}$$

となります。この式の右辺の平方根の中は平均からの偏差を 2 乗したものを N 人分合計したもので，変数 x の**偏差平方和**（deviation sum of squares）または単に**平方和**（sum of squares）とよばれ，SS_x のように表記されます。(7.4) 式は，この平方和

$$SS_x = \sum_{i=1}^{N} (x_i - \bar{x})^2 \tag{7.5}$$

と偏差データを成分とするベクトル $\boldsymbol{x}$ の間に

$$SS_x = \|\boldsymbol{x}\|^2 \tag{7.6}$$

という関係が成り立つことを示しています。

この平方和をデータの総数 N で割ったものが分散ですから,分散をベクトルを用いて表現すると

$$s_x^2 = \frac{\|\boldsymbol{x}\|^2}{N} \tag{7.7}$$

となります。したがって,標準偏差については

$$s_x = \frac{\|\boldsymbol{x}\|}{\sqrt{N}} \tag{7.8}$$

という関係が成り立つことになります。つまり,ある変数について,N 人分のデータを平均からの偏差としてあらわしたベクトルの長さは,その変数の標準偏差の $\sqrt{N}$ 倍となるということです。

図 7-1 には,2 つの変数 x および y をあらわすベクトル,すなわちこれら 2 つの変数における N 人分のデータの,平均からの偏差を成分とするベクトル

$$\boldsymbol{x} = (x_1 - \bar{x},\ x_2 - \bar{x},\ \cdots,\ x_N - \bar{x})$$
$$\boldsymbol{y} = (y_1 - \bar{y},\ y_2 - \bar{y},\ \cdots,\ y_N - \bar{y})$$

が示されています。この図では,ベクトル $\boldsymbol{y}$ の長さがベクトル $\boldsymbol{x}$ の長さのちょうど 2 倍に描かれています。ということは,(7.8) 式の

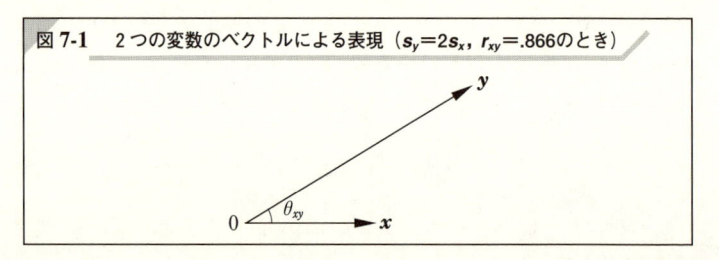

図 7-1　2 つの変数のベクトルによる表現（$s_y = 2s_x$, $r_{xy} = .866$ のとき）

関係から，変数 y の標準偏差 s_y が変数 x の標準偏差 s_x のちょうど 2 倍であることを示しています。このように，変数をベクトルで表現すれば，その長さの比がそのまま標準偏差の比をあらわします。

ところで，生のデータをあらわす (7.1) 式のベクトルは，その長さ ((7.2) 式) が標準偏差などの統計量と直接的には対応しません。変数をベクトルで表現することの意義は，変数や変数間の関係の統計的な特徴を視覚的にとらえることにあり，そのためには各種の統計量との関係が直接的な偏差データを成分とするベクトルのほうが有用ですので，今後は，変数をベクトルであらわす場合，原則として偏差データを成分とするベクトルを用いることにします。

共分散とベクトルの内積　　2 つのベクトル a および b のなす角度を θ とすると，これら 2 つのベクトルの内積が

$$(a,\ b) = \|a\| \|b\| \cos\theta$$

によって定義されます（付録 A.6 参照）[2]。内積はまた，2 つのベクトルの成分を用いて，たとえば 3 次元のベクトルなら

$$(a,\ b) = a_1 b_1 + a_2 b_2 + a_3 b_3 = \sum_{i=1}^{3} a_i b_i$$

のように，2 つのベクトルの対応する成分の積の和によって求めることもできます。

同様に 2 つの変数をあらわす N 次元ベクトル x および y についても，それら 2 つのベクトルのなす角度を θ_{xy} として，内積を

$$(x,\ y) = \|x\| \|y\| \cos\theta_{xy} \tag{7.9}$$

---

[2] 内積は $a \cdot b$ と表記することもあります。

と定義します。この内積はまた,これら2つのベクトルの成分を用いて

$$(\boldsymbol{x},\ \boldsymbol{y}) = \sum_{i=1}^{N}(x_i - \bar{x})(y_i - \bar{y}) \tag{7.10}$$

によっても与えられます。この後者の式の右辺をデータの総数 N で割れば,変数 x と y の間の共分散 s_{xy} が得られますから,この式は

$$(\boldsymbol{x},\ \boldsymbol{y}) = N s_{xy} \tag{7.11}$$

という関係が成り立つことを示しています。つまり,2つの変数をあらわすベクトルの内積は,これら2つの変数間の共分散の N 倍になるということです。

ところで,(7.8) 式を用いると,(7.9) 式は

$$\begin{aligned}(\boldsymbol{x},\ \boldsymbol{y}) &= (\sqrt{N}\,s_x)(\sqrt{N}\,s_y)\cos\theta_{xy} \\ &= N s_x s_y \cos\theta_{xy}\end{aligned} \tag{7.12}$$

と書くことができます。この式と (7.11) 式は同じ内積の式ですから,それぞれの右辺を互いに等しいとおくと

$$s_{xy} = s_x s_y \cos\theta_{xy} \tag{7.13}$$

という関係が導けます。ここで,右辺のコサインのとりうる値の範囲は $-1 \leq \cos\theta_{xy} \leq 1$ ですから,一般に,共分散のとりうる範囲は,

$$-s_x s_y \leq s_{xy} \leq s_x s_y$$

となることがわかります。第3章の (3.3) 式で示した共分散に関するこの重要な関係が,ベクトルを用いると,このように簡単に証明できます。

相関係数とベクトル間の角度

変数 x と y の間の相関係数 r_{xy} は，(7.13)式より，

$$r_{xy} = \frac{s_{xy}}{s_x s_y}$$
$$= \cos \theta_{xy} \tag{7.14}$$

となります。つまり，2つの変数をあらわすベクトルのなす角度のコサインは，これら2つの変数間の相関係数に等しくなるということ

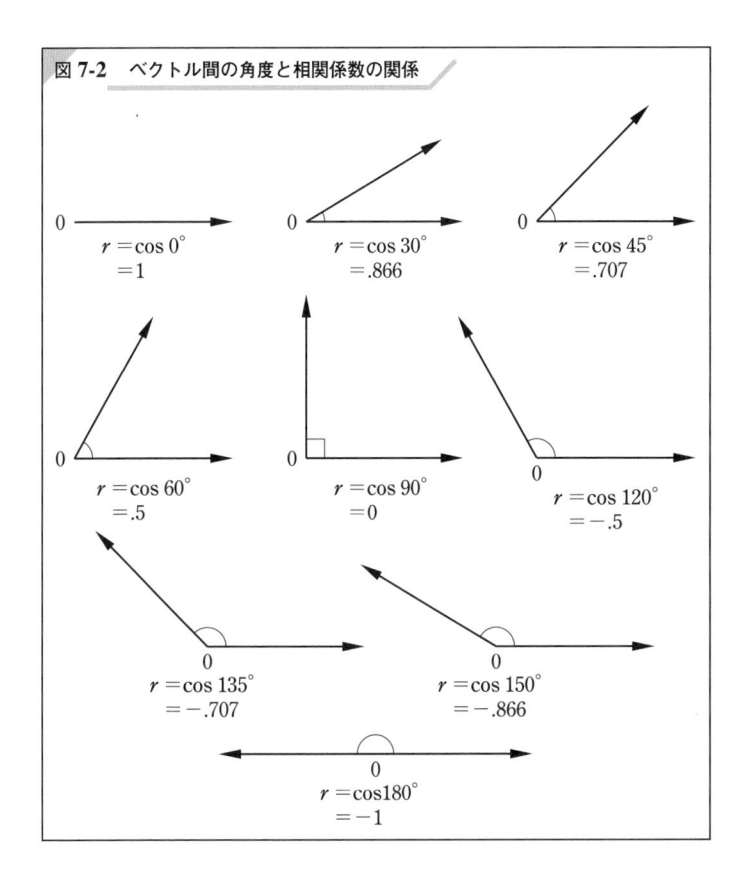

図 7-2 ベクトル間の角度と相関係数の関係

$r = \cos 0°$
$= 1$

$r = \cos 30°$
$= .866$

$r = \cos 45°$
$= .707$

$r = \cos 60°$
$= .5$

$r = \cos 90°$
$= 0$

$r = \cos 120°$
$= -.5$

$r = \cos 135°$
$= -.707$

$r = \cos 150°$
$= -.866$

$r = \cos 180°$
$= -1$

です。たとえば図 7-1 の場合,2 つのベクトルのなす角度を $30°$ にしてあるので,ここには相関係数が $\cos 30° = \sqrt{3}/2 = .866$ となる 2 つの変数が描かれていることになります。

図 7-2 には,9 通りの相関係数の値に対応するベクトル図が描かれています。この中で特に重要な意味をもつのは 2 つのベクトルが直交している(直角に交わる)ケースで,このとき相関係数はちょうどゼロとなります。ベクトルのなす角が鋭角のときは相関係数は正で,角度が小さければ小さいほどその値は大きくなります。そして,角度がゼロで 2 つのベクトルが同じ向きをもっているときに,相関係数は 1 となります。逆にベクトルのなす角が鈍角のときは相関係数は負で,角度が大きいほどその絶対値は大きくなります。そして,角度が $180°$ で 2 つのベクトルが正反対の向きをもっているときに,相関係数は -1 となります。

2 回帰分析のベクトル表現

予測値のベクトル

2 変数間の相関関係を調べる方法として第 3 章で解説した回帰分析においては,回帰直線が

$$\hat{y} = \bar{y} + b(x - \bar{x})$$

とあらわされました((3.15) 式)。これを変形すると,

$$\hat{y} - \bar{y} = b(x - \bar{x}) \tag{7.15}$$

という式が導けます。この式の左辺に含まれる従属変数 y の平均 $\bar{y}$ は,(3.16) 式に示したように予測値 $\hat{y}$ の平均 $\bar{\hat{y}}$ に等しくなりますか

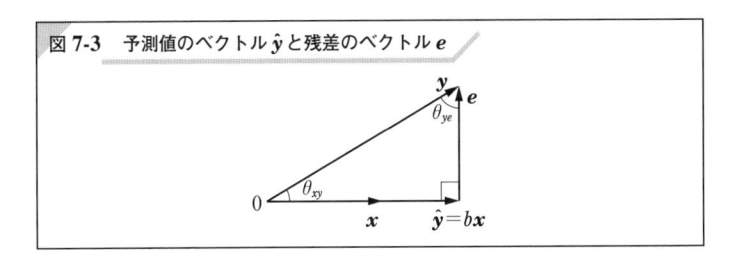

図 7-3　予測値のベクトル $\hat{y}$ と残差のベクトル e

ら，左辺は予測値の平均からの偏差をあらわしています。また，右辺には独立変数 x に関する偏差が含まれています。そこで，これらの偏差についての N 人分のデータを，それぞれ

$$x = (x_1 - \bar{x},\ x_2 - \bar{x},\ \cdots,\ x_N - \bar{x})$$
$$\hat{y} = (\hat{y}_1 - \bar{y},\ \hat{y}_2 - \bar{y},\ \cdots,\ \hat{y}_N - \bar{y})$$

というベクトルであらわすと，(7.15) 式は，N 人分まとめて

$$\hat{y} = b\,x \tag{7.16}$$

と書くことができます。この式から，予測値のベクトル $\hat{y}$ は独立変数のベクトル x と同じ向き（ただし $b<0$ のときは正反対の向き）で，長さが x の長さの $|b|$ 倍のベクトルであることがわかります（図 7-3 および付録 A.6 参照）。ベクトルが同じ向き，または正反対の向きということですから，予測値 $\hat{y}$ と独立変数 x の間の相関 $r_{\hat{y}x}$ は +1 または −1 となります。

残差のベクトル

次に，残差（予測の誤差）は，実際の y の値と予測値 $\hat{y}$ との差

$$e = y - \hat{y} \tag{7.17}$$

と定義されますが，この式は，右辺の変数に関してそれぞれ平均からの偏差をとって，

$$e = (y - \bar{y}) - (\hat{y} - \bar{y}) \tag{7.18}$$

と書くこともできます。したがって、この残差についての N 人分のデータをあらわすベクトル

$$\boldsymbol{e} = (e_1,\ e_2,\ \cdots,\ e_N)$$

は、従属変数および予測値のベクトルを用いて

$$\boldsymbol{e} = \boldsymbol{y} - \hat{\boldsymbol{y}} \tag{7.19}$$

と書くことができます。この残差のベクトル $\boldsymbol{e}$ は、図 7-3 に示したように、ベクトル $\hat{\boldsymbol{y}}$ の先端からベクトル $\boldsymbol{y}$ の先端に至るベクトルです（付録 A.6 参照）。

最小 2 乗法の幾何学的意味

ここで、図 7-3 と図 7-4 を比べてみてください。図 7-4 においても、予測値のベクトル $\hat{\boldsymbol{y}}$ は独立変数のベクトル $\boldsymbol{x}$ と同じ向きをもっていますし、残差のベクトル $\boldsymbol{e}$ は、その予測値のベクトルの先端から従属変数のベクトル $\boldsymbol{y}$ の先端へのベクトルとなっています。この 2 つの図で異なっているのは、予測値のベクトル $\hat{\boldsymbol{y}}$ の長さです。それはもちろん独立変数にかかる回帰係数 b の値が異なっていることを意味しています。そして、それを反映して、残差のベクトル $\boldsymbol{e}$ の長さも 2 つの図で異なっています。では、この残差のベク

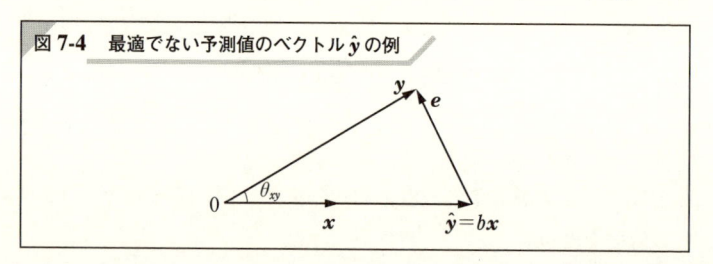

図 7-4 最適でない予測値のベクトル $\hat{\boldsymbol{y}}$ の例

2 回帰分析のベクトル表現

トルの長さというのは，回帰分析において具体的にどのような意味をもっているのでしょうか．

残差のベクトル e の長さは

$$\|e\| = \sqrt{\sum_{i=1}^{N} e_i^2}$$
$$= \sqrt{\sum_{i=1}^{N} (y_i - \hat{y}_i)^2} \quad (7.20)$$

とあらわされますが，これは第3章でデータから最適な回帰直線を求めるために設定した最小2乗基準 Q（(3.12) 式）の平方根です．その Q の値を最小にするように直線の切片と傾きを求めたわけですが，これはベクトルで言えば，残差のベクトル e の長さを最小化したことになります．

では，残差のベクトル e の長さを最小にするような予測値はどのようにしたら得られるでしょうか．一般に，ある点とある直線上の任意の点を結ぶ線分のうち，長さが最も短いものは，その点からその直線におろした垂線です．したがって，この場合も，従属変数のベクトル y の先端から独立変数のベクトル x の方向（これは予測値 $\hat{y} = bx$ の方向と同じ）におろした垂線が残差ベクトルとなるように，その垂線の足を予測値のベクトルの終点とすればよいことになります．図 7-3 にはこの条件を満たす最適の予測値のベクトルが描かれています．これに対し，図 7-4 では予測値のベクトルが長くなりすぎて，その分，残差ベクトルも長くなっており，最小2乗法の意味で最適な推定値が得られていないことがわかります．

| 予測値と残差の間の相関 |

このように，最小2乗法によって得られる予測値のベクトルと残差のベクトルは直交します．これが，第3章の（3.20）式で示

した，最小2乗法によって得られる予測値 $\hat{y}$ と残差 e の間の相関 $r_{\hat{y}e}$ がゼロとなることの証明です。また，予測値のベクトルは独立変数のベクトル x と同じ向きか正反対の向きをもっていますから，残差のベクトル e は独立変数のベクトルとも直交します。したがって，独立変数 x と残差 e の間の相関 r_{xe} もゼロになります。

第3章では，(7.17) 式を変形した

$$y = \hat{y} + e \tag{7.21}$$

が，従属変数 y を互いに相関のない2つの成分（1つは独立変数と完全に相関する成分 $\hat{y}$，もう1つは独立変数とは無相関の成分 e）への分解をあらわすということを述べました。このことは，ベクトル的に言えば「1つの変数ベクトルを2つの直交するベクトルに分解する」ということであり，そのために「直交分解」という言葉が用いられているのです。回帰分析による変数の直交分解は，次章以降で取り上げる諸方法において非常に重要な役割を果たします。

なお，従属変数 y とその成分である残差 e との相関 r_{ye} は，図7-3より，

$$\begin{aligned} r_{ye} &= \cos\theta_{ye} \\ &= \sin\theta_{xy} \\ &= \sqrt{1 - \cos^2\theta_{xy}} \\ &= \sqrt{1 - r_{xy}^2} \end{aligned} \tag{7.22}$$

となります。この式から，従属変数 y と残差 e の相関は，独立変数と従属変数の相関が高いほど低くなることがわかります。

3 平方和および分散の分割

三平方の定理から平方和の分割へ

予測値 $\hat{y}$ と残差 e が直交することから,図 7-3 のように,3 つのベクトル $\boldsymbol{y}, \hat{\boldsymbol{y}}, \boldsymbol{e}$ に対応する線分は直角三角形を構成します。一般に直角三角形については三平方の定理が成り立ちますから,これら 3 つのベクトルの長さについて,

$$\|\boldsymbol{y}\|^2 = \|\hat{\boldsymbol{y}}\|^2 + \|\boldsymbol{e}\|^2 \tag{7.23}$$

という関係があることがわかります。この式のそれぞれの項をベクトルの成分を用いてあらわすと,

$$\sum_{i=1}^{N}(y_i-\bar{y})^2 = \sum_{i=1}^{N}(\hat{y}_i-\bar{y})^2 + \sum_{i=1}^{N}e_i^2 \tag{7.24}$$

という式が得られます。

この式の左辺は,従属変数 y の平方和

$$SS_y = \sum_{i=1}^{N}(y_i-\bar{y})^2 \tag{7.25}$$

です。同様に右辺の第 1 項は**予測値の平方和**

$$SS_{\hat{y}} = \sum_{i=1}^{N}(\hat{y}_i-\bar{y})^2 \tag{7.26}$$

そして第 2 項は**残差の平方和**

$$SS_e = \sum_{i=1}^{N}e_i^2 \tag{7.27}$$

をあらわしています。すなわち,(7.24) 式は

$$SS_y = SS_{\hat{y}} + SS_e \tag{7.28}$$

と書くことができ,従属変数 y の平方和が,独立変数 x に基づく予測値 $\hat{y}$ の平方和と残差 e の平方和に分割できることを示しています。その意味で,(7.28) 式の左辺の平方和は**全体の平方和**とよばれ,SS_{total} とも表記されます。

なお,(7.28) 式のそれぞれの項を N で割って分散としてあらわせば,第 3 章の (3.22) 式で示した分散の分割の式

$$s_y^2 = s_{\hat{y}}^2 + s_e^2 \tag{7.29}$$

が導かれます。

分散説明率と相関係数

平方和の分割を示す (7.28) 式において,全体の平方和 SS_y は N 人の被験者集団における変数 y の散布度をあらわすものであり,独立変数としてどのような変数を用いるかに関係なくその値が決まります[3]。これに対し,右辺の第 2 項の残差の平方和 SS_e は,独立変数として従属変数 y の変動をうまく予測するものが選ばれたときは小さな値となり,逆に予測に有効でない変数が選ばれたときは大きな値となります。したがって,残る右辺の第 1 項の予測値の平方和 $SS_{\hat{y}}$ は,独立変数が予測に有効である程度に応じて大きな値をとることがわかります。このように予測値の平方和は,従属変数の変動を説明するためのモデル(独立変数の選択)の良さを反映するため,**モデルの平方和**ともよばれ,SS_{model} と表記されることがあります。

---

[3] ここでは独立変数の操作を伴わない調査研究を想定して説明しています。実験研究の場合は,独立変数をどのように操作あるいは設定するかによって,従属変数の散布度も変わってきます。しかし,その場合でも,以下で述べる分散説明率は同じように解釈することができます。

3 平方和および分散の分割

ここで，全体の平方和のうち，予測値の平方和が占める割合

$$PV = \frac{SS_{\hat{y}}}{SS_y} \tag{7.30}$$

を考えれば，これは，選ばれた独立変数が従属変数の変動（分散）をどれだけよく予測あるいは説明するかを評価する指標となります。この指標が，第3章で述べた**分散説明率**（または**決定係数**）です。分散説明率は，それが用いられる文脈によって r^2, R^2, η^2 などの記号であらわされます。(7.30) 式の PV という記号は，分散説明率の英語表現（proportion of variance accounted for）の頭文字をとって便宜的につけたものです。

分散説明率をベクトルを用いて表現すると

$$PV = \frac{\|\hat{\boldsymbol{y}}\|^2}{\|\boldsymbol{y}\|^2} \tag{7.31}$$

となりますが，図 7-3 を参照すればわかるように，これは

$$\begin{aligned}
PV &= (\|\hat{\boldsymbol{y}}\|/\|\boldsymbol{y}\|)^2 \\
&= \cos^2 \theta_{xy} \\
&= r_{xy}^2
\end{aligned} \tag{7.32}$$

とあらわすことができます。つまり，回帰直線を用いて独立変数 x によって従属変数 y を予測する場合の分散説明率は，x と y の間の相関係数の2乗に等しくなるのです。このことから，相関係数の大きさは，独立変数によって従属変数の分散が説明できる割合という観点からも解釈できることがわかります。

4 独立変数の効果の検定と自由度

独立変数の効果の検定　前節では、回帰分析において独立変数がどれだけ従属変数の変動を説明できるかという、独立変数の説明力を記述する指標として、分散説明率や相関係数が利用できることを述べました。これらの指標の値が大きいほど、独立変数の**効果**（effect）が大きいと言われます。効果という言葉は、独立変数の値の変化が従属変数の値の変化を引き起こすという処理-効果関係ないしは因果関係を示唆する言葉ですが、ここでは因果関係の有無とは関係なく、単に記述的指標としての分散説明率や相関係数の値の大きさをあらわすものとして、この言葉を使っています。

こうした効果の大きさの指標は、もちろん、サンプルごとに値が変動しますから、実際には、母集団におけるそれらの指標の値（母数）とはかなり違う値が得られることもあります。そこで、心理学の研究では通常、実際のサンプルで得られた指標値が、「独立変数の効果がゼロである母集団」からは得られにくいほど大きなものであるかどうかという検定を行います。相関係数および平均値差の検定法については、すでに第5章および第6章で説明しましたが、ここでは、その両方の検定および次章以降の方法にも共通する一般的な検定方式を示しておきます。

モデルと仮定　回帰分析のモデルは、第4章の4節で示したように

$$y = \alpha + \beta x + \epsilon \tag{7.33}$$

と表現されます。このモデルのように、従属変数をいくつかの独立

変数 (ここでは 1 つですが) の 1 次式で表現するのが**線形モデル** (linear model) です。

ここで,「独立変数の効果がゼロ」という帰無仮説は,

$$H_0 : \beta = 0 \tag{7.34}$$

とあらわすことができます。これは母集団における回帰直線の傾きがゼロだということですから,予測値が独立変数の値によらず一定で分散ゼロということであり,したがって母集団における分散説明率および相関もゼロであることを意味します。

この帰無仮説を検定するときにおかれる仮定,すなわち想定される確率モデルは,第 4 章でも述べたように,「独立変数 x のどの値においても,残差 ϵ は,平均ゼロで一定の分散 σ_ϵ^2 をもつ正規分布にしたがう」という以下の仮定です。

$$\epsilon \,|\, x \sim N(0, \ \sigma_\epsilon^2) \tag{7.35}$$

自 由 度

線形モデルにおける独立変数の効果の検定では,ここまで出てきた予測値の平方和や残差の平方和に付随して,**自由度** (degrees of freedom) とよばれる数値が登場してきます。自由度については,第 5 章で t 分布を用いた相関係数の検定に関連して,また第 6 章では同じく t 分布を用いた平均値差の検定と,カテゴリ変数間の連関の検定のためのカイ 2 乗検定に関連して言及しましたが,そこでは,くわしい説明は先延ばしにしてありました。

自由度は,実験・調査のデザイン (t 検定の例ではサンプルサイズ,カイ 2 乗検定の例では各変数のカテゴリ数) や検定する仮説で決まる数値であり,得られるデータによって変動するものではありません。つまり,自由度はデータ自体の内容的特徴をあらわすものでは

なく,どういうデザインでデータを収集したか,そしてそのデータについてどのような仮説を検定するのかという形式的特徴を反映するものです。したがって,自由度についてはその意味を考えることなく,公式の一部としてそのまま受け入れるということでも,応用上は特に問題ありません。しかし,その一方で,自由度という概念の理解が,統計的方法の原理や方法間の関係を理解するうえで役に立つことも確かです。そこで,回帰分析などの線形モデルにおける「平方和の自由度」について,ここで少しくわしく説明しておくことにしましょう[4]。

全体と残差の平方和の自由度

平方和の自由度は,基本的には「平方和の計算に用いられる(平均などの)統計量の値が与えられたとき,自由な値をとりうる平方の個数」と解釈することができます。ここでは説明の便宜上,はじめに全体の平方和と残差の平方和の自由度を取り上げることにします。

まず,(7.28)式の左辺にある従属変数 y の全体の平方和

$$SS_y = \sum_{i=1}^{N}(y_i - \bar{y})^2$$

に注目してみましょう。この平方和は,従属変数 y における N 人のデータ $y_1, y_2, \cdots, y_N$ のそれぞれから,y の平均 $\bar{y}$ を引いたものを2乗して合計したものです。ですから全部で N 個の平方の合計になっています。しかし,この平方和の計算に用いられる平均 $\bar{y}$ が与えられると,N 個の y_i のうち $N-1$ 個の値が決まれば,残る1個は全体の平均をその値に合わせるために自動的に特定の値に決まってしまいます。その意味で,N 個の平方のうち,自由な値をと

---

4) 自由度については,永田(1996)の解説も参考になります。

りうるのは $N-1$ 個だけだということになり，したがって，全体の平方和 SS_y の自由度は $N-1$ ということになります。

次に，残差の平方和

$$SS_e = \sum_{i=1}^{N} e_i^2$$
$$= \sum_{i=1}^{N} (y_i - \hat{y}_i)^2$$

の自由度を求めてみましょう。この平方和は，各被験者の y_i の値からそれぞれの予測値 $\hat{y}_i$ を引いたものを2乗して N 個分合計したものです。ここで，差し引かれる N 個の予測値 $\hat{y}_i$ が与えられているということは，予測式

$$\hat{y} = \bar{y} + b(x - \bar{x})$$

が与えられているということであり，$\bar{y}$ と b の値が与えられているということです[5]。このとき，N 個の y_i のうち，$N-2$ 個の値が決まると，残りの2個は，全体の平均を所与の値 $\bar{y}$ に合わせ，さらに回帰直線の傾きを所与の値 b に合わせるために自動的に値が決まってしまいます。したがって，N 個の平方のうち，自由な値をとりうるのは $N-2$ 個だけということになり，残差の平方和の自由度は $N-2$ ということになります。

たとえば，$N=2$ のときは，残差の平方和の自由度は $N-2 = 2-2 = 0$ となります。この場合は回帰直線がその2点を通る直線となり，完全な予測が可能になりますから，予測値が与えられれば，2つの y_i の値はそれらと同じ値ということで完全に決まってしまい，自由な値をとりえないということです。

---

[5] 回帰分析の枠組みでは，原則として，独立変数 x の値はあらかじめ与えられているものと考えます。

このように、全体の平方和の自由度は、平方の数 N から1を減じた値となり、残差の平方和の自由度は、平方の数 N から2を減じた値となります。それぞれにおいて N から減じる数（1および2）の意味を考えてみると、上記の説明から、それぞれの平方和の計算に用いられる統計量の個数（全体の平方和の場合は $\bar{y}$ の1個、残差の平方和の場合は $\bar{y}$ と b の2個）がその数の根拠となっていることがわかります。つまり、全体の平方和および残差の平方和の自由度は、それぞれ、平方の数 N から「平方和の計算に用いられる統計量の数」を引くことによって与えられます。

ここで、$\bar{y}$ および b という統計量が、それぞれ従属変数の母平均 μ_y および母回帰係数 β の推定量であることから、「平方和の計算に用いられる統計量の数」というのは、「平方和の計算のために推定される母数の数」と言い換えることもできます。実際には、この後者の表現のほうが、種々の統計モデルに一般化するうえで便利なので、いま述べた平方和の自由度の計算法を、

$$\text{自由度} = \text{「平方の数」} - \text{「推定される母数の数」} \tag{7.36}$$

という式によって表現しておきます[6]。

---

[6] 第10章で解説する共分散構造分析などでは、推定される母数を「自由母数」とよぶことがあります。この用語を用いると、(7.36)式は、「自由母数が多いほど自由度が小さい」ということを意味することになり、一見、矛盾した表現のように見えます。この自由母数というのは、モデルがデータに適合するようにデータから自由に推定される母数という意味であり、そうした推定される母数が多いほど、それらの推定値が与えられたときにデータが自由な値をとりうる程度は小さくなります。つまり、自由度という言葉に含まれる「自由」はデータにとっての自由を指しており、自由母数という言葉に含まれる「自由」は、モデルの母数にとっての（あるいはモデルを当てはめようとする研究者にとっての）自由を指しているということです。

4 独立変数の効果の検定と自由度

予測値の平方和の自由度

(7.28) 式の右辺の第 1 項の予測値の平方和 $SS_{\hat{y}}$ については，前項の冒頭で述べた「平方和の計算に用いられる（平均などの）統計量の値が与えられたとき，自由な値をとりうる平方の個数」という観点から，容易に自由度を求めることができます。合計される平方 $(\hat{y}_i - \bar{y})^2$ を構成する予測値 $\hat{y}$ は，独立変数 x との間に，

$$\hat{y} = \bar{y} + b(x - \bar{x})$$

という直線関係があります。したがって，予測値の平均 $\bar{y}$ が与えられているとき，予測値のうちの 1 つ，たとえば $\hat{y}_1$ がわかれば，回帰直線は $(\bar{x}, \bar{y})$ という平均の点と $(x_1, \hat{y}_1)$ という点を通る直線として 1 つに決まり，その結果，すべての予測値が決まることになります。つまり，平方和の計算に用いられる平均 $\bar{y}$ が与えられたとき，自由な値をとりうる平方の個数（予測値の平方和の自由度）は 1 ということです。

予測値の平方和の自由度は，前項の全体の平方和の自由度と残差の平方和の自由度から，もっと簡単な方法で求めることもできます。いま，全体の平方和 SS_{total}，予測値の平方和 $SS_{\hat{y}}$，残差の平方和 SS_e の自由度を，それぞれ df_{total}，$df_{\hat{y}}$，df_e と表記すると，これらの自由度について，平方和の分割に対応した

$$df_{total} = df_{\hat{y}} + df_e \tag{7.37}$$

という関係が成り立つことがわかっています。そこで，前項で求めた

$$df_{total} = N - 1 \tag{7.38}$$
$$df_e = N - 2 \tag{7.39}$$

をこの式に代入すると，予測値の平方和の自由度が，

$$df_{\hat{y}} = (N-1) - (N-2) = 1 \tag{7.40}$$

と求められます。なお,全体の平方和の自由度,予測値の平方和の自由度,残差の平方和の自由度は,それぞれ,全体の自由度,予測値の自由度,残差の自由度ともよばれます。

カイ2乗検定における自由度

話が脇道にそれてしまいますが,第6章の5節で述べた,カテゴリ変数間の連関の検定のためのカイ2乗検定における自由度についても,ここでついでに説明しておきましょう。カイ2乗検定のための統計量の式 (6.40) には,セルの数と同じ $a \times b$ 個の平方が含まれています。一方,その平方和の計算には,行の変数に関する a 個の周辺度数と,列の変数に関する b 個の周辺度数が用いられます。言い換えれば,これら周辺度数が「推定される母数」ということになります。ただし,行の変数に関する a 個の周辺度数が与えられれば,その合計として全度数が決まります。したがって,列の変数に関しては,b 個の周辺度数のうち $b-1$ 個が決まれば,残る1個は全度数との関係から値が確定することになります。そのため,「推定される母数」の総数は $a+b-1$ となり,これを平方の数(セルの数)ab から引くと,

$$df = ab - (a+b-1) = (a-1)(b-1)$$

となって,第6章で示した自由度に一致します。

平方和に基づく検定統計量

さて,独立変数が1つだけの回帰分析において,先に示したモデルおよび仮定に基づいて「独立変数の効果がゼロ」という帰無仮説((7.34)式)を検定するには,平方和に基づく検定統計量

$$F = \frac{SS_{\hat{y}}}{SS_e/(N-2)} \tag{7.41}$$

が利用できることが知られています。

この式の分母は, 残差の平方和 SS_e をその自由度で割ったもので, 残差の**平均平方**（mean square）とよばれるものです。また, 分子は予測値の平方和 $SS_{\hat{y}}$ ですが, これも実はその自由度 1 で割った平均平方の形をとっています[7]。これら 2 つの平均平方の比である (7.41) 式の F 統計量は, 帰無仮説が正しいとき, **F 分布**とよばれる確率分布にしたがうことが理論的に導かれています。

図 7-5 に示したように, 一般に F 分布は「分子の自由度」df_1 と「分母の自由度」df_2 の 2 つの自由度の値によって, さまざまな形をとります。独立変数が 1 つの回帰分析における F 統計量の分子と分母の自由度は, ここまで説明してきたように, それぞれ $df_1 = df_{\hat{y}} = 1$ と $df_2 = df_e = N - 2$ です。

(7.41) 式の F は, 分母に独立変数によって説明できない残差の

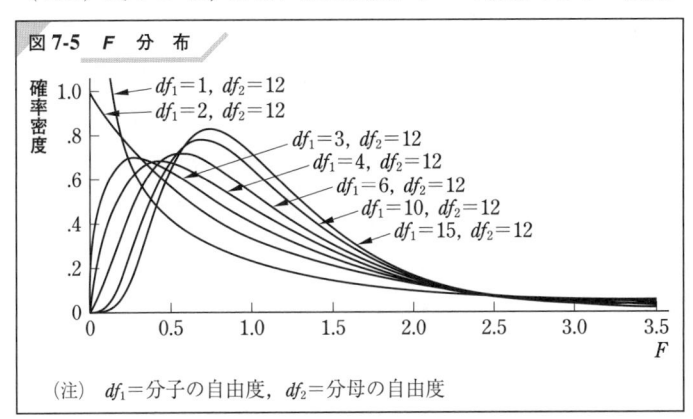

図 7-5 F 分布

- $df_1=1, df_2=12$
- $df_1=2, df_2=12$
- $df_1=3, df_2=12$
- $df_1=4, df_2=12$
- $df_1=6, df_2=12$
- $df_1=10, df_2=12$
- $df_1=15, df_2=12$

（注）df_1＝分子の自由度, df_2＝分母の自由度

---

[7] ちなみに, 第 5 章で紹介した不偏分散（(5.2) 式）も, 全体の平方和をデータの数 N ではなく, その自由度 $N-1$ で割った平均平方です。

平方和,分子に独立変数によって説明できる予測値の平方和が配置されていますから,分散説明率が大きいほど大きな値をとる統計量であることがわかります。したがって,この F の値が十分大きければ帰無仮説を棄却することになります。付表9には,F 分布の上側確率 .05 に対応する値(付表 9a),および上側確率 .01 に対応する値(付表 9b)が示されています。たとえば付表 9a で,分子の自由度が 1 の列で,分母の自由度が $N-2$ となる行の数値を読み取り,データから計算された F 値と比較します。もしデータから計算された値が表の値より大きければ,独立変数の効果は 5% 水準で有意であるということになります。

なお,この検定は,独立変数と従属変数の間の相関が正でも負でも,つまり回帰直線の傾きが正でも負でも,ともかく分散説明率が大きければ帰無仮説を棄却するという検定方式です。したがって,形式的には F 分布の片側のみに棄却域を設定するのですが,内容的には相関係数および回帰係数に関して両側検定をおこなっていることになります。

分散説明率に基づく検定統計量

前節でみたように,独立変数が 1 つだけの回帰分析における分散説明率は,その独立変数と従属変数の間の相関の 2 乗に等しくなります。したがって,この場合,予測値の平方和および残差の平方和は,全体の平方和 SS_y と分散説明率 r_{xy}^2 によって,それぞれ

$$SS_{\hat{y}} = SS_y \times r_{xy}^2 \tag{7.42}$$

$$SS_e = SS_y \times (1 - r_{xy}^2) \tag{7.43}$$

とあらわされます。これらを (7.41) 式に代入すると,

$$F = \frac{r_{xy}^2}{(1 - r_{xy}^2)/(N-2)} \tag{7.44}$$

のように分散説明率で表現された検定統計量の式が得られます。この式を用いれば，独立変数と従属変数の間の相関係数とサンプルサイズ N を知るだけで検定統計量の計算ができます。

t 統計量を用いた検定
との関係
第 5 章の 2 節で述べた相関係数の検定では，
$$t = \frac{r_{xy}}{\sqrt{1-r_{xy}^2}} \times \sqrt{N-2}$$

によって検定統計量 t を計算しました（(5.8) 式）。2 変数正規分布を仮定したとき，母集団相関係数がゼロという帰無仮説のもとで，この統計量が自由度 $N-2$ の t 分布にしたがうので，付表 4 の t 分布の数値と比較することで検定ができるという説明でした。

この式と (7.44) 式を比べるとすぐわかるように，この t 統計量を 2 乗したものが (7.44) 式の F 統計量です。ですから，2 変数正規分布を仮定した相関係数の両側検定で t の絶対値を t 分布に照らして評価することと，残差の条件付き分布に関して (7.35) 式を仮定し，(7.44) 式の F の値を F 分布に照らして評価することは結局同じことです。

相関係数や回帰係数の検定の場合に限らず，一般的に，t 分布にしたがう統計量を 2 乗したものは，分子の自由度が 1 で分母の自由度が t 分布の自由度に等しい F 分布にしたがうことが証明されています。付表 4 と付表 9 を比べるとわかるように，t 分布の上側確率 $\alpha/2$ に対応する値を 2 乗すると，分子の自由度が 1 の F 分布の上側確率 α に対応する値に等しくなります。

(7.41) 式のような F 統計量を用いた検定は，これからみていくように非常に一般性の高い検定方式であり，t 統計量を用いた検定を包含するものです。したがって，理論的には t 統計量を用いた検定をすべて F 統計量を用いた検定で置き換えてもよいのですが，統計理論の発展や普及の歴史を反映して，また，t 統計量のほうが記

述的に扱いやすい面もあって，心理学の研究論文では t 統計量の値を報告しているものが多いです。こうした事情を考慮して，本書では t 統計量を用いる方式を第 5 章，第 6 章で先に紹介しました。

5 平均値差への回帰分析的アプローチ

線形モデルによる平均値差の表現

次に，第 6 章の 1 節で述べた独立な 2 群の平均値差の検定も，ここまで説明した回帰分析と同様に線形モデルとして表現し，処理できることをみておきましょう。

図 7-6 は，図 1-2 に示した 2 群の分布を再表現したものです。この図の縦軸の変数は，図 1-2 の横軸と同じく逸脱行動得点の変化量で，横軸は，便宜的に男子を 1，女子を 0 とした変数です。つまり，この図は，図 1-2 の分布を縦にして男女別にずらして描いたもので，形の上では図 1-3 や図 3-1 などと同様に，x と y という 2 つの変数の散布図となっています。この場合の変数 x のように，分類をあらわす質的な変数に便宜的に（通常 1 と 0 という）2 つの数値を与えてコード化した変数を**ダミー変数**（dummy variable）とよびます。

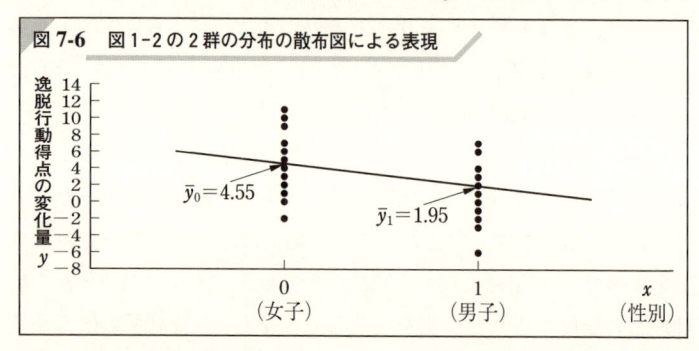

図 7-6　図 1-2 の 2 群の分布の散布図による表現

$\bar{y}_0 = 4.55$　　$\bar{y}_1 = 1.95$

0（女子）　　1（男子）　　x（性別）

2群の分布を，このように散布図として表現すれば，縦軸の変数 y を従属変数とし，ダミー変数 x を独立変数として，(7.33) 式と同様に

$$y = \alpha + \beta x + \epsilon$$

という線形モデルで表現してみようという発想が出てきます。

いま，この式で，$x = 1$（男子）とすると，

$$y = \alpha + \beta + \epsilon \tag{7.45}$$

となり，$x = 0$（女子）とすると

$$y = \alpha + \epsilon \tag{7.46}$$

となります。ここで (7.35) 式の仮定から，残差 ϵ の期待値はいずれの場合もゼロとなりますから，各群の y の期待値（母集団平均）は，それぞれ $\alpha + \beta$ および α となります。ここから，2群の母集団平均の差が，上記の線形モデルの回帰係数 β によって与えられることがわかります。この例では，この β が「性」という独立変数の効果をあらわす母数となります。

母数の最小2乗推定　　上記のように，いったん線形モデルとして表現できれば，通常の回帰分析と同様に最小2乗法などによって母数を推定することができます。しかも，x が2つの値しかとらないことから，母数 β の最小2乗推定量は，以下のように簡単に導出することができます。

いま，$x = 1$ に対する y の予測値を $\hat{y}_1$ とし，$x = 0$ に対する予測値を $\hat{y}_0$ とします。そして，$x = 1$ となる群の観測値を y_{11}, y_{21}, $\cdots$, $y_{n_1 1}$ とし，$x = 0$ となる群の観測値を y_{10}, y_{20}, $\cdots$, $y_{n_0 0}$ とします。ただし，n_1, n_0 は各群の人数であり，全体のサンプルサイ

ズは $N = n_1 + n_0$ です。ここで,最小化すべき基準は予測の誤差の2乗和ですから,

$$Q = \sum_{i=1}^{n_1} (y_{i1} - \hat{y}_1)^2 + \sum_{i=1}^{n_0} (y_{i0} - \hat{y}_0)^2 \qquad (7.47)$$

とあらわせます。

 ここで,右辺の2つの項を別々に最小化することを考えてみましょう。まず,第1項については,$x = 1$ となる群における各観測値 y_{i1} との差の2乗が全体として最小になるような $\hat{y}_1$ の値を求めればよいことになります。第5章の1節で母集団平均 μ の最小2乗推定の説明をしたところで述べたように,この場合,求めるべき予測値 $\hat{y}_1$ は,単純に,$x = 1$ の群の観測値の平均 $\bar{y}_1$ となります。同様に,第2項を最小化する $\hat{y}_0$ は,$x = 0$ の群の平均 $\bar{y}_0$ です。これら2つの予測値は,Q の2つの項をそれぞれ独立に最小化するものですから,そのまま Q を最小化する予測値となります。

 図7-6には,この方法で求めた予測値(各群の平均),およびそれを結んだ"回帰直線"が描かれています。横軸の x の値が1と0ですから,この直線の傾きは2群の平均値差に等しくなります。その平均値差が,線形モデルの母数 β の最小2乗推定量 b です。すなわち,

$$b = \bar{y}_1 - \bar{y}_0 \qquad (7.48)$$

であり,図7-6のデータの場合,その値は $1.95 - 4.55 = -2.60$ となります。

| 独立変数の効果の検定 |

 次に,独立変数(いまの例では「性」)の効果を (7.41) 式の F 統計量によって検定するために,必要な平方和を求めてみましょう。

 2群合わせた全体における従属変数の平均を $\bar{y}$ とすると,

$$\bar{y} = \frac{n_1 \bar{y}_1 + n_0 \bar{y}_0}{N} \tag{7.49}$$

であり，予測値の平方和は，

$$\begin{aligned} SS_{\hat{y}} &= \sum_{i=1}^{n_1} (\hat{y}_1 - \bar{y})^2 + \sum_{i=1}^{n_0} (\hat{y}_0 - \bar{y})^2 \\ &= n_1 (\bar{y}_1 - \bar{y})^2 + n_0 (\bar{y}_0 - \bar{y})^2 \end{aligned} \tag{7.50}$$

となります。

これに対し，残差の平方和は，(7.47) 式の Q の最小値である

$$\begin{aligned} SS_e &= \sum_{i=1}^{n_1} (y_{i1} - \bar{y}_1)^2 + \sum_{i=1}^{n_0} (y_{i0} - \bar{y}_0)^2 \\ &= n_1 s_1^2 + n_0 s_0^2 \end{aligned} \tag{7.51}$$

で与えられます。ただし，s_1^2, s_0^2 はそれぞれの群における y の分散です。

これら 2 つの平方和を，それぞれの自由度 (1 と $N-2$) で割って比をとると，F 統計量が

$$F = \frac{n_1 (\bar{y}_1 - \bar{y})^2 + n_0 (\bar{y}_0 - \bar{y})^2}{(n_1 s_1^2 + n_0 s_0^2)/(N-2)} \tag{7.52}$$

となります。この式に (7.49) 式を代入して整理すると，

$$F = \frac{(\bar{y}_1 - \bar{y}_0)^2}{(n_1 s_1^2 + n_0 s_0^2)/(N-2)} \times \frac{n_1 n_0}{N} \tag{7.53}$$

という式が導けます。これは，表現は多少違いますが，第 6 章の (6.8) 式の t 統計量を 2 乗したものと同じです。

つまり，回帰分析を例にして導いた平方和の分割と，それに基づく独立変数の効果の検定方式は，2 群の平均値差の検定にも同じように適用することができる一般的なものなのです。

6 線形モデルに基づく統計的方法

<大見出し: 一般的な線形モデル>

ここまでは,独立変数が x ひとつだけのモデルを考えましたが,心理学の研究では,複数の独立変数をもつモデルもよく用いられます。いま,独立変数の個数を p とすると,これらの1次式によって量的な従属変数 y を表現する線形モデルは

$$y = \alpha + \beta_1 x_1 + \beta_2 x_2 + \cdots + \beta_p x_p + \epsilon \tag{7.54}$$

と書くことができます[8]。

<大見出し: 線形モデルのバリエーションと統計的方法>

線形モデルに含まれる p 個の独立変数は,量的に測定された変数である必要はなく,前節でみたように,質的な変数をコード化したダミー変数である場合もあり,また,両者が混在する場合もあります。独立変数が,学習時間や知能偏差値など,すべて量的な変数である場合の分析は,一般に回帰分析とよばれます。そのうち,第3章および本章で解説した $p=1$ の場合の分析は,特に**単回帰分析**とよばれることがあります。それに対し,$p \geq 2$ の場合の分析は**重回帰分析**とよばれます。重回帰分析については第8章で解説します。

独立変数が,被験者に与える処遇や実験条件の違いのように質的なものである場合の分析は**分散分析**とよばれます。一般的なコンピュータ・プログラムでは,これらの質的な変数をコード化してダミー変数として扱いますが,前節でみたような比較的単純な分析の場合は,

---

[8] ここでの x の添字は被験者の番号ではなく,異なる独立変数に付した番号であることに注意してください。

質的な変数で分類された群ごとに従属変数 y の平均を求め，それに基づいて検定統計量の計算を行うことができるので，その場合は，ダミー変数のことは特に意識する必要はありません。分散分析については第 9 章で解説します。

分散分析における検定力を高めるために，従属変数と相関のある量的変数を独立変数に含めて分析することもあります。たとえば，課題成績に対する実験的処遇の効果をみるときに，独立変数として実験条件の違いという質的変数に加え，知能偏差値などの量的変数を投入することがあります。このような分析は**共分散分析**とよばれます。共分散分析については，第 9 章の 7 節で取り上げます。

心理学の研究では，実際に測定したり操作したりすることのできる変数のほかに，理論的に想定されるだけで直接には測定することのできない潜在的な変数を扱うこともよくあります。たとえば，あるテストを構成する多数の項目の得点が，言語的能力と数理的能力という 2 種類の能力によって規定されているとするモデルを考えることがあります。この場合の「能力」のような潜在変数は因子とよばれます[9]。そして，因子を独立変数とし，観測変数を従属変数とする線形モデルは一般に因子分析モデルとよばれ，このモデルに基づいて，観測変数間の相関関係を説明する因子について検討する方法は**因子分析**とよばれています。因子分析およびそれを拡張した**共分散構造分析**については第 10 章で解説します。

本章で解説した考え方，すなわち，変数と統計量のベクトルによる表現や，平方和および分散の分割，自由度，独立変数の効果の検定などは，これらさまざまな線形モデルおよび分析法に共通する基

---

9) 第 1 章で紹介した「構成概念」という言葉を用いることもありますが，本書では，統計モデルに組み込まれて数量的に扱われる潜在変数は因子とよび，構成概念はもっと一般的・概念的なものをあらわすものとして因子とは区別しておきます。

本的なものであり，これらの異なる方法を統合的に理解するための強固な土台となるものです[10]。

● キーワード

ベクトル，偏差平方和，平方和，予測値の平方和，残差の平方和，全体の平方和，モデルの平方和，分散説明率，決定係数，効果，線形モデル，自由度，平均平方，F 分布，ダミー変数，単回帰分析，重回帰分析，分散分析，共分散分析，因子分析，共分散構造分析，対数線形モデル

---

[10] 第6章の5節で解説したカテゴリ変数間の連関の検定のためのカイ2乗検定を拡張した**対数線形モデル**（log-linear model）による分析も，線形モデルに含めて議論することができますが，本書では割愛します。対数線形モデルについては，エヴェリット（1980）や松田（1988）などを参照してください。

第8章 偏相関と重回帰分析

本章では、複数の量的な独立変数を用いて従属変数を予測・説明するための方法を取り上げます。こうした分析では、独立変数相互の相関関係が重要な意味をもってきます。その相関関係をふまえて、それぞれの独立変数について、「他の独立変数の影響を除いてもなお、従属変数との間に関係がみられるか」とか「他の独立変数の影響を除くと、従属変数との間にどのような相関関係が出現するか」といった問題を検討していくことになります。ここでははじめに、偏相関や偏回帰などの概念を導入しながら、「他の変数の影響を除く」ということの意味を考えます。そして、それを基礎として、重回帰分析の考え方と方法を解説していくことにします。

1 部分相関係数と偏相関係数

研究の例　子どもの協調性の発達に関する研究で、「母親が子どもの協調性に価値をおいているほど、その価値を実現しようとするしつけを行い、そのことが子どもの協調性を育てる方向に作用するだろう」という仮説を立てたとしましょう。そしてさらに、「幼稚園・保育園での友達との相互作用の経験が、社会的な特性である協調性の発達を促進するだろう」ということも考えたとします。

これらの仮説の妥当性を実証的に検討するために、子どもの協調性を測定する質問紙を作成し、担任の教師にその質問紙を用いて子

どもの協調性を評定してもらったとしましょう。そこで得られる得点を「子どもの協調性得点」とよんでおきます。そして，その同じ質問紙を母親に示し，質問紙に含まれているそれぞれの項目をどれぐらい価値あるものと考えるかを答えてもらって得点化したとします。それを「母親の協調性価値得点」とよんでおきます。さらに「幼稚園・保育園での友達との相互作用の経験の量」は，それを近似的にあらわすと考えられる「通園年数」によってデータ化するとします。

これらの変数のうち，「母親の協調性価値得点」と「通園年数」は，「子どもの協調性得点」を予測・説明するものとして考えられていますから，前2者が独立変数，そして後者が従属変数ということになります。これらの変数を，記号で

x_1：母親の協調性価値得点

x_2：子どもの通園年数

y ：子どもの協調性得点

と表記することにします。

これらの変数に関して，上記の仮説からは，「x_1 および x_2 が大きいほど y も大きいだろう」という予測が導かれます。この予測を確かめるだけなら，x_1 と y，そして x_2 と y との相関関係を調べるだけで十分です。しかし，そこからさらに踏み込んで，「母親が子どもの協調性に価値をおいているほど，早い時期から幼稚園・保育園に通わせるだろうから，通園年数も長くなるだろう。したがって，通園年数 x_2 と子どもの協調性得点 y の間に正の相関関係がみられても，それは図 8-1 に示したように，両変数がともに母親の協調性価値得点 x_1 を反映していることによって生じた**疑似相関**ではないか」という問題まで考えたとしましょう[1]。この問題は，逆の言い

---

1) 変数間の関係をあらわすこのような概念図をパス図（path diagram）とよびます。

図 8-1 疑似相関

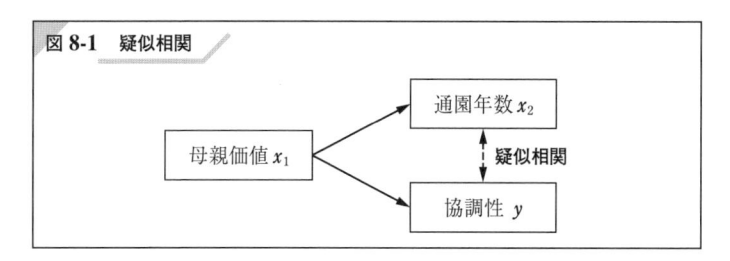

母親価値 x_1 → 通園年数 x_2
母親価値 x_1 → 協調性 y
通園年数 x_2 ⇠疑似相関⇢ 協調性 y

方をすれば,「通園年数 x_2 と子どもの協調性得点 y の間に,その両変数と母親の協調性価値得点 x_1 との相関関係だけでは説明できないような独自の関係があるか」という問題です。このような発展的な,しかし心理学の研究では頻繁に取り上げられる問題を考えるには,ある変数(いまの場合,x_1)の影響を除いたうえで相関関係を調べるという手法が必要になってきます。

データと基本統計量 表 8-1 は,50 人の小学校 1 年生とその母親を対象に,上記の 3 つの変数を測定した(架空の)結果を示したものです。そして,図 8-2 はそのデータを,横方向に x_1,奥行き方向に x_2,そして縦方向に y をとってプロットした 3 次元の散布図です[2]。

このデータから,この後の分析で必要となる基本統計量の値を求めたのが表 8-2 です。これをみると,予測通り,子どもの協調性得点 y は,母親の協調性価値得点 x_1 および子どもの通園年数 x_2 と,それぞれ .48 と .50 という正の相関をもっていることがわかります。さらに,母親の協調性価値得点と子どもの通園年数という独立変数どうしの間にも,これらの相関と同程度の .54 という相関があります。この結果を用いて,上で述べた「通園年数 x_2 と子どもの協調性得点 y の間に,その両変数と母親の協調性価値得点 x_1 との相関

---

2) 図 8-2 の「回帰平面」や「残差」については 3 節で説明します。

表8-1 50組の母子の協調性データ

番号	母親価値	通園年数	協調性	番号	母親価値	通園年数	協調性
1	12	2	6	26	11	2	9
2	12	2	11	27	14	3	12
3	7	2	11	28	15	2	13
4	17	3	13	29	15	3	13
5	14	2	13	30	15	3	14
6	9	2	10	31	16	2	12
7	10	3	10	32	15	3	15
8	13	3	15	33	12	2	8
9	15	3	11	34	10	2	12
10	12	1	11	35	11	3	11
11	12	3	16	36	12	1	6
12	15	3	14	37	15	2	12
13	11	2	10	38	13	3	15
14	14	2	13	39	15	2	9
15	17	4	12	40	12	2	13
16	17	2	15	41	12	2	9
17	16	4	16	42	12	3	11
18	15	3	14	43	13	3	14
19	15	3	14	44	17	3	12
20	10	2	8	45	13	2	13
21	12	2	13	46	11	3	9
22	9	1	12	47	14	2	11
23	12	2	12	48	16	4	14
24	12	2	11	49	12	2	16
25	19	4	16	50	12	2	8

(注) 母親価値＝母親の協調性価値得点 x_1
通園年数＝子どもの通園年数 x_2
協調性＝子どもの協調性得点 y

関係だけでは説明できないような独自の関係があるか」という問題を考えてみましょう。

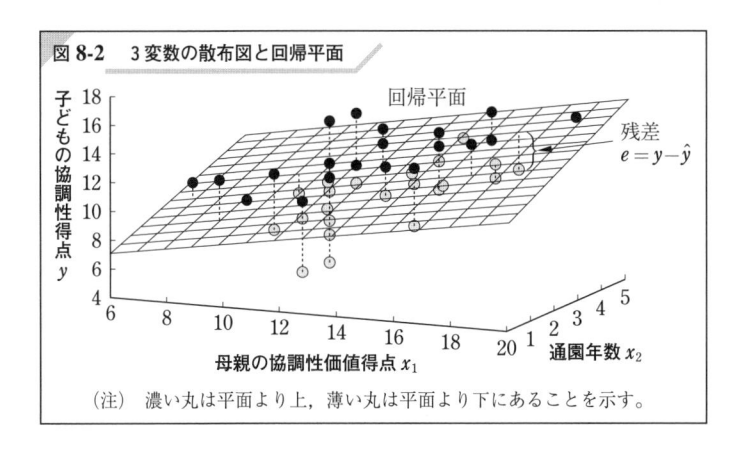

1 部分相関係数と偏相関係数 227

図 8-2　3 変数の散布図と回帰平面

（注）濃い丸は平面より上，薄い丸は平面より下にあることを示す。

表 8-2　協調性データの基本統計量

	平均	標準偏差	相関係数		
			x_1	x_2	y
母親価値 x_1	13.20	2.42	1.00		
通園年数 x_2	2.48	0.75	.54	1.00	
協調性 y	11.96	2.48	.48	.50	1.00

残差への注目　この問題を解く鍵になるのは，第 3 章の 3 節および第 7 章の 2 節で述べた「変数を互いに相関のない 2 つの成分に分解する」という考え方です。たとえば，通園年数 x_2 を 2 つの成分に分解することを考えます。1 つの成分は，いまその影響を除いて考えたいと思っている母親の協調性価値得点 x_1 によって完全に予測可能な成分で，もう 1 つは x_1 とは完全に無相関の成分です。すでに述べたように，この分解は，x_1 によって x_2 を予測する回帰分析を行うことによって可能になります。そのときの予測値が x_1 によって完全に予測可能な成分（x_1 と完全に相関する成分）であり，残差が x_1 とは無相関の成分です。その

残差は、「x_2 から x_1 の影響を除いた成分」とよぶことができます。ここではその成分を $x_2|x_1$ と表記することにしましょう[3]。"|" の前にある変数から、後ろにある変数の影響を除いたものということです[4]。

この $x_2|x_1$ という変数は、通園年数 x_2 を構成する成分ですが、母親の協調性価値得点 x_1 とは完全に無相関です。したがって、この変数が他の変数（たとえば子どもの協調性得点 y）と相関をもつ場合、「その相関関係は x_1 との相関によって生じた擬似的なものだ」という主張は、その根拠を失うことになります。そこで、この残差変数 $x_2|x_1$ と y との相関関係を調べることによって、「x_1 の影響を除いても x_2 と y の間に相関があるかどうか」を調べることができます。

図 8-3 は、通園年数 x_2 から母親の協調性価値得点 x_1 の影響を除いた残差変数 $x_2|x_1$ を横軸にとり、子どもの協調性得点 y を縦軸に

図 8-3　残差 $x_2|x_1$ と子どもの協調性得点との散布図

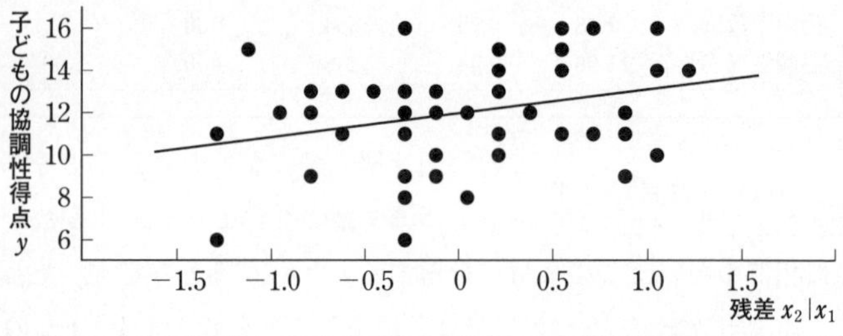

---

[3] 記号 "|" を、私は "/" と同じに「スラッシュ」とよんでいます。
[4] 「ある変数の影響を除く」という表現は、その変数を原因とする因果関係を示唆する表現となっています。因果関係に対してより中立的な表現を用いるとすれば、「ある変数と相関する成分を除く」または「ある変数によって予測可能な成分を除く」ということになります。ただし、「影響を除く」という表現を用いる場合でも、それによって示唆される因果関係が確認されていることを意味するわけではありません。このほかに、「統計的にコントロールする」とか「パーシャルアウト (partial out) する」といった表現も同じ意味で用いられます。

とって描いた散布図です。この図およびその中に描かれた回帰直線から、この両変数の間には弱いながらも正の相関があることがわかります。

部分相関係数 x_2 から x_1 の影響を除いた成分 $x_2|x_1$ と、y との相関係数を $r_{y(2|1)}$ と表記することにします。ただし、添字の中の 2|1 は $x_2|x_1$ を略記したものです。このように、相関を求める 2 つの変数のうち、1 つの変数が第 3 の変数（いまの場合、x_1）の影響を除いたものであるとき、その相関係数を**部分相関係数**（part correlation coefficient）とよびます[5]。

部分相関係数の値は、実際に回帰分析をして残差を求めなくても、公式によって簡単に求めることができます。たとえば、いまの場合のように、x_2 から x_1 の影響を除いたときの y との部分相関係数 $r_{y(2|1)}$ は、

$$r_{y(2|1)} = \frac{r_{y2} - r_{y1}r_{12}}{\sqrt{1 - r_{12}^2}} \quad (8.1)$$

によって計算できます。ただし、ここでも添字を簡略化しており、添字の 1 は x_1 を、2 は x_2 をあらわしています。たとえば、r_{12} は x_1 と x_2 との相関係数、r_{y1} は y と x_1 との相関係数です。

表 8-2 に示した相関係数の値を用いて、表 8-1 のデータにおける上記の部分相関係数を求めると、

$$r_{y(2|1)} = \frac{.50 - .48 \times .54}{\sqrt{1 - .54^2}} = .29$$

という値が得られます。通園年数 x_2 から母親の協調性価値得点 x_1 で予測できる部分を除いた場合、子どもの協調性得点 y との相関は、もとの相関係数 $r_{y2} = .50$ よりかなり減少するものの、正の値を維

---
5) 英語では semipartial correlation coefficient というよび方もあり、その訳語としては片偏相関係数や半偏相関係数という言葉が使われています。

持していることがわかります[6]。

偏相関係数

部分相関係数 $r_{y(2|1)}$ においては，x_2 からは x_1 の影響を除いてありますが，y に関してはもとの変数のままです。つまり，変数 y には（$r_{y1}=0$ でない限り）変数 x_1 と相関のある成分も含まれています。そこで次に，変数 y からも x_1 の影響を除き，それを $y|x_1$ として，2 つの残差変数 $x_2|x_1$ および $y|x_1$ の間の相関を調べてみましょう。

表 8-1 のデータについて，残差変数 $x_2|x_1$ を横軸にとり，残差変数 $y|x_1$ を縦軸にとってプロットしたものが図 8-4 の散布図です。この図を図 8-3 と比べると，散布の状況がやや異なっており，これら 2 種類の相関関係は同一のものではないことがわかります。

いまのように，相関係数を求める 2 つの変数のそれぞれから，共通の第 3 の変数の影響を除くとき，その相関係数を**偏相関係数**（partial correlation coefficient）とよびます。たとえば，変数 x_1 の影響を除いたときの，y と x_2 との偏相関係数を $r_{y2|1}$ とあらわすとすると，その値は

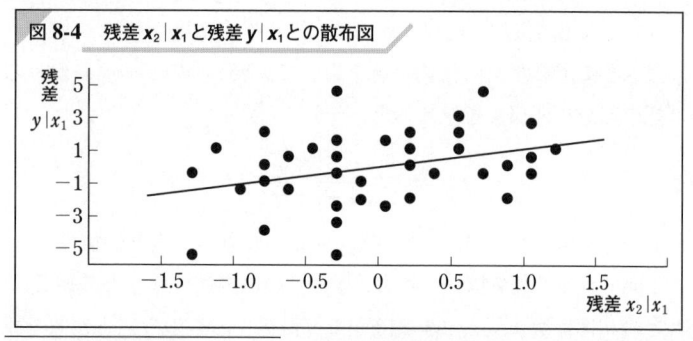

図 8-4　残差 $x_2|x_1$ と残差 $y|x_1$ との散布図

---

[6] 部分相関係数や次項で述べる偏相関係数と区別する必要があるとき，通常の相関係数のことを**単純相関係数**とよびます。ゼロ次の相関係数という言葉が用いられることもあります。

1 部分相関係数と偏相関係数　231

$$r_{y2|1} = \frac{r_{y2} - r_{y1}r_{12}}{\sqrt{1-r_{y1}^2}\sqrt{1-r_{12}^2}} \qquad (8.2)$$

によって求められます[7]。

この公式に表 8-2 の相関係数の値を代入すると，

$$r_{y2|1} = \frac{.50 - .48 \times .54}{\sqrt{1-.48^2}\sqrt{1-.54^2}} = .33$$

という値が得られます。この値から，子どもの通園年数 x_2 と協調性得点 y の間には，その両変数と母親の協調性価値得点 x_1 との相関関係だけでは説明できない独自の関係があることが示唆されます。

なお (8.2) 式と (8.1) 式とから，偏相関係数 $r_{y2|1}$ と部分相関係数 $r_{y(2|1)}$ の間には

$$r_{y2|1} = \frac{r_{y(2|1)}}{\sqrt{1-r_{y1}^2}} \qquad (8.3)$$

という関係があることがわかります。したがって，偏相関係数とそれに対応する部分相関係数は同じ符号をもち，絶対値は偏相関係数のほうが大きくなります。

図 8-5 は，部分相関係数 $r_{y(2|1)}$ と偏相関係数 $r_{y2|1}$ の意味の違いを，パス図によって示したものです。この図で，たとえば x_2 へは x_1 と残差変数 $x_2|x_1$ の 2 つから矢印（パス図ではこれを**パス** (path) とよぶ）が向いていますが，これは，x_2 が x_1 と $x_2|x_1$ という 2 つの成分によって構成されていることを示しています[8]。

---

[7]　部分相関係数を $r_{y(2|1)}$ と表記する方式に合わせて，この偏相関係数を $r_{(y|1)(2|1)}$ と表記することもできますが，ここではこれを単純化して，$r_{y2|1}$ と表記することにします。

[8]　図 8-5 の (a) では，部分相関係数 $r_{y(2|1)}$ の算出に関係のない y の残差を省略してあります。

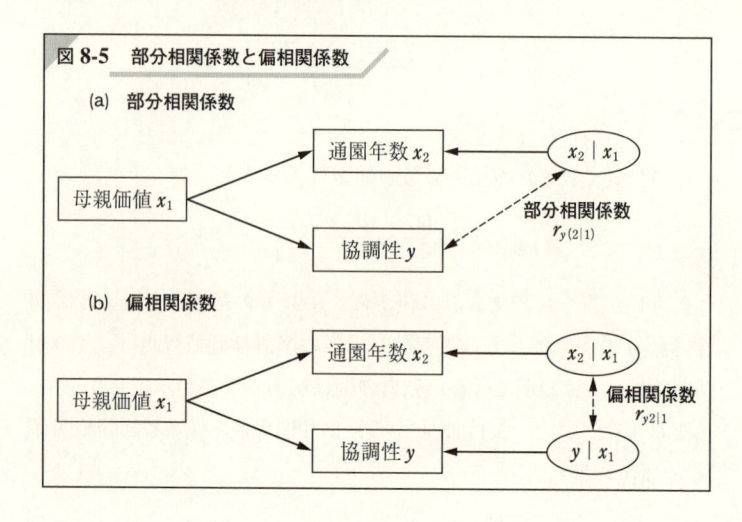

図 8-5　部分相関係数と偏相関係数

(a) 部分相関係数

母親価値 x_1 → 通園年数 x_2 ← $x_2 \mid x_1$

母親価値 x_1 → 協調性 y

部分相関係数 $r_{y(2\mid 1)}$

(b) 偏相関係数

母親価値 x_1 → 通園年数 x_2 ← $x_2 \mid x_1$

母親価値 x_1 → 協調性 y ← $y \mid x_1$

偏相関係数 $r_{y2\mid 1}$

2　偏回帰係数とその解釈

偏回帰係数　前節では残差変数に基づく相関係数として部分相関係数と偏相関係数の説明をしましたが,このほかに,残差変数に基づく回帰係数が用いられることもあります。実際,次節以降で述べる重回帰分析など,心理学の研究でよく用いられている分析法では,そうした回帰係数の算出と解釈に焦点が当てられます。

そこで,図8-3と図8-4の散布図に戻って,今度は横軸の変数(残差 $x_2\mid x_1$)によって縦軸の変数(y または $y\mid x_1$)を予測するときの回帰直線に注目してみましょう。この2枚の散布図は比較可能なように同じスケールで描かれていますが,そこから,その中の2本の回帰直線が同じ傾きをもっていることが読み取れるはずです。つま

2 偏回帰係数とその解釈　233

り，相関係数（部分相関係数と偏相関係数）の値は両者で異なるにもかかわらず，回帰係数の値は完全に一致するのです。

第 3 章の (3.13) 式で示したように，一般に，散布図の横軸の変数 x によって縦軸の変数 y の値を予測するときの回帰係数は

$$b = r \frac{s_y}{s_x}$$

によって与えられます。図 8-3 の場合の相関は (8.1) 式で与えられる部分相関係数 $r_{y(2|1)}$ です。また，横軸の残差変数 $x_2|x_1$ の標準偏差 $s_{2|1}$ は，x_1 によって x_2 を予測するときの予測の標準誤差ですから，第 3 章の (3.25) 式を適用して，

$$s_{2|1} = s_2 \sqrt{1 - r_{12}^2} \tag{8.4}$$

となります[9]。一方，縦軸の変数 y の標準偏差は s_y で変わりませんから，これらの値を回帰係数の式に代入して，$x_2|x_1$ から y を予測するときの回帰係数 $b_{y(2|1)}$ の式を導くと，

$$\begin{aligned}
b_{y(2|1)} &= r_{y(2|1)} \frac{s_y}{s_{2|1}} \\
&= \frac{r_{y2} - r_{y1}r_{12}}{\sqrt{1 - r_{12}^2}} \times \frac{s_y}{s_2 \sqrt{1 - r_{12}^2}} \\
&= \frac{r_{y2} - r_{y1}r_{12}}{1 - r_{12}^2} \times \frac{s_y}{s_2}
\end{aligned} \tag{8.5}$$

となります。

同様に，図 8-4 の場合について，(8.2) 式の偏相関係数 $r_{y2|1}$ と，(8.4) 式の標準偏差 $s_{2|1}$，およびもう一方の残差変数 $y|x_1$ の標準偏差

$$s_{y|1} = s_y \sqrt{1 - r_{y1}^2} \tag{8.6}$$

---

[9] ここでも添字の x は省略して，x_2 の標準偏差を s_2 のように表記しています。

を回帰係数の式に代入すると，$x_2|x_1$ から $y|x_1$ を予測するときの回帰係数 $b_{y2|1}$ $(=b_{(y|1)(2|1)})$ の式を容易に導くことができます。そして，その結果は，(8.5) 式と完全に一致します。

この回帰係数，すなわち，ある独立変数（いまの場合，x_2）から他の独立変数（いまの場合，x_1）の影響を除いた残差変数によって，従属変数（または従属変数から他の独立変数の影響を除いた残差変数）を予測するときの回帰係数を，**偏回帰係数**（partial regression coefficient）とよびます。簡単にまとめれば，残差どうしの相関係数が偏相関係数で，そこでの回帰係数が偏回帰係数ということです。

標準偏回帰係数

偏回帰係数 $b_{y(2|1)}$ は，残差変数 $x_2|x_1$ の 1 単位の差異に対応する y および $y|x_1$ の平均的な差異の大きさをあらわすものです。したがって，単回帰分析の場合と同様に，変数 x_2 および y がどのような単位であらわされた変数であるかによって，その値は違ってきます。

ここで，変数 x_2 および y の標準偏差が同じ値（通常は 1）になるようにデータを標準化すれば，(8.5) 式の最右辺にある標準偏差の比が 1 となり，偏回帰係数の式が相関係数のみに基づく，したがって測定単位の影響を受けないものとなります。このときの偏回帰係数は**標準偏回帰係数**（standardized partial regression coefficient）とよばれます。(8.5) 式に対応する標準偏回帰係数は

$$b_{y(2|1)}^* = \frac{r_{y2} - r_{y1}r_{12}}{1 - r_{12}^2} \tag{8.7}$$

で与えられます。

標準偏回帰係数 $b_{y(2|1)}^*$ は，変数 x_2 および y を標準化したときの指標であり，これらの変数の標準偏差を 1 にしたとき，残差変数 $x_2|x_1$ および $y|x_1$ の標準偏差は，それぞれ $\sqrt{1-r_{12}^2}$ および $\sqrt{1-r_{y1}^2}$ となります（(8.4) 式および (8.6) 式参照）。つまり，残差変数の標準

偏差を1にしたわけではないということです。

ここで，(8.1) 式の部分相関係数，(8.2) 式の偏相関係数，そしてそれらに対応する標準偏回帰係数 $b^*_{y(2|1)}$ の式 (8.7) を比べてみましょう。

部分相関係数： $$r_{y(2|1)} = \frac{r_{y2} - r_{y1}r_{12}}{\sqrt{1 - r_{12}^2}}$$

偏相関係数： $$r_{y2|1} = \frac{r_{y2} - r_{y1}r_{12}}{\sqrt{1 - r_{y1}^2}\sqrt{1 - r_{12}^2}}$$

標準偏回帰係数： $$b^*_{y(2|1)} = \frac{r_{y2} - r_{y1}r_{12}}{1 - r_{12}^2}$$

これら3種類の指標の分子はまったく同じで，分母のみが少し異なっています。また，その分母はいずれの指標でも正の値をとりますから，これら3種類の指標の符号は一致することがわかります。特に，このうちのどれかの値がゼロであれば，他の2種類の指標の値もゼロとなります。このときは，標準化していない偏回帰係数ももちろんゼロになります。このことから，これらの指標の母集団値がゼロであるという帰無仮説はすべて同等の仮説だということがわかります。

偏回帰係数の解釈　偏回帰係数（または標準偏回帰係数）は，重回帰分析，因子分析，共分散構造分析などの方法において，重要な役割を担う指標です。しかし，心理学の研究報告などでは，この基本的な指標の意味が誤解されていることが少なくありません。本節の文脈で言えば，偏回帰係数は x_2 から x_1 の影響を除いた残差変数 $x_2|x_1$ にかかる回帰係数ですが，それを，単純に x_2 で y を予測するときの回帰係数のように誤解するケースが多いのです。

第3章の3節で身長から体重を予測する例を用いて説明したよう

に，残差変数 $x_2|x_1$ と x_2 は明らかに意味内容の異なる変数です。子どもの通園年数 x_2 から母親の協調性価値得点 x_1 の影響を除いたものは，もはや単なる「通園年数」ではなく，「母親の協調性価値得点から予測される通園年数に対して，実際の通園年数がどれだけ長かったか，あるいは短かったか」をあらわすものとなります。ですから，通園年数が長い子どもでも，その母親の協調性価値得点が高ければ，残差変数のほうはそれほど大きな値にはなりません。第 7 章では，予測に用いられる独立変数と従属変数の相関が高いほど，予測の残差成分と従属変数の相関が低くなることを示しました（(7.22) 式）。これをいまの文脈にあてはめると，影響を取り除く変数 x_1 と x_2 との相関が高いほど，残差変数 $x_2|x_1$ と x_2 との相関が低くなり，影響を取り除く前と後とで，変数が意味するものが異なってくるということです。偏回帰係数の解釈においては，影響を取り除く他の独立変数の内容，およびそれらと当該の独立変数との相関関係をふまえて，残差変数の具体的な意味を考えることが必要です。

3 重回帰モデルのあてはめ

重回帰モデル　　前節までは，2 つの独立変数のうち，子どもの通園年数 x_2 から母親の協調性価値得点 x_1 の影響を除いた成分に注目しましたが，研究の目的によっては，逆に x_1 から x_2 の影響を除いた成分に注目することもあるでしょう。あるいは，もっと一般的に，すべての独立変数について，他のすべての独立変数の影響を除いた成分を考え，それらと従属変数との関係を調べることも考えられます。**重回帰分析**（multiple regression analysis）はこのような場合に適した分析法です。

3 重回帰モデルのあてはめ

重回帰分析では，量的な従属変数 y が，複数の量的な独立変数を用いて，

$$y = \alpha + \beta_1 x_1 + \beta_2 x_2 + \cdots + \beta_p x_p + \epsilon \tag{8.8}$$

とあらわされるという線形モデルを考えます。統計的推測の際には，この中の残差 ϵ について，単回帰分析の場合と同様に，

$$\epsilon | x_1, \ x_2, \ \cdots, \ x_p \sim N(0, \ \sigma_\epsilon^2) \tag{8.9}$$

という確率モデルを想定します。

ここではひとまず，前節で取り上げた，独立変数が 2 個のケース

$$y = \alpha + \beta_1 x_1 + \beta_2 x_2 + \epsilon \tag{8.10}$$

を考えましょう。(8.9) 式より，このモデルでは，独立変数 x_1 および x_2 の任意の値に対して，残差 ϵ の期待値がゼロとなることを仮定します。したがって，x_1 および x_2 の任意の値に対する y の期待値は

$$E(y|x_1, \ x_2) = \alpha + \beta_1 x_1 + \beta_2 x_2 \tag{8.11}$$

によって与えられます。この式は，幾何学的には平面をあらわす式であり，この式によって与えられる平面を**回帰平面**または**予測平面**とよびます[10]。前節で示した図 8-2 には，次項で述べる方法によってデータから推定された回帰平面が描かれています。

モデルの母数 α は回帰平面が y 軸と交わるところの y 座標の値ですから切片とよばれます。一方，β_1 は回帰平面の x_1 軸方向の傾きを，また β_2 は同様に x_2 軸方向の傾きをあらわします。これら傾

---

[10] 独立変数が 3 個以上のときは，回帰超平面，予測超平面という言葉が用いられます。

きをあらわす母数 β_1, β_2 は，前節で解説した偏回帰係数の母集団値となります（次節参照）。重回帰分析を用いれば，すべての独立変数に対する偏回帰係数が一挙に推定できます。

最小 2 乗法による母数の推定

重回帰モデルの母数 α, β_1, β_2 の推定量を，それぞれ a, b_1, b_2 とすると，独立変数 x_1, x_2 に基づく従属変数 y の予測値 $\hat{y}$ が

$$\hat{y} = a + b_1 x_1 + b_2 x_2 \tag{8.12}$$

によって与えられます。この式で与えられる回帰平面が図 8-2 のような散布図に最もよくあてはまるように推定量を決めたいわけです。そのために従属変数 y とその予測値 $\hat{y}$ の差（残差，予測の誤差）

$$e = y - \hat{y} \tag{8.13}$$

に注目し，その平方を N 人の被験者すべてにわたって合計した値

$$\begin{aligned} Q &= \sum_{i=1}^{N} e_i^2 \\ &= \sum_{i=1}^{N} (y_i - \hat{y}_i)^2 \\ &= \sum_{i=1}^{N} [y_i - (a + b_1 x_{1i} + b_2 x_{2i})]^2 \end{aligned} \tag{8.14}$$

を最小にしようと考えるのが，最小 2 乗法の発想です。独立変数が 2 個の場合，この最小 2 乗基準 Q を最小にする推定量は以下の式で与えられます。

$$b_1 = \frac{r_{y1} - r_{y2}\, r_{12}}{1 - r_{12}^2} \times \frac{s_y}{s_1} \tag{8.15}$$

$$b_2 = \frac{r_{y2} - r_{y1}\, r_{12}}{1 - r_{12}^2} \times \frac{s_y}{s_2} \qquad (8.16)$$

$$a = \bar{y} - b_1 \bar{x}_1 - b_2 \bar{x}_2 \qquad (8.17)$$

このうち，(8.16) 式の b_2 は，先に残差変数にかかる回帰係数として導いた (8.5) 式の $b_{y(2|1)}$ と同じものです。同様に b_1 は，残差変数 $x_1|x_2$ によって y（または $y|x_2$）を予測するときの回帰係数 $b_{y(1|2)}$ と一致します（次節参照）。

表 8-2 に示した統計量の値を上記の式に代入すると，母数の推定値が以下のように求まります。

$$b_1 = \frac{.48 - .50 \times .54}{1 - .54^2} \times \frac{2.48}{2.42} = 0.30$$

$$b_2 = \frac{.50 - .48 \times .54}{1 - .54^2} \times \frac{2.48}{0.75} = 1.13$$

$$a = 11.96 - 0.30 \times 13.20 - 1.13 \times 2.48 = 5.17$$

これらの値を (8.12) 式に代入すると，予測値をあらわす式が

$$\hat{y} = 5.17 + 0.30\, x_1 + 1.13\, x_2$$

と求められます。これが，図 8-2 の回帰平面を与える式です。

偏回帰係数 b_1，b_2 に対応する標準偏回帰係数は，それぞれ

$$b_1^* = \frac{r_{y1} - r_{y2} r_{12}}{1 - r_{12}^2} \qquad (8.18)$$

$$b_2^* = \frac{r_{y2} - r_{y1} r_{12}}{1 - r_{12}^2} \qquad (8.19)$$

で与えられます。このうち，b_2^* は (8.7) 式の $b_{y(2|1)}^*$ と同じものです。標準偏回帰係数はギリシャ文字で β_1，β_2 のようにあらわすこともありますが，これだと偏回帰係数の母数との区別がつかないので，ここでは上式のようにアステリスク（*）をつけることで標準偏回帰係数をあらわすことにします。表 8-2 に示した相関係数の値をこれらの式に代入すると，

$$b_1^* = \frac{.48 - .50 \times .54}{1 - .54^2} = 0.30$$

$$b_2^* = \frac{.50 - .48 \times .54}{1 - .54^2} = 0.34$$

という値が得られます。

重相関係数

では，複数の独立変数を同時に用いることで，従属変数の予測はどれぐらい正確になるのでしょうか。それを評価するためには，従属変数 y と最小2乗法によって得られた予測値 $\hat{y}$ との相関係数が有用な指標となります。この指標は，従属変数と，予測に用いられた独立変数群との**重相関係数**（multiple correlation coefficient）とよばれ，R と表記されます。また，従属変数および予測に用いられた独立変数群を列挙した添字をつけて，$R_{y \cdot 12}$ のように書くこともあります。この場合，従属変数を点（・）の前に示し，独立変数を点の後に並べます。

重相関係数は，すべての被験者について実際に予測値を計算することをしなくても，従属変数と独立変数の間の相関係数，および独立変数間の相関係数を用いて，公式によってその値を求めることができます。独立変数が2個のときは，その公式は

$$R_{y \cdot 12} = \sqrt{\frac{r_{y1}^2 + r_{y2}^2 - 2r_{y1}r_{y2}r_{12}}{1 - r_{12}^2}} \qquad (8.20)$$

となります。

この公式に表8-2の統計量の値を代入して，表8-1のデータにおける重相関係数を求めてみると，

$$R_{y \cdot 12} = \sqrt{\frac{.48^2 + .50^2 - 2(.48)(.50)(.54)}{1 - .54^2}} = \sqrt{.31} = .56$$

となります。この値は，それぞれの独立変数と従属変数との相関係数（$r_{y1} = .48$，$r_{y2} = .50$）より少し大きくなっており，2つの独立変数を同時に用いたことの効果があらわれています。

最小2乗法によって得られる予測値 $\hat{y}$ は，実は従属変数との相関係数 $r_{y\hat{y}}$ を最大にする予測値でもあります（証明は次節）。したがって，重相関係数 R は，独立変数群の1次式で与えられる変数と従属変数との相関のうち最大のものということになります。独立変数のうちのどれか1つだけを用いるのも，独立変数群の1次式の特別な場合ですから，このことから重相関係数は，個々の独立変数と従属変数との相関係数（の絶対値）を下回ることはないということがわかります。

4 重回帰分析のしくみ

重回帰分析のベクトル表現

重相関係数の値を規定する要因や，偏回帰係数の統計的性質など，重回帰分析のしくみを理解するために，第7章で導入したベクトル表現を利用しましょう。最小2乗法によって得られた切片 a の式 (8.17) を，(8.12) 式に代入して整理すると，

$$\hat{y} - \bar{y} = b_1(x_1 - \bar{x}_1) + b_2(x_2 - \bar{x}_2) \tag{8.21}$$

という式が得られます。この式では，独立変数 x_1，x_2 も従属変数の予測値 $\hat{y}$ も，すべてそれぞれの平均からの偏差という形になっています。そこで，これらの偏差についての N 人分のデータを，それぞれ

$$\boldsymbol{x}_1 = (x_{11} - \bar{x}_1,\ x_{12} - \bar{x}_1,\ \cdots,\ x_{1N} - \bar{x}_1)$$
$$\boldsymbol{x}_2 = (x_{21} - \bar{x}_2,\ x_{22} - \bar{x}_2,\ \cdots,\ x_{2N} - \bar{x}_2)$$
$$\hat{\boldsymbol{y}} = (\hat{y}_1 - \bar{y},\ \hat{y}_2 - \bar{y},\ \cdots,\ \hat{y}_N - \bar{y})$$

というベクトルであらわすことを考えます。これらのベクトルを用

いると，(8.21) 式は

$$\hat{\boldsymbol{y}} = b_1 \boldsymbol{x}_1 + b_2 \boldsymbol{x}_2 \tag{8.22}$$

と書くことができます。

　この予測値のベクトル $\hat{\boldsymbol{y}}$ は，2つの独立変数のベクトル $\boldsymbol{x}_1$，$\boldsymbol{x}_2$ の重み付きの和になっていますから，図 8-6 に示したように，これら 2 つの独立変数ベクトルによって張られる平面上のベクトルとなります。そして，この予測値のベクトルの先端から，従属変数 y のベクトル

$$\boldsymbol{y} = (y_1 - \bar{y},\ y_2 - \bar{y},\ \cdots,\ y_N - \bar{y})$$

の先端に向かうベクトルが，残差（予測の誤差）e のベクトル

$$\begin{aligned}\boldsymbol{e} &= (e_1,\ e_2,\ \cdots,\ e_N) \\ &= (y_1 - \hat{y}_1,\ y_2 - \hat{y}_2,\ \cdots,\ y_N - \hat{y}_N)\end{aligned}$$

です。

　最小 2 乗法では，この残差のベクトル $\boldsymbol{e}$ の長さを最小にするよう

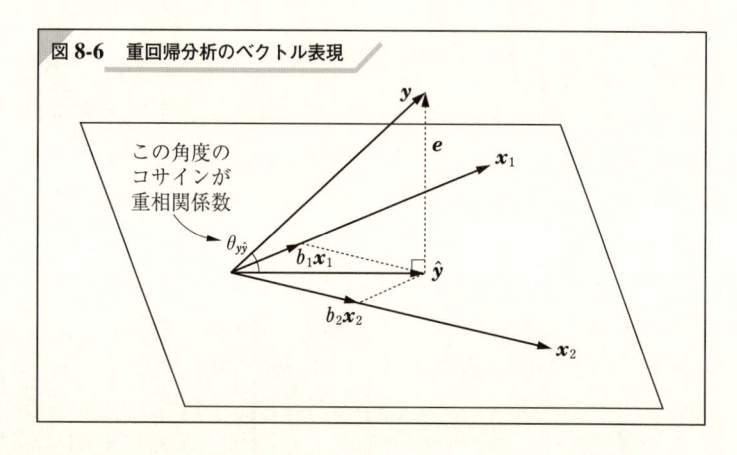

図 8-6　重回帰分析のベクトル表現

に予測値を決めます（第7章参照）。したがって、2つの独立変数ベクトルによって張られる平面上のベクトルのうち、従属変数のベクトル y の先端からその平面におろした垂線の足を先端とするベクトルが、予測値のベクトル $\hat{y}$ として選ばれることになります。図8-6からわかるように、このとき x_1 および x_2 にかかる重み、すなわち偏回帰係数 b_1, b_2 も自動的に決まります。そして、従属変数のベクトル y と予測値のベクトル $\hat{y}$ のなす角度のコサインが、y と $\hat{y}$ との相関、すなわち重相関係数 $R_{y\cdot 12}$ となります。この図から、残差のベクトル e の長さを最小にすることは、同時に y と $\hat{y}$ のなす角度を最小にすること、したがってその角度のコサインを最大にすることでもあることがわかります。ここから、前節で述べた「最小2乗法によって得られる予測値は、従属変数との相関を最大にする予測値でもある」ということが導かれます。

従属変数との相関と重相関係数

ここで、重相関係数はどういう条件のもとで大きな値をとるかという問題を考えてみましょう。重相関係数の値を規定する要因としてまず明らかなのは、それぞれの独立変数と従属変数との相関です。前節で述べたように、重相関係数は、個々の独立変数と従属変数との相関係数のうち最大のものを下回ることがないわけですから、単独でも高い予測力をもっている変数を独立変数として用いるのが有効であることは疑問の余地がありません。たとえば、表8-2において、仮に2つの独立変数と従属変数との相関係数が .48 と .50 という値でなく、それぞれ .7 という高い値だったとしたら、そして、独立変数間の相関は .54 のままだったとしたら、重相関係数は $R = .80$ にまで上昇します。

このことは、図8-6のベクトル図において、x_1 と x_2 の間の角度を固定したまま、y とこれら独立変数ベクトルとの間の角度を小さ

くしてみることで視覚的にも確認できます。その操作によって、ベクトル y は2つの独立変数が張る平面に近づいていき、y と $\hat{y}$ のなす角度 $\theta_{y\hat{y}}$ が小さくなっていきますから、その角度のコサインである重相関係数の値は大きくなります。

独立変数間の相関と重相関係数

次に、独立変数相互の間の相関係数（いわゆる内部相関）の大きさが、重相関係数の大きさにどのような影響を与えるかを検討してみましょう。ためしに表8-2において、他の統計量の値は同じにしたまま、2つの独立変数間の相関を .54 から .1 という低い値に変えてみましょう。そうすると重相関の値は $R = .56$ から $R = .66$ へと上昇します。この結果は、独立変数間の相関が低いほど、つまり予測に用いる変数が互いに類似した冗長なものでないほど、より正確な予測が可能になることを示唆しています。

このように考えると、他の条件が一定なら、独立変数間の相関がゼロのときに重相関係数が最大になるように思われますが、実はそうはなりません。たとえば表8-2で、独立変数間の相関をゼロにすると重相関は $R = .69$ となりますが、さらに逆相関にして $r_{12} = -.5$ とすると重相関はなんと $R = .98$ という非常に高い値になるのです。情報の重複あるいは冗長さという観点からすれば、相関は正でも負でも同じはずですが、結果として得られる重相関係数はかなり異なったものになるのです。図8-7は、$r_{y1} = r_{y2} > 0$ というケースについて、このように独立変数間の相関が正からゼロ、そして負へと変化するにつれて、重相関の値が単調に増加していくことを示しています。

このメカニズムは、図8-6のベクトル図で理解することができます。いま、2つの独立変数と従属変数との相関は固定して、独立変数間の相関を低くすることを考えるとします。これはベクトル図で

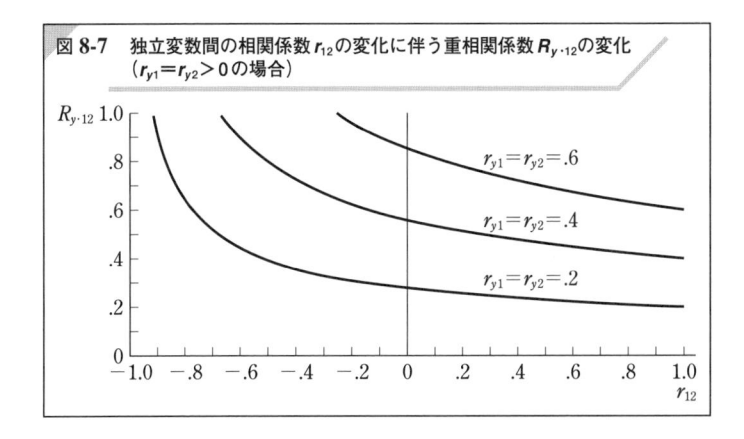

図 8-7 独立変数間の相関係数 r_{12} の変化に伴う重相関係数 $R_{y \cdot 12}$ の変化（$r_{y1} = r_{y2} > 0$ の場合）

言えば，独立変数ベクトル x_1 および x_2 と従属変数ベクトル y との角度を一定に保ったまま，x_1 と x_2 の間の角度を大きくしていくということです。図 8-6 に示した状態から，これら 2 つのベクトルの間の角度を徐々に大きくしていくと，従属変数のベクトル y はそれにしたがって徐々に x_1 と x_2 の張る平面に近づいていくことがわかるでしょう。これは，独立変数間の相関を低くしていくことによって，y と $\hat{y}$ のなす角度 $\theta_{y\hat{y}}$ が小さくなり，重相関係数 $R_{y \cdot 12}$ が大きくなっていくということを意味しています。2 つの独立変数ベクトルの間の角度をさらに大きくしていくと，従属変数のベクトル y は最後には独立変数の張る平面に含まれてしまいます。このとき，角度 $\theta_{y\hat{y}}$ はゼロとなりますから，重相関係数は 1 となります。なお，2 つの独立変数ベクトルの間の角度を大きくしていく過程で，その角度がちょうど 90° となるときがありますが，それは単なる通過点にすぎず，そこでは特別な変化は生じません。

多重共線性　独立変数間の相関に関連して述べておかなければならないこととして，**多重共線性**（multicollinearity）の問題があります。これは，独立変数間の相関

が高すぎる場合に、偏回帰係数の推定量が不安定になるという問題です。

図 8-8 には、互いに高い相関をもつ 2 つの独立変数 x_1 および x_2 をあらわすベクトル $\boldsymbol{x}_1$, $\boldsymbol{x}_2$ が描かれています。そして、予測値のベクトルが図の $\hat{\boldsymbol{y}}$ のようになったときに、それを構成する 2 つのベクトル $b_1\boldsymbol{x}_1$, $b_2\boldsymbol{x}_2$ が示されています。このような結果はもちろん、選ばれたサンプルに依存した結果ですから、別のサンプルでは、たとえば図に $\hat{\boldsymbol{y}}'$ と記したベクトルのような予測値ベクトルが得られるかもしれません。$\hat{\boldsymbol{y}}'$ とその前の $\hat{\boldsymbol{y}}$ の向きはほぼ同じなので、両結果における予測値の間には高い相関があります。つまり、この図では、「サンプリングによって若干異なる結果が得られた」という状態が描かれています。しかし、予測値ベクトルが $\hat{\boldsymbol{y}}'$ となったときの偏回帰係数 b_1', b_2' をみると、b_1 は正だったのに b_1' は負となっており、また b_2' は b_2 の 3 倍以上も大きな値になっています。

このように、独立変数の間に高い相関があると、サンプリングに伴う偏回帰係数の変動が大きくなります。このことは独立変数 x_1 と x_2 の値を固定したときの、それぞれにかかる偏回帰係数 b_1, b_2 の標準誤差の式

$$\sigma_{b_1} = \frac{\sigma_\epsilon}{\sqrt{N}\, s_1 \sqrt{1 - r_{12}^2}} \qquad (8.23)$$

図 8-8　多重共線性の問題

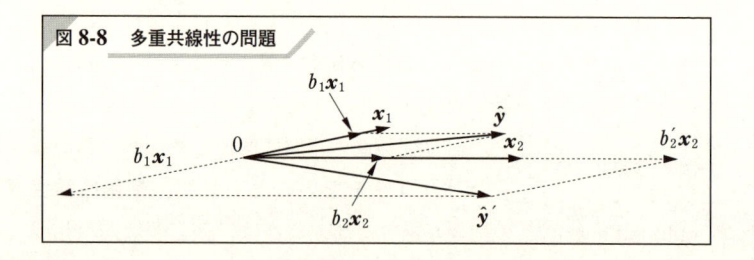

$$\sigma_{b_2} = \frac{\sigma_\epsilon}{\sqrt{N}\, s_2 \sqrt{1 - r_{12}^2}} \tag{8.24}$$

からもわかります。ここで,σ_ϵ は (8.9) 式に示したモデル上の残差の標準偏差です。独立変数間の相関係数 r_{12} の絶対値が大きいほど,これらの式の分母が小さくなって,標準誤差が大きくなります。$r_{12} = 0$ の場合は,これら偏回帰係数の標準誤差は,それぞれの独立変数単独で従属変数を予測したときの回帰係数の標準誤差と同じになります ((4.27) 式参照)。

なお,独立変数が 3 個以上ある場合は,独立変数 x_j にかかる偏回帰係数の標準誤差は,

$$\sigma_{b_j} = \frac{\sigma_\epsilon}{\sqrt{N}\, s_j \sqrt{1 - R_{j \cdot 1 \cdots (j) \cdots p}^2}} \tag{8.25}$$

で与えられます。ここで $R_{j \cdot 1 \cdots (j) \cdots p}$ は,x_j と,それを除くすべての独立変数群との重相関係数をあらわしています。その重相関係数が大きいほど,偏回帰係数の標準誤差が大きくなります。

独立変数間の相関が高くて多重共線性の問題が生じるときは,研究の目的にとってそれらの独立変数のすべてが必要なのかという吟味を行い,重要度の低い変数を削除するなり,複数の変数を合成してまとめるなりの工夫が必要になります。

> 偏回帰係数の幾何学的説明

2 節では,偏回帰係数を「ある独立変数から他の独立変数の影響を除いた残差変数によって,従属変数(または従属変数から他の独立変数の影響を除いた残差変数)を予測するときの回帰係数」として説明しました。一方,3 節では,「複数の独立変数によって従属変数を予測するときに,個々の独立変数にかかる係数」が偏回帰係数であるという説明をしました。この 2 つの説明が確かに偏回帰係数という同一の指標の説明となっていることを示しているのが図

8-9 です。

この図は、先に重回帰分析の基本的な考え方を説明するために用いた図 8-6 をベースにして、独立変数 x_2 から x_1 の影響を除いた成分 $x_2|x_1$ をあらわすベクトル $\boldsymbol{x_2|x_1}$ を書き加えたものです。このベクトルは、x_1 によって x_2 を予測するときの残差ベクトルですから、$\boldsymbol{x_2}$ の先端から $\boldsymbol{x_1}$ におろした垂線のベクトルとなりますが（第 7 章参照）、ここでは説明の便宜上、それを平行移動させて原点を始点として描いてあります。この図にはまた、いろいろなベクトル間の関係（特に直交関係）を見やすくするために、原点を頂点とする直方体の辺を補助線として書き入れてあります。

ここで、「x_2 から x_1 の影響を除いた成分」によって、従属変数 y を予測することを考えてみましょう。これは単回帰の問題ですから、単純にベクトル $\boldsymbol{y}$ の先端から、ベクトル $\boldsymbol{x_2|x_1}$ に垂線をおろし、その足を先端とするベクトル $\hat{\boldsymbol{y}}'$ を予測値のベクトルとすればよいわけです。図 8-9 は、このとき $\boldsymbol{x_2|x_1}$ にかかる回帰係数が、x_1 と x_2 の 2 つの独立変数で y を予測するときに x_2 にかかる偏回帰係数 b_2

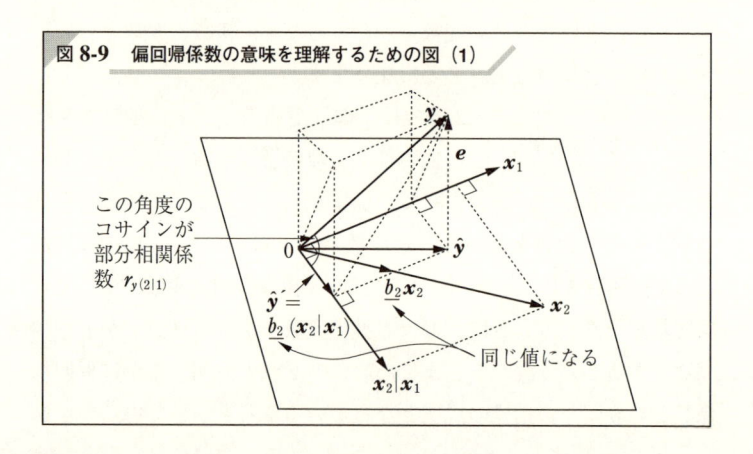

図 8-9　偏回帰係数の意味を理解するための図（1）

この角度のコサインが部分相関係数 $r_{y(2|1)}$

$\hat{\boldsymbol{y}}' = b_2 (\boldsymbol{x_2|x_1})$

$b_2 \boldsymbol{x_2}$

同じ値になる

$\boldsymbol{x_2|x_1}$

に等しくなることを示しています[11]。これが 2 節で導いた偏回帰係数の式 (8.5) と，3 節において重回帰分析の枠組みで示した偏回帰係数の式 (8.16) が一致することの幾何学的説明です。なお，図にも示したように，従属変数のベクトル $\boldsymbol{y}$ と残差変数ベクトル $\boldsymbol{x}_2|\boldsymbol{x}_1$ のなす角度のコサインが，部分相関係数 $r_{y(2|1)}$ となります。

次に図 8-10 では，従属変数 y から独立変数 x_1 の影響を除いた成分 $y|x_1$ をあらわすベクトル $\boldsymbol{y}|\boldsymbol{x}_1$ も描かれています。そして，この残差変数を $\boldsymbol{x}_2|\boldsymbol{x}_1$ によって予測するときの予測値ベクトル $\hat{\boldsymbol{y}}''$ が，図 8-9 の予測値ベクトル $\hat{\boldsymbol{y}}'$ に等しくなること，したがって，そのときの回帰係数もまた，偏回帰係数 b_2 に一致することを示しています。ここで，ベクトル $\boldsymbol{y}|\boldsymbol{x}_1$ とベクトル $\boldsymbol{x}_2|\boldsymbol{x}_1$ のなす角度のコサインが，偏相関係数 $r_{y2|1}$ となります。

図 8-10 偏回帰係数の意味を理解するための図 (2)

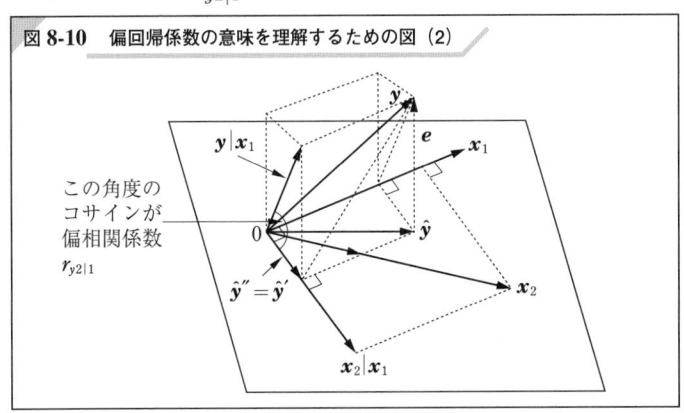

[11) この関係は，$b_2\boldsymbol{x}_2$ と $\hat{\boldsymbol{y}}'$ が作る三角形と，$\boldsymbol{x}_2$ と $\boldsymbol{x}_2|\boldsymbol{x}_1$ が作る三角形が相似であることに注目すれば簡単に証明できます。

5 平方和の分割と重相関係数の検定

平方和の分割　第 7 章では, 単回帰分析の枠組みにおいて, 従属変数 y の平方和(全体の平方和)を, 独立変数で説明できる部分(予測値の平方和, モデルの平方和)と説明できない部分(残差の平方和)に分割し, その分割に基づいて独立変数の効果を検定する方式を説明しました。ここではそれを重回帰分析に応用して, 重相関係数の有意性を検定することを考えてみましょう。

重回帰分析をベクトルで表現した図 8-6 をもう一度見てください。その図において, 3 本のベクトル y, $\hat{y}$, e は直角三角形を構成していますから, 単回帰の場合と同様に, 三平方の定理によって,

$$\|y\|^2 = \|\hat{y}\|^2 + \|e\|^2 \tag{8.26}$$

という関係が成り立ちます。ここから, それぞれの変数の平方和について,

$$SS_y = SS_{\hat{y}} + SS_e \tag{8.27}$$

という関係が導かれることも単回帰の場合と同様です。そして, 従属変数 y の平方和 SS_y のうち, 予測値 $\hat{y}$ の平方和 $SS_{\hat{y}}$ が占める割合が, 独立変数全体としての(すなわちモデルの)分散説明率(決定係数)となります。この割合は,

$$\frac{SS_{\hat{y}}}{SS_y} = \frac{\|\hat{y}\|^2}{\|y\|^2}$$

$$= \cos^2 \theta_{y\hat{y}}$$
$$= R^2 \tag{8.28}$$

となり，重相関係数の 2 乗に等しいことがわかります。また，この式と (8.27) 式より，

$$R^2 = 1 - \frac{SS_e}{SS_y} \tag{8.29}$$

という関係が導かれます。

表 8-1 のデータの場合は，$R^2 = .56^2 = .31$ となり，子どもの協調性得点の平方和（または分散）の 31% が，母親の協調性価値得点と通園年数という 2 つの独立変数で説明できることがわかります。言い換えれば，残り 69% はこれらの独立変数では説明できないまま残されているということです。

自由度

平方和の分割に基づいて重相関係数の検定を行うには，(8.27) 式に含まれる各平方和の自由度が必要になってきます。

まず，左辺の全体の平方和の自由度は，単回帰の場合と同様に $df_{total} = N - 1$ となります。次に，右辺の第 2 項の残差の平方和 $SS_e = \sum_{i=1}^{N}(y_i - \hat{y}_i)^2$ については，予測値 $\hat{y}_i$ を求めるために切片 α と p 個の偏回帰係数 β_j ($j = 1, 2, \cdots, p$) の，合計 $p + 1$ 個の母数が推定されます。したがって，残差の平方和の自由度は，第 7 章の (7.36) 式の「平方の数 − 推定される母数の数」という計算式によって，

$$df_e = N - (p + 1) = N - p - 1 \tag{8.30}$$

となります。最後に，右辺の第 1 項の予測値の平方和の自由度は，これら 2 つの自由度の差で

$$df_{\hat{y}} = (N-1) - (N-p-1) = p \tag{8.31}$$

となり，独立変数の数 p に等しくなります。

予測の標準誤差と自由度調整済み重相関係数

単回帰の場合と同様に，残差の平方和 SS_e を被験者の数 N で割って平均化したものが予測の誤差分散であり，これは（8.29）式より

$$\begin{aligned} s_e^2 &= \frac{SS_e}{N} \\ &= \frac{SS_y(1-R^2)}{N} \\ &= s_y^2(1-R^2) \end{aligned} \tag{8.32}$$

とあらわせます。そして，予測の標準誤差は予測の誤差分散の平方根

$$s_e = s_y\sqrt{1-R^2} \tag{8.33}$$

で，表 8-1 のデータの場合，

$$s_e = 2.48 \times \sqrt{1-.56^2} = 2.06$$

という値になります。いまの場合，従属変数 y の標準偏差 2.48 に比べて，それほど小さくなっていないことがわかります。

なお，（8.25）式などに含まれるモデル上の残差の標準偏差 σ_ϵ の推定量としては，残差の平方和 SS_e を N ではなく，その自由度 $N-p-1$ で割って平方根をとったもの

$$\begin{aligned} s_e' &= \sqrt{\frac{SS_e}{N-p-1}} \\ &= s_e\sqrt{\frac{N}{N-p-1}} \end{aligned} \tag{8.34}$$

を用いるのが一般的です。その理由は，残差の平方和をその自由度

で割った $s_e'^2$（残差の平均平方）が，ϵ の分散 σ_ϵ^2 の不偏推定量となるためです。残差の平方和を N で割って平方根をとった s_e では値が小さくなりすぎて，σ_ϵ を過小推定する傾向があるのです。なお，予測の標準誤差の式としても，(8.33) 式ではなく，(8.34) 式のほうを用いることがよくあります。(8.34) 式は，$p=1$ のときは第3章の (3.26) 式と同じになります。

これと同様に，従属変数 y の母集団分散 σ_y^2 についても，平方和 SS_y を N ではなく，その自由度 $N-1$ で割ることで不偏推定量 $s_y'^2$ が得られます。この $s_y'^2$ と上記の $s_e'^2$ を (8.29) 式の右辺の SS_y および SS_e の代わりに用いると，

$$\begin{aligned}
R_{adj}^2 &= 1 - \frac{SS_e/(N-p-1)}{SS_y/(N-1)} \\
&= 1 - \frac{SS_e}{SS_y} \times \frac{N-1}{N-p-1} \\
&= 1 - \frac{N-1}{N-p-1}(1-R^2)
\end{aligned} \qquad (8.35)$$

という指標が得られます。この式で与えられる R_{adj}^2 は**自由度調整済み決定係数**とよばれ，その平方根は**自由度調整済み重相関係数**とよばれます。重相関係数 R は，s_e^2 が σ_ϵ^2 を過小推定する程度に応じて，母集団における重相関係数を過大推定する性質があります。(8.34) 式からわかるように，その傾向はサンプルサイズ N に対して，相対的に独立変数の数 p が大きいほど顕著になります。その過大推定傾向に対して修正を加えたものが自由度調整済み重相関係数です。

重相関係数の検定　心理学の研究において重回帰分析を用いる場合，重相関係数が統計的に有意かどうかに主たる関心があることはほとんどありません。通常は，重相関係数の有意性は当然の前提として，重相関係数の大きさや，個々の独

立変数にかかる偏回帰係数の大きさやその有意性に焦点をあてていきます。しかし,仮に重相関係数が統計的に有意でなければ,「母集団におけるモデル全体としての説明力がゼロ」という帰無仮説を棄却することができないわけですから,そのモデルについてそれ以上くわしい検討を加えるのは意味がないことになります。したがって,重相関係数の検定は,詳細な分析に進むための最低限の条件を満たしているかどうかを調べるという点では意味があります。

上記の帰無仮説を検定するには,第7章の(7.41)式をそのままp個の独立変数の場合に拡張した統計量

$$F = \frac{SS_{\hat{y}}/p}{SS_e/(N-p-1)} \tag{8.36}$$

が利用できます。帰無仮説が正しいとき,この式で与えられるF統計量は,自由度pと$N-p-1$のF分布にしたがいます。そこで,データから計算されたF値と付表9aに示したF分布の上側確率.05に対応する値を比較し,前者のほうが大きければ5%水準で帰無仮説は棄却されます。

ここで,(8.28)式の関係を利用すると,平方和で表現された上記のFの式を,重相関係数(あるいはその2乗である分散説明率,決定係数)によって,以下のように表現することができます。

$$F = \frac{R^2/p}{(1-R^2)/(N-p-1)} \tag{8.37}$$

この式は,$p=1$のときは第7章の(7.44)式と同じになります。

表8-1のデータについて,この式に基づいてF統計量の値を計算すると

$$F = \frac{.56^2/2}{(1-.56^2)/47} = 10.74$$

となります。一方,付表9aより,分子の自由度が2で分母の自由度

が 47 の F 分布の上側確率 .05 に対応する値は，分母の自由度が 40 のときの 3.23 と分母の自由度が 50 のときの 3.18 の間の値になります。データから計算された値はこの値より大きいので，「母集団におけるモデル全体としての説明力がゼロ」という帰無仮説は 5% 水準で棄却され，重相関係数は統計的に有意であることがわかります。

6 個々の独立変数の寄与の評価

分散説明率の増分と部分相関係数

次に，重回帰モデルによる従属変数の予測・説明において，個々の独立変数がどれだけ寄与しているかという問題を考えてみましょう。

モデル全体としての予測力が分散説明率 R^2 であらわされるなら，個々の独立変数の寄与は，その独立変数をモデルに投入することによって分散説明率がどれだけ増加するか，あるいは同じことですが，モデルからその独立変数を除去したら分散説明率がどれだけ減少するかという観点から評価するのが自然です。

たとえば，独立変数が x_1 だけというモデルの分散説明率は r_{y1}^2 です。このモデルに新たに独立変数 x_2 を追加したら，モデルの分散説明率は

$$R_{y \cdot 12}^2 = \frac{r_{y1}^2 + r_{y2}^2 - 2r_{y1}r_{y2}r_{12}}{1 - r_{12}^2} \tag{8.38}$$

となります（(8.20) 式参照）。すると分散説明率の増分，すなわち独立変数 x_2 の寄与は，若干の展開を経て

$$R_{y \cdot 12}^2 - r_{y1}^2 = \frac{(r_{y2} - r_{y1}r_{12})^2}{1 - r_{12}^2} \tag{8.39}$$

となります。

ここで、この式の右辺は、(8.1) 式で与えた部分相関係数 $r_{y(2|1)}$ の2乗になっています。このように、x_1 のみのモデルに x_2 を追加投入したときの分散説明率の増分は、「新たに追加された x_2 からすでにモデルに含まれていた x_1 の影響を除いた成分と従属変数 y との部分相関係数の2乗」に等しくなります。このことは、モデルに含まれる独立変数の数に関係なく、一般的に成り立ちます。つまり、$p_1(= p-1)$ 個の独立変数 $x_1, x_2, \cdots, x_{p_1}$ からなるモデルに x_p を追加して独立変数を p 個としたときの分散説明率の増分は、

$$R_{y \cdot 1 \cdots p}^2 - R_{y \cdot 1 \cdots p_1}^2 = r_{y(p|1 \cdots p_1)}^2 \tag{8.40}$$

となり、x_p からもとの p_1 個の独立変数の影響を除いた成分 $x_p|x_1, \cdots, x_{p_1}$ と従属変数 y との部分相関係数 $r_{y(p|1 \cdots p_1)}$ の2乗に等しくなるのです。

本章の1節で紹介した部分相関係数は、このように、重回帰分析の枠組みの中で新たな意味を付与されることになります。

独立変数の寄与の検定　(8.40) 式からもわかるように、重回帰モデルにおいて独立変数を追加すれば分散説明率は一般に増加します。しかし、その増分が統計的に有意かどうかは、別途検定してみないとわかりません。

前項のように、$p_1(= p-1)$ 個の独立変数 $x_1, x_2, \cdots, x_{p_1}$ からなるモデルに x_p を追加して独立変数を p 個とした場合を考えましょう。ここで、独立変数 x_p の寄与の有意性を検定するときの帰無仮説は、「モデルに x_p を追加しても母集団における分散説明率は変化しない」というものです。この帰無仮説は、簡単に言えば、モデルに x_p があってもなくてもまったく影響がないということであり、それは「x_p を含むモデルにおいて、x_p にかかる母集団偏回帰係数 β_p

がゼロである」ということと同じことを意味しています。したがって，この場合の独立変数 x_p の寄与に関する検定は，

$$H_0 : \beta_p = 0 \tag{8.41}$$

という帰無仮説の検定，すなわち x_p にかかる偏回帰係数 b_p の有意性の検定ということになります。

この帰無仮説の検定は，より一般的な帰無仮説の検定の特殊ケースとして実行することができます。その一般的な帰無仮説というのは，「p_1 個の独立変数からなる重回帰モデルに，新たに 1 個以上の独立変数を追加して全部で p 個としたとき，追加した $p-p_1$ 個の独立変数の母集団偏回帰係数がすべてゼロである」というもの，すなわち

$$H_0 : \beta_{p_1+1} = \cdots = \beta_p = 0 \tag{8.42}$$

というものです。この一般的な帰無仮説の検定には，独立変数群の追加前の分散説明率 $R^2_{y \cdot 1 \cdots p_1}$ と追加後の分散説明率 $R^2_{y \cdot 1 \cdots p}$ に基づく下記の検定統計量が用いられます。

$$F = \frac{(R^2_{y \cdot 1 \cdots p} - R^2_{y \cdot 1 \cdots p_1})/(p-p_1)}{(1 - R^2_{y \cdot 1 \cdots p})/(N-p-1)} \tag{8.43}$$

この F 統計量は，(8.42) 式の帰無仮説が正しいとき，自由度 $p-p_1$ と $N-p-1$ の F 分布にしたがうことが知られています。

個々の独立変数の寄与に関する検定は，この一般的な方式において追加する独立変数の数を 1 とした場合に相当します。先のように，独立変数 x_p を追加することによって独立変数の総数が p 個になるとしたら，x_p の寄与の検定（(8.41) 式の帰無仮説の検定）は

$$F = \frac{R^2_{y \cdot 1 \cdots p} - R^2_{y \cdot 1 \cdots p_1}}{(1 - R^2_{y \cdot 1 \cdots p})/(N-p-1)} \tag{8.44}$$

によって行うことができます。このときに参照する F 分布の自由度は 1 と $N-p-1$ です。

たとえば、表 8-1 のデータについて、独立変数が x_1 のみであったモデルに x_2 を追加したときの x_2 の寄与の検定、すなわち偏回帰係数 b_2 の有意性の検定のための F の値は、

$$F = \frac{R_{y \cdot 12}^2 - r_{y1}^2}{(1 - R_{y \cdot 12}^2)/(N - 2 - 1)}$$

$$= \frac{.56^2 - .48^2}{(1 - .56^2)/47} = 5.71$$

となります。一方、付表 9a より、分子の自由度が 1 で分母の自由度が 47 の F 分布の上側確率 .05 に対応する値は、分母の自由度が 40 のときの 4.08 と分母の自由度が 50 のときの 4.03 の間の値になります。データから計算された 5.71 という値はこの値より大きいので、表 8-1 のデータについては (8.41) 式の帰無仮説が 5% 水準で棄却され、偏回帰係数 b_2 は統計的に有意であることがわかります。

なお、(8.43) 式による検定において、独立変数を追加する前の独立変数の数を $p_1 = 0$ とし、そこに p 個の独立変数を追加するという状況を想定すると、その式は p 個の独立変数による重相関係数の検定のための (8.37) 式と同じになります。ただし、独立変数の数がゼロのときは重相関係数の値もゼロになるものとします。このときの帰無仮説は、

$$H_0 : \beta_1 = \beta_2 = \cdots = \beta_p = 0 \tag{8.45}$$

ということになります。このように、(8.43) 式による検定は、重相関係数の有意性の検定をも包含する一般的なものです。

> モデルへの投入順序と寄与

ここまでの説明からわかるように,ある独立変数の寄与といっても,その独立変数を複数の独立変数群の中で何番目にモデルに投入するかによって,その大きさは変わってきます。理論的に,あるいはデータ解析上の理由から,それぞれの独立変数を投入する順番を明確に設定できるときは問題ありませんが,そうでない場合には,何らかの工夫が必要です。

そうした明確な優先順位がないときに実際に用いられることが多い方法は,それぞれの独立変数を一番最後にモデルに組み込むことを想定して,その条件のもとでの寄与を求めるというものです。これは,それぞれの独立変数から,それ以外のすべての独立変数の影響を除いた成分と従属変数との間の部分相関係数に注目した方法です。一般に,各独立変数をモデルに最後に追加したときの分散説明率の増分に,全体の平方和 SS_y を乗じたものは,その独立変数に関する**タイプ III の平方和**とよばれます。そのために,この方法によって独立変数の寄与を求めるやり方は「タイプ III の平方和による方法」とよばれています。

この方法は,モデルへの独立変数の投入について特に優先順位を定めず,すべて平等にそれぞれの独立変数の寄与の大きさを査定したものと言えます。ただし,独立変数間の相関がすべてゼロであるような特別の場合(したがって,他の独立変数の影響を除いてももとの変数のままで変わらない場合)を除けば,タイプ III の平方和による方法で求められる寄与をすべての変数について合計しても,モデル全体としての分散説明率 R^2 には一致しません。

これに対し,あらかじめ独立変数の間に優先順位を決め,その決められた順番にしたがって独立変数をモデルに投入していくとしたら,各ステップにおいて投入される変数の寄与の和は,モデル全体

としての分散説明率 R^2 に一致します。このときの各ステップにおける分散説明率の増分に全体の平方和 SS_y を乗じたものは**タイプ I の平方和**とよばれます。そのために、この方法によって独立変数の寄与を求めるやり方は「タイプ I の平方和による方法」とよばれています。

心理学の研究ではタイプ III の平方和が用いられることが多いですが、タイプ I の平方和を用いるほうが合理的な場合もあります。たとえば、独立変数 x と従属変数 y の関係が線形でないときに、

$$y = \alpha + \beta_1 x + \beta_2 x^2 + \cdots + \beta_p x^p \tag{8.46}$$

という**多項回帰モデル**(polynomial regression model)をあてはめることを考えたとしましょう。このときは、たとえば「x から x^2 の影響を除いた成分」といったものは解釈が困難ですし、次数の低いモデルのほうが扱いやすいので、x から順にモデルに投入していくのが自然です[12]。

偏回帰係数の標準誤差を用いた検定

重回帰モデルに含まれる任意の独立変数 x_j にかかる偏回帰係数 b_j の検定を行うには、(8.25)式で示した偏回帰係数の標準誤差の式

$$\sigma_{b_j} = \frac{\sigma_\epsilon}{\sqrt{N}\, s_j \sqrt{1 - R^2_{j \cdot 1 \cdots (j) \cdots p}}}$$

を利用することもできます。この式に含まれるモデル上の残差の標準偏差 σ_ϵ を (8.34) 式の s'_e で置き換えた推定量を s_{b_j} とし、その値に対して偏回帰係数 b_j がどれだけ大きいかを評価する

$$t = \frac{b_j}{s_{b_j}} \tag{8.47}$$

---

[12] 第 9 章の 4 節では、分散分析に関連して、ここでは説明しなかった「タイプ II の平方和」についても紹介します。

という統計量を設定します。この統計量は，帰無仮説 $H_0 : \beta_j = 0$ が正しいとき，自由度 $N - p - 1$ の t 分布にしたがうことが知られているので，それを利用して偏回帰係数の有意性の検定を行うことができます。

たとえば，表 8-1 のデータについて，x_1, x_2 からなるモデルをあてはめるとき，前節で求めた $s_e = 2.06$ という値から，$s'_e = 2.06 \times \sqrt{50/47} = 2.12$ となります。したがって，偏回帰係数 b_2 の標準誤差の推定値は，(8.25) 式（より直接的には (8.24) 式）の σ_ϵ にこの値を代入することにより，

$$s_{b_2} = \frac{2.12}{\sqrt{50} \times 0.75 \times \sqrt{1 - .54^2}} = 0.47$$

となります。$b_2 = 1.13$ でしたから，これより検定統計量の値が

$$t = \frac{1.13}{0.47} = 2.39$$

と求まります。一方，付表 4 より，自由度が 47 の t 分布の上側確率 .025 に対応する値は，自由度が 40 のときの 2.021 と自由度が 50 のときの 2.009 の間の値になります。データから計算された 2.39 という値はこの値より大きいので，表 8-1 のデータについては $H_0 : \beta_2 = 0$ という帰無仮説が 5% 水準の両側検定で棄却され，偏回帰係数 b_2 は統計的に有意であることがわかります

偏回帰係数の標準誤差を用いたこの検定は，実は (8.44) 式の F 統計量を用いた検定と本質的に同じものです。(8.47) 式において検定の対象となっている変数 x_j を，p 個の独立変数の中で最後にモデルに投入したものとして (8.44) 式によってその寄与を検定したら，そのときの F 値は，(8.47) 式の t 値の 2 乗に一致します。このことの証明は省略しますが，実際，表 8-1 のデータについて，2 つの独立変数のうち最後に（2 番目に）モデルに投入した x_2 の寄与に関

して先に求めた F 値 5.71 は，偏回帰係数 b_2 に関していま求めた t 値 2.39 の 2 乗になっています．このように，任意の独立変数に関して（8.47）式に基づく偏回帰係数の検定を行うことは，その独立変数に関して，（8.44）式を用いてタイプ III の平方和による寄与の検定を行うのと同じことです．

> ● キーワード
> 疑似相関，パス図，部分相関係数，単純相関係数，ゼロ次の相関係数，偏相関係数，パス，偏回帰係数，標準偏回帰係数，重回帰分析，回帰平面，予測平面，重相関係数，多重共線性，自由度調整済み決定係数，自由度調整済み重相関係数，タイプ III の平方和，タイプ I の平方和，多項回帰モデル

第9章 実験デザインと分散分析

本章で解説する**分散分析**(analysis of variance; ANOVA)は、質的な独立変数の値によって従属変数の平均がどのように異なるかを分析するための方法です。いくつかの実験条件に割り当てられた被験者群の間で従属変数の平均を比較するといった実験研究では、実験デザインに応じてさまざまなバリエーションの分散分析が適用されます。また、独立変数の操作を伴わない調査研究でも、独立変数(説明変数)が質的なものであれば分散分析が用いられます。質的な独立変数は**要因**(factor)ともよばれ、従属変数に対する要因の効果を検定するという形で分析が行われます。

1 実験デザインと要因

研究の例　社会心理学や臨床心理学の領域では、他者に対する感情がどういうメカニズムで発生したり変化したりするのかといった研究がよくみられます。ここではそうした研究の一環として、他者に対する「妬み」という感情について、他者が自分よりすぐれていれば常に妬みの感情が起こるのか、それとも、他者がどういう点で自分よりすぐれているのかによって、また他者が自分に対してどういう態度をとるのかによって、妬みの感情の生起やその強度が違ってくるのか、という関心から実験を計画したとしましょう。

具体的には、従属変数として「妬み感情の強度」をとり、それを

測定する尺度を用意します。そしてその従属変数に影響を及ぼす要因として，他者がどういう点で自分よりすぐれているのかということと，他者の自分に対する態度を取り上げることにします。前者の要因を「優越属性」とよぶことにし，「容姿」，「学歴」，「経済的な豊かさ」（以下，「豊かさ」とする）の3つの属性に注目するものとします。そして後者の要因を「相手の態度」とよび，「友好的」，「敵対的」，「ふつう」の3種類を考えたとしましょう。さらに，これらの要因の効果が男性と女性で異なる可能性を考えて，「被験者の性」という要因もあわせて検討することにしたら，「優越属性」，「相手の態度」，「被験者の性」の3要因の効果を調べる実験になります[1]。

要因と水準

冒頭で述べたように，質的な独立変数は要因ともよばれます。研究領域や統計ソフトウェアの種類によっては，これを**因子**とよぶ場合もあります。しかし，この場合の因子は，第10章で解説する因子分析における因子とは異なる概念ですので，本書では混乱を避けるためにも，要因という言葉を用いることにします。

質的な独立変数の値は，その要因の**水準**（level）とよばれます。たとえば，上記の例では，「優越属性」という要因は「容姿」，「学歴」，「豊かさ」という3つの水準をもち，「相手の態度」という要因も3水準，そして「被験者の性」という要因は「男性」および「女性」という2つの水準をもっています。

要因の交絡と統制

実験では，従属変数に影響を与えそうな要因を取り上げて，それらの要因の効果を調

---

[1] 心理学的には，優越属性を，自分が重要だと考えている属性かどうか，自分が自信をもっている属性かどうか，努力すれば獲得可能なものかどうか，などの観点から系統的に設定すべきでしょう。妬みの心理学的研究については，坪田（1993）や内海（1999）などの論文が参考になります。

べていくことになります。しかし、心理学が対象にする現象の場合、従属変数に影響を与える可能性のある要因はほとんど無数に考えられます。したがって、実際には、研究の焦点をその中の少数の要因に絞ることになります。このとき問題になるのが、研究で取り上げなかった残りの要因の処理です。

たとえば、上記の妬み感情に関する実験で、「優越属性」という要因だけを取り上げる場合を考えてみましょう。具体的には、容姿、学歴、豊かさのそれぞれが自分よりすぐれている人について記述した3つの文を用意します。そして、被験者をランダムに3群に分けて、第1群は容姿についての文を与える容姿条件、第2群、第3群はそれぞれ学歴条件および豊かさ条件に割り当てて、それぞれの文を読んでもらいます。そして、各被験者がその文中の人物に対していだく妬み感情の強度を測定し、その結果を群間で比較するとします。

このとき、従属変数に影響を与える可能性のある要因として、「相手の態度」が考えられるとしたら、それぞれの条件で読ませる文において、相手の態度には触れないようにするか、あるいは、もし触れざるをえないとしたら、どの文でも同じような態度の記述にすべきでしょう。もし、容姿条件の文だけ、相手の自分に対する態度が敵対的であることが書かれていたとしたら、その条件において妬み感情が強く出たとしても、それは容姿が自分よりすぐれていることが影響したのか、または態度が敵対的であることが影響したのかがわからなくなってしまうからです。このように、2つ以上の要因が連動して変化し、そのうちのどれが結果に影響したかが判断できない状態になることを、要因が**交絡**（confound）しているといいます。交絡を避けるには、ターゲットとなる実験要因以外の要因については条件を**統制**（control）する必要があります。

実験で取り上げない「相手の態度」という要因について、実験で

取り上げる「優越属性」という要因のどの水準においても，相手の態度にはまったく触れないか，触れるとしたら同じように触れるようにするという上記の例の方法は，**一定化**とよばれる統制の方法です。「被験者の性」も結果に影響するかもしれないということで，とりあえず女性だけを被験者にするというのも一定化の例です。

被験者の性については，このほかに，実験で取り上げる要因のどの水準にも，男女が同数ずつ割り当てられるようにすることもできます。このような統制の方法は**バランス化**とよばれます。あるいは，被験者の性を無視してまったくランダムに割り当てても，大きな偏りを避けることができます。これは第4章の5節でも触れた**ランダム化**（または**無作為化**）とよばれる方法です。

対応のない要因と対応のある要因

ある要因の効果を調べるために実際に実験を行うとき，そしてその実験で得られるデータを分析するときには，その要因が対応のない要因か対応のある要因かの区別が重要になってきます。

たとえば，上記の妬み感情に関する実験において，「優越属性」の効果を調べるために，前項で述べたように容姿条件，学歴条件，豊かさ条件に被験者をランダムに割り当てて，結果を比較するとします。この場合は，第1群のある特定の被験者の妬み感情の測定値が高かったとしても低かったとしても，そのことによって第2群，第3群に属する特定の被験者の測定値がどうなるかを予想することはまったくできません。このような実験デザインの場合，「優越属性」という要因は**対応のない要因**とよばれます。

これに対し，どの被験者にも，容姿，学歴，豊かさについて書かれた文を3つとも読んでもらい，それぞれの文で記述されている人物に対する妬み感情を測定するという実験デザインを考えることもできます。この場合，ある被験者が，妬み感情を比較的強くもつ傾

向のある人であれば，3つの条件のいずれにおいても妬み感情の測定値は高めになることが予想されます。逆に，妬み感情をあまりもたないタイプの被験者は，いずれの条件においても測定値が低くなることが予想されます。したがって，この場合，ある条件におけるある被験者の測定値の高低によって，その被験者の別の条件における測定値の高低がある程度予想できることになります。このような実験デザインの場合，「優越属性」という要因は**対応のある要因**とよばれます。

つまり，対応のない要因の場合は，その要因の異なる水準に含まれる従属変数の値は互いに独立であるのに対し，対応のある要因の場合は，異なる水準に含まれる従属変数の値に相関があるということです。この違いによって，異なる水準間の従属変数の平均値差がどういう確率でどういう値をとるかという標本分布に違いが生じ，そのために，平均値差を検定する方式も違ってきます。第6章では，独立な2群と対応のある2群という区別をしましたが，要因の種類という観点からは，第6章の1節で独立な2群の数値例に用いた「性」という要因は対応のない要因であり，第6章の3節で対応のある2群の数値例に用いた「測定時期」という要因は対応のある要因ということになります。

被験者間要因と被験者内要因

要因に関しては，被験者間要因と被験者内要因という区別もあります。対応のない要因の場合は，その要因の各水準に異なる被験者が割り当てられることになりますから，水準間の比較は，異なる被験者群の間での比較ということになります。この場合，その要因は**被験者間要因**とよばれます。一方，上記の対応のある要因の説明のように，同じ被験者がすべての水準において測定される場合には，水準間の比較は，同一の被験者群内の比較ということになるの

で，この場合，その要因は**被験者内要因**とよばれます。

ある要因が被験者内要因であれば，被験者によって対応づけられた要因ということになります。これに対し，被験者間要因の場合は，異なる被験者を各水準に単純にランダムに割り当てれば対応のない要因となりますが，被験者の割り当て方によっては，対応のある要因となることもあります。

たとえば，第6章の3節で述べたように，従属変数と相関のある変数について互いに類似した被験者の組（**ブロック**）を作り，その組のメンバーを各水準にランダムに割り当てることがあります。上記の実験例の場合で言えば，事前に一般的な妬み傾向について測定しておき，その測定値の高い順に被験者を並べ，最初の3人をランダムに3つの条件に割り当て，次の順位の3人をまたランダムに3つの条件に割り当てる，というやり方です。このような**マッチング**を行う場合も，あるブロックに属する被験者がある条件で高い値を示せば，他の条件でもそのブロックに属する被験者は高い値を示すことが予想されるので，やはり相関のあるデータということになり，その要因は対応のある要因ということになります。それでも，条件間の比較は，異なる被験者群の間でなされますから，この要因は（対応のある）被験者間要因です。

統計的分析の観点からは，被験者間要因であるか被験者内要因であるかではなく，対応の有無が重要な意味をもってきます。統計ソフトウェアを利用する際には，この区別を正しく指定する必要があります。なお，ソフトウェアによっては，対応のある要因を，それが実際には被験者間要因であっても，分析上の違いがないということで，すべて被験者内要因とよんでいる場合があるので注意が必要です。

1 実験デザインと要因

対応づけることの意味

一般に、ある要因を対応のある要因とすることによって、その要因の水準間の比較可能性が高まります。たとえば、妬み感情に関する実験において、「優越属性」を被験者内要因とするなり、妬み傾向に関してマッチングするなりして対応のある要因にすれば、もともと妬み傾向の強い人がある1つの水準（たとえば容姿条件）に集中するのを避けることができ、より公平な比較が期待できます。また第6章の3節でも述べたように、そして本章の5節でも述べるように、対応のない要因に比べ、対応のある要因のほうが、一般的にその効果が検出できる確率、すなわち検定力も高くなります。

ただし、要因の種類によっては、被験者内要因とすることによって対応づけをはかることが困難なものもあります。たとえば、異なる指導法によってある単元の理解度にどのような違いが生じるかを調べる実験では、同じ被験者を異なる指導法のすべてに割り当てることはできません。ある方法で指導を受けてテストを受けた経験が、次の方法で指導を受けて再度テストを受けるときに影響するからです。この問題を避けるには、被験者内要因とすることによってではなく、マッチングによって対応づけをはかることが考えられますが、マッチングのためには、従属変数と相関のある変数について別途測定しておくことが必要であり、それは現実的には困難なことも少なくありません。実際には、こうした事情も考慮しながら、対応のある要因とするかどうかを適宜決めていくことになります。

実験デザインの種類

心理学の研究では、1要因から最大で4要因ぐらいまでの実験がなされます。実験デザインは、要因の数と種類（対応の有無、被験者間か被験者内か）によって区別されます。

研究報告でどのような実験をおこなったかを記述する際には、た

とえば,「妬み感情を従属変数とし,優越属性(容姿,学歴,豊かさの3水準),相手の態度(友好的,敵対的,ふつうの3水準),被験者の性(2水準)を要因とした実験をおこなった。要因のうち,相手の態度は被験者内要因である」のように書けばよいでしょう。

以下の節では,対応のない1要因デザイン(完全無作為1要因デザイン),対応のない2要因デザイン(完全無作為2要因デザイン),対応のある1要因デザイン(1要因ランダムブロックデザイン,1要因反復測定デザイン)を順に取り上げ,それらのデザインによって得られるデータの分析法について,回帰分析との関連にも注意しながら解説します。分散分析の基本的な考え方や概念は,これら3つのデザインではほぼカバーされます。それ以上複雑なデザインは,計算自体はやや複雑になりますが,実際の計算は統計ソフトウェアを利用して行うことになるので,それらについて計算法の詳細を述べることのメリットはあまりありません。そこで,これら複雑なデザインについては6節で簡単に触れるにとどめることにします。本章の7節では,独立変数として質的変数のほかに量的変数も含む共分散分析について紹介します。

2 完全無作為1要因デザイン

デザインの特徴 　1つの要因を取り上げ,その要因の複数の水準に被験者をランダムに割り当てるのが**完全無作為1要因デザイン**(completely randomized one-factor design)です。第6章の1節で扱った独立な2群は,このデザインにおいて水準数を2とした場合に相当します。このデザインでは,従属変数に影響を与える他の要因に関しては,ランダム化または一定化して

いることが基本的な前提です。もし，たとえば「被験者の性」が結果に影響することが予想され，その要因を統制するために，ターゲットとなる実験要因の各水準に男女を同数ずつ割り当てるというバランス化の方法を用いるとしたら，「被験者の性」も要因に加えて，2要因デザインとして処理するのが自然です。また，ある要因に関するバランス化のためにその要因についてマッチングを行うとしたら，その場合は，対応のある要因を含むデザインとして処理する必要があります。

表9-1は，前節で述べた妬み感情に関する実験で，「優越属性」を要因として取り上げた場合の（架空の）結果を示しています。ここでは被験者を大学生の女子に限定したとして，全部で45人の被験者

表9-1 妬み感情の測定データ

番号	優越属性	相手の態度	妬み感情	番号	優越属性	相手の態度	妬み感情	番号	優越属性	相手の態度	妬み感情
1	容姿	友好的	2	16	学歴	友好的	2	31	豊かさ	友好的	3
2	容姿	友好的	4	17	学歴	友好的	2	32	豊かさ	友好的	1
3	容姿	友好的	3	18	学歴	友好的	1	33	豊かさ	友好的	1
4	容姿	友好的	2	19	学歴	友好的	2	34	豊かさ	友好的	0
5	容姿	友好的	1	20	学歴	友好的	2	35	豊かさ	友好的	1
6	容姿	敵対的	7	21	学歴	敵対的	3	36	豊かさ	敵対的	4
7	容姿	敵対的	4	22	学歴	敵対的	4	37	豊かさ	敵対的	7
8	容姿	敵対的	6	23	学歴	敵対的	2	38	豊かさ	敵対的	5
9	容姿	敵対的	5	24	学歴	敵対的	1	39	豊かさ	敵対的	6
10	容姿	敵対的	8	25	学歴	敵対的	2	40	豊かさ	敵対的	4
11	容姿	ふつう	4	26	学歴	ふつう	1	41	豊かさ	ふつう	3
12	容姿	ふつう	3	27	学歴	ふつう	3	42	豊かさ	ふつう	2
13	容姿	ふつう	2	28	学歴	ふつう	3	43	豊かさ	ふつう	1
14	容姿	ふつう	5	29	学歴	ふつう	2	44	豊かさ	ふつう	2
15	容姿	ふつう	2	30	学歴	ふつう	1	45	豊かさ	ふつう	1

表 9-2　優越属性の各条件における妬み感情の測定値の平均と標準偏差

優越属性	平均	標準偏差
容　姿	3.87	1.96
学　歴	2.07	0.85
豊かさ	2.73	2.02
全　体	2.89	1.85

をランダムに，容姿条件，学歴条件，豊かさ条件のうちの1つに割り当てたとします。そして，たとえば容姿条件では，容姿が自分よりすぐれている人がそのために自分よりいい思いをした場面を記述した文を読んでもらい，その文中の人物に対してどの程度の妬みを抱くかを，0点から10点までの尺度で測定したとします。この表には「相手の態度」の欄もありますが，これは4節の2要因デザインのための情報ですので，ここでは無視してください。

それぞれの条件ごとに，妬み感情の測定値の平均と標準偏差を示したのが表9-2です。これをみると，平均は容姿，豊かさ，学歴の順に大きいこと，そして標準偏差は豊かさと容姿で大きめになっていることがわかります。分散分析では，こうした基礎データをもとに，従属変数である妬み感情の測定値の分散（平方和）を，「優越属性」という要因で説明できる部分と説明できない部分に分割します。そしてそれに基づいて，「優越属性」という要因の効果の有意性，言い換えれば「優越属性」の3つの水準（群）の間の平均値差の有意性を調べることになります。

平方和の分割

一般的に，取り上げた要因を A とし，その要因の水準（被験者を割り当てる群）が全部で a 個あるものとします。そして，第 j 群に n_j 人の被験者をランダムに割り当てるものとします。被験者は全体で N 人いるもの

とし，第 j 群に属する第 i 番目の被験者の従属変数の値を y_{ij} と表記することにします。いまの例では，$a = 3$ で $N = 45$ となります。ここで，被験者全体の従属変数の平均を $\bar{y}$ とすると，データ全体としてのばらつきの大きさをあらわす**全体の平方和**は

$$SS_{total} = \sum_{j=1}^{a} \sum_{i=1}^{n_j} (y_{ij} - \bar{y})^2 \qquad (9.1)$$

となります。これを N で割ったものは全体の分散です。

いまの例では，表 9-2 より全体の平均は 2.89 で，全体の分散は $1.85^2 = 3.42$（正確には 3.43）となります[2]。全体の平方和は (9.1) 式で直接求められますが，この全体の分散の値からも，$SS_{total} = 3.43 \times N = 3.43 \times 45 = 154.35$（154.44）と求めることができます。

この全体の平方和のうち，実験で取り上げた要因によって説明できる部分というのは，回帰分析的に言えば従属変数の予測値の平方和です。第 7 章の 5 節で 2 群間の平均値差の検定について述べたように，この場合の予測値は，各群ごとの従属変数の平均となります。つまり，第 j 群に含まれる被験者の従属変数の予測値は，その群の平均 $\bar{y}_j$ で与えられます。そして，その予測値の平方和は 2 群の場合の (7.50) 式をそのまま拡張した式

$$SS_A = \sum_{j=1}^{a} n_j (\bar{y}_j - \bar{y})^2 \qquad (9.2)$$

によって与えられます。この平方和は基本的に群間の平均値差の大きさをあらわすので，**群間平方和**（between-groups sum of squares）とよばれ，$SS_{between}$ などと表記されることもあります。ここでは，他のデザインとの整合性を考慮して，「要因 A の平方和」または単に

---

[2] 以下，計算過程におけるまるめの誤差のために表 9-1 から直接求められる値と異なる値となるときは，正確な値をかっこに入れて示し，以後の計算ではその正確な値を用いることにします。

「要因の平方和」とよび,上式のように SS_A と表記しておきます。

全体の平方和のうち,取り上げた要因によって説明できない残差部分は,これも第7章の5節での2群の場合の式 (7.51) をそのまま拡張した式

$$SS_e = \sum_{j=1}^{a} n_j s_j^2 \qquad (9.3)$$

によって与えられます。この平方和は群内のばらつきの大きさを反映するので,**群内平方和** (within-group sum of squares) とよばれ,SS_{within} などと表記されることがあります。ここでは,より一般的に「残差の平方和」とよんで,SS_e と表記することにします。

表9-1のデータの場合,「優越属性」という要因の平方和および残差の平方和は,それぞれ

$$SS_A = 15 \times \{(3.87 - 2.89)^2 + (2.07 - 2.89)^2 + (2.73 - 2.89)^2\}$$
$$= 24.88 \, (24.84)$$

$$SS_e = 15 \times (1.96^2 + 0.85^2 + 2.02^2) = 129.67 \, (129.60)$$

となります[3]。

> 相 関 比

この計算結果から,表9-1のデータの場合,全体の平方和 (154.44) のうち「優越属性」という要因の平方和 (24.84) の占める割合,すなわち分散説明率は,$24.84/154.44 = .16$ となることがわかります。回帰分析では,このような分散説明率は,相関係数あるいは重相関係数の2乗に等しくなることから r^2 あるいは R^2 と表記されました。分散分析の場合,この割合は η^2 と表記されることが多く,その平方根

---

3) この例では各群の被験者数が同じであるため,計算が少し簡単になっています。

$$\eta = \sqrt{\frac{SS_A}{SS_{total}}} \tag{9.4}$$

を**相関比**（correlation ratio）とよんでいます。いまの例では，相関比の値は $\eta = \sqrt{24.84/154.44} = \sqrt{.16} = .40$ となります。

> 自　由　度

群間の平均値差が統計的に有意であるかどうか，すなわち要因の効果が有意であるかどうかは，前項の平方和の分割に基づいて検定統計量 F を計算することによって調べることができます。第7章，第8章でみてきたように，検定統計量 F の計算のためには，各平方和の自由度を知る必要があります。

回帰分析の場合，予測値の平方和の自由度は，独立変数の数 p に等しくなるということを述べました。本節の完全無作為1要因デザインの場合，その予測値の平方和に相当するのが要因の平方和 SS_A です。ここで，要因の数は1ですから独立変数の数が1で，したがって回帰分析の場合にならうと要因の自由度も1となりそうですが，実はそうはなりません。回帰分析の場合の独立変数は量的な変数で，それがそのまま量的な関係をあらわす回帰式

$$y = \alpha + \beta_1 x_1 + \beta_2 x_2 + \cdots + \beta_p x_p + \epsilon$$

に組み込まれます。それに対し，独立変数が質的な変数の場合は，それをそのまま回帰式に組み込むことはできません。

第7章でみた2群の例では，第1群なら1，第2群なら0となるダミー変数を導入することによって，平均値差の分析を，回帰分析の形で行うことができました。本節の例のように3群以上ある場合も，同じようにダミー変数によって群の所属をあらわすことができれば，それをモデル式に組み込むことが可能になります。たとえば，3群あるときは，第1群に所属するか否かを示すダミー変数（第1

群なら 1，それ以外なら 0）と，第 2 群に所属するか否かを示すダミー変数（第 2 群なら 1，それ以外なら 0）を用意すれば，それで所属が完全にわかります。たとえば，第 1 のダミー変数も第 2 のダミー変数もともに 0 であれば，その被験者は第 3 群に属するということです。

これを一般化すると，水準数が a の要因について，被験者がどの水準に属するかを示すには，ダミー変数を $a-1$ 個用意すればよいということになります。これらのダミー変数は 2 群の場合のように直接モデル式に組み込むことができるという意味で，回帰分析における独立変数に相当するものです。つまり，a 個の水準をもつ要因は，回帰分析の枠組みでは $a-1$ 個の独立変数に相当するということです。このことから，水準数 a の要因の自由度 df_A は

$$df_A = a - 1 \tag{9.5}$$

となります。

また，残差の自由度は，回帰分析の場合の $df_e = N - p - 1$ という (8.30) 式をそのまま適用して，

$$df_e = N - (a - 1) - 1 = N - a \tag{9.6}$$

となります。そして，全体の自由度は，回帰分析の場合と同じく上記の 2 つの自由度の和 $N-1$ となります。

仮定と検定統計量 完全無作為 1 要因デザインにおいて要因の効果を検定するためには，第 6 章の 1 節の独立な 2 群の平均値差の検定において導入した仮定，すなわち各水準における従属変数の母集団分布が一定の分散をもつ正規分布であるという仮定

$$y_{ij} \sim N(\mu_j,\ \sigma_\epsilon^2) \tag{9.7}$$

をおきます。ここで、μ_j は水準 j における従属変数の母平均で、σ_ϵ^2 は各水準に共通に仮定される母分散です。

この仮定のもと、そして、すべての水準の母平均が等しいという帰無仮説

$$H_0: \mu_1 = \mu_2 = \cdots = \mu_a \tag{9.8}$$

が正しいとき、要因の平方和と残差の平方和、およびそれぞれの自由度を用いて計算される F 統計量

$$F = \frac{SS_A/(a-1)}{SS_e/(N-a)} \tag{9.9}$$

は、自由度が $a-1$ と $N-a$ の F 分布にしたがいます。そこで、データから計算された F の値が、付表 9a の、分子の自由度 $a-1$、分母の自由度 $N-a$ に対応する値を超えれば、要因の効果、すなわち群間の平均値差は 5% 水準で有意であったということになります。

表 9-1 のデータの場合、F の値は

$$F = \frac{24.84/(3-1)}{129.60/(45-3)} = 4.03$$

と計算されます。一方、付表 9a より、分子の自由度が 2 で分母の自由度が 42 の F 分布の上側確率 .05 に対応する値は、分母の自由度が 40 のときの 3.23 と分母の自由度が 50 のときの 3.18 の間の値になります。データから計算された値はこの値より大きいので、「優越属性」という要因の効果は 5% 水準で統計的に有意だということになります。つまり、妬みの対象の容姿がすぐれているのか、学歴がすぐれているのか、あるいは豊かさがすぐれているのかによって、妬み感情の強度に差が生じるという結果が得られたことになります。

なお，(9.9) 式の分母の「残差の平均平方」は，群内平均平方ともよばれ，MS_e と表記されます。この平均平方

$$MS_e = \frac{SS_e}{N-a} \quad (9.10)$$

は，各水準の母分散の不偏推定値を与えることがわかっています。表 9-1 のデータの場合，その値は，

$$MS_e = \frac{129.60}{45-3} = 3.09$$

となります。その平方根 $\sqrt{3.09} = 1.76$ が，各水準共通と仮定される母標準偏差の推定値となるのですが，表 9-2 に示した水準ごとの実際の標準偏差をみると，それよりかなり小さいものもあります。このことは，母集団分散が水準によらず一定であるという仮定の妥当性を疑わせるものです。しかし，第 6 章の 1 節でも述べたように，特に水準ごとの被験者数が等しい場合は，母集団分散の等質性という仮定に関して，この検定はかなり頑健であることがわかっているので，この仮定はあまり厳密に考えなくてよいでしょう。

分散分析表　表 9-1 のデータに関する分散分析の計算結果を**分散分析表**とよばれる表にまとめたのが表 9-3 です。1 要因デザインの場合には，このような分散分析表を作成することの意味はあまりないですが，複数の要因からなる複

表 9-3　完全無作為 1 要因デザインの分散分析表の例

変動要因	自由度	平方和	平均平方	F	p
優越属性	2	24.84	12.42	4.03	.026
残　差	42	129.60	3.09		
全　体	44	154.44			

雑なデザインの場合には，多くの計算結果，検定結果をまとめて示すことができ，また自由度などから実験デザインそのものについても確認できるという利点があります。分散分析表は，重回帰分析における平方和の分割や検定結果を表示する際にも利用されます。

表 9-3 には，統計ソフトウェアで計算された p 値（限界水準，有意確率）も示してあります。いまの例の場合 $p = .026$ ですから，要因の効果は 5% 水準では有意となるものの，1% 水準では有意とならないことがわかります[4]。

3 多重比較の考え方

事後検定と多重比較　前節の例のように，3 群以上の群の間に有意な平均値差が得られたら，次に，「では，どの群とどの群の間に有意差があるのか，すべての群の間に有意差があると考えてよいのか」という問いが生じます。このように，全体として有意な結果が得られた後に，どの水準とどの水準の間に有意差があるかを調べる検定を一般に**事後検定**（post hoc test）とよびます。事後検定では，たとえば群が 3 つある場合，1 群と 2 群，1 群と 3 群，2 群と 3 群という 3 通りの比較を行うことになります。そのような複数の比較（検定）を行うことは統計的に新たな問題を生むため，こうした比較は特に**多重比較**（multiple comparisons）とよばれ，そのための特別な検定法が開発されています。

---

[4] p 値は，たとえば表 9-3 のように小数点以下 3 桁まで示す場合，小数点以下 4 桁目以降の端数を切り上げて表示するのが適切であり，本書でもそうしています。統計ソフトウェアによっては p 値を四捨五入して示しているものがありますが，これだと，たとえば 5% 水準で有意とならない $p = .0504$ が $p = .050$ と表示されることになり，あたかも 5% 水準で有意であるかのような印象を与えてしまいます。

では多重比較に伴う統計的な問題とは何でしょうか。それは，(9.8) 式の帰無仮説

$$H_0 : \mu_1 = \mu_2 = \cdots = \mu_a$$

が正しいときに，それを誤って棄却する確率，すなわち第1種の誤りの確率に関する問題です。(9.9) 式の F 統計量を用いる方法で，この帰無仮説を 5% 水準で検定するとしたら，第1種の誤りの確率はもちろん 5% になります。一方，この同じ帰無仮説を，対ごとの検定を繰り返すことによって検定するとしたら，対ごとの検定を 5% 水準でおこなった場合，以下に述べるように，上記の帰無仮説に対する第1種の誤りの確率は 5% より大きな値となってしまいます。つまり，同じ帰無仮説の検定が，対ごとの比較を繰り返すやり方では有意な結果が出やすい方向に偏ってしまうのです。

この問題の性質をもう少しくわしく説明しておきましょう。いま，すべての水準の対について，2群間の平均値差の検定をそれぞれ 5% 水準で行うとします。その1回1回の検定の帰無仮説は，たとえば

$$H_0 : \mu_1 = \mu_2$$

のようなものです。これら対ごとの帰無仮説が1つでも棄却されれば，その論理的帰結として，母平均がすべて等しいという全体としての帰無仮説も棄却されることになります。では，全体としての帰無仮説が正しいとき，対に関する帰無仮説が「少なくとも1つ」棄却され，結果的に全体としての帰無仮説が棄却される確率はいくらになるでしょうか。

対に関する帰無仮説が少なくとも1つ棄却されるという事象の確率は，「1つ目の対の帰無仮説が棄却される，または2つ目の対の帰無仮説が棄却される，……，または最後の対の帰無仮説が棄却さ

れる」という事象の確率ですから,「1つ目の対の帰無仮説が棄却される」確率である 5% よりは明らかに大きくなります。このことは,「帰無仮説の棄却」という事象を「コイン投げで表が出る」という事象に置き換えてみるとわかりやすいでしょう。たとえば,1 回のコイン投げで表が出る確率が 50% のとき,10 回のコイン投げで少なくとも 1 回表が出る確率は,10 回とも裏となる確率 $.5^{10}$ を 1 から引くことによって求まりますが,その値は .999,すなわち 99.9% と非常に大きくなります。同じように,すべての水準対で 5% 水準で 2 群間の平均値差の検定をする方式だと,全体としての帰無仮説が正しいとき,対に関する帰無仮説が少なくとも 1 つ棄却され,結果的に全体としての帰無仮説が棄却される確率は 5% を超えてしまうのです。

多重比較のための方法として提案されている検定法は,対間の検定の方法を工夫することによって,全体としての帰無仮説に対する第 1 種の誤りの確率を,(9.9) 式の F 統計量を用いる検定と同じになるようにしたものです。

テューキーの方法　多重比較の代表的な方法に**テューキーの方法**があります[5]。この方法は,多重比較の方法としてだけでなく,全体としての帰無仮説 $H_0 : \mu_1 = \mu_2 = \cdots = \mu_a$ の直接的な検定としても用いることができます。ここでは説明の便宜上,全体としての帰無仮説の検定法としての説明から入ることにします。

平均を比較すべき群が全部で a 個あるとき,テューキーの方法では,各群の標本平均 $\bar{y}_1, \bar{y}_2, \cdots, \bar{y}_a$ のうちの最大のもの(これを $\bar{y}_{max}$ とする)と最小のもの(これを $\bar{y}_{min}$ とする)に注目します。

---

[5] テューキー (J. W. Tukey, 1915-2000) は,検定論や探索的データ解析の方法などで知られるアメリカの統計学者。

そして、帰無仮説 $H_0 : \mu_1 = \mu_2 = \cdots = \mu_a$ が正しいときの、その差 $\bar{y}_{max} - \bar{y}_{min}$ に基づく下記の統計量 q の分布を検定に利用します。

$$q = \frac{\bar{y}_{max} - \bar{y}_{min}}{\hat{\sigma}_{\bar{y}}} \tag{9.11}$$

ただし、$\hat{\sigma}_{\bar{y}}$ は各群の標本平均の標準誤差の推定量で、

$$\hat{\sigma}_{\bar{y}} = \sqrt{\frac{MS_e}{n}} \tag{9.12}$$

によって求められます。ここで、MS_e は残差の平均平方（群内平均平方）であり、n は各群の被験者数です[6]。この統計量 q が付表 10 に示した値を超えれば、有意水準 .05 で上記の帰無仮説は棄却され、a 群の標本平均の間に 5% 水準で有意な差があったということになります。

たとえば、表 9-1 のデータの場合は、$\bar{y}_{max} = \bar{y}_1 = 3.87$ で、$\bar{y}_{min} = \bar{y}_2 = 2.07$、そして $MS_e = 3.09$ で、$n = 15$ でした。したがって、検定統計量 q の値は、

$$q = \frac{3.87 - 2.07}{\sqrt{3.09/15}} = 3.97$$

となります。一方、付表 10 より、比較する平均の総数が 3 で、残差の自由度が 42 のときの q の分布の上側確率 .05 に対応する値は、3.44 と 3.40 の間の値になります。データから計算された 3.97 という値はこの値より大きいので、先の分散分析の結果と同様、帰無仮説 $H_0 : \mu_1 = \mu_2 = \cdots = \mu_a$ は 5% 水準で棄却されることがわかります。

---

[6] 前節で述べたように、MS_e は各群の母分散の不偏推定値を与えるので、この式は、第 5 章の 1 節の (5.6) 式と基本的に同じものです。被験者数が群によって異なる場合には、比較する 2 つの群の被験者数の調和平均（逆数の平均の逆数）を n の代わりに用いることができます。

テューキーの方法による多重比較では, いま述べた最大平均と最小平均を比較する方法および基準を, すべての水準対の平均値差に適用します. つまり, 第 j 群と第 j' 群の比較であれば,

$$q = \frac{|\bar{y}_j - \bar{y}_{j'}|}{\hat{\sigma}_{\bar{y}}} \qquad (9.13)$$

という統計量の値を計算し, 付表 10 の値と比較するのです. この方法なら,「(9.11) 式で最大平均と最小平均の差が有意になること」と「(9.13) 式で少なくともどれか 1 つの水準対で平均値差が有意になること」は, お互いに, 一方が成り立てば必ず他方も成り立つという関係にありますから, 帰無仮説が正しいときに両事象が生じる確率, すなわち第 1 種の誤りの確率も同じになり, 不整合は生じないことになります.

ここで, 付表 10 から得られる統計量 q の上側確率 .05 に対応する値に (9.13) 式の分母 $\hat{\sigma}_{\bar{y}}$ を乗じた値を仮に c とすると, 平均値差の絶対値がその値を超えれば, 5% 水準で有意になることがわかります. いまの例では, 表の値を 3.44 とすると,

$$c = 3.44 \times \sqrt{3.09/15} = 1.56$$

となります. 表 9-2 より, 容姿条件と学歴条件の平均値差 ($3.87 - 2.07 = 1.80$) 以外はこの値を超えないので, 有意差があるのはこの対だけということになります.

ところで, 実際の研究ではほとんどの場合, 最初の全体としての検定を (9.11) 式の q 統計量ではなく, (9.9) 式の F 統計量を用いておこなっています. そのため, F 統計量を用いた全体としての検定では有意なのに, テューキーの多重比較では有意な水準対がないとか, 逆に全体としての検定では有意でないのに, テューキーの多重比較では有意な水準対があるというようなことも起こりえます.

これはデータを異なる方法で集約して検定しているために起こる不整合であり、仕方のないことです。

4 完全無作為2要因デザイン

デザインの特徴 妬み感情に関する実験で、「優越属性」に加えて、「相手の態度」という要因も同時に取り上げる場合を考えてみましょう。容姿や学歴や豊かさにおいて自分よりすぐれている人が、自分に対してどのような態度をとっているかという要因です。その水準として、「友好的」、「敵対的」、「ふつう」の3つを考えるとします。

完全無作為2要因デザイン(completely randomized two-factor design)では、この場合、優越属性の3水準と相手の態度の3水準をクロスさせて、全部で9個の条件を設定し、それぞれの条件に被験者をランダムに割り当てます。このとき、後に述べる理由から、各条件に割り当てる被験者数は原則的に同じにします。先に示した表9-1は、このデザインの数値例としても使えるように、各被験者が「相手の態度」要因のどの水準に割り当てられたかという情報も含めてあります。

表9-4は、9個の条件に割り当てられた5人ずつの被験者の、妬み感情の測定値の平均を示したものです。2要因デザインでは、このように、2つの要因の水準を表の左欄と表の上欄に並べ、それぞれの水準が交わるセル(マス目)に結果を表示するのが一般的です。たとえば第1行と第2列が交わる (1, 2) セルには、優越属性の「容姿」条件と相手の態度の「敵対的」条件の組合せに対する結果が示されています。図9-1は、表9-4に示した9個の平均値をプロット

表 9-4 優越属性と相手の態度の組合せごとの妬み感情の測定値の平均と標準偏差（かっこ内）

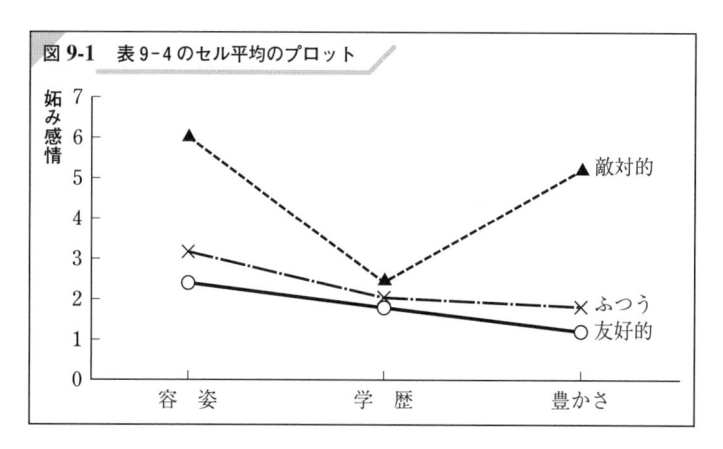

優越属性	相手の態度			全体
	友好的	敵対的	ふつう	
容　姿	2.40 (1.02)	6.00 (1.41)	3.20 (1.17)	3.87
学　歴	1.80 (0.40)	2.40 (1.02)	2.00 (0.89)	2.07
豊かさ	1.20 (0.98)	5.20 (1.17)	1.80 (0.75)	2.73
全　体	1.80	4.53	2.33	2.89

図 9-1　表 9-4 のセル平均のプロット

したものです。

交互作用

2 要因以上のデザインで特に重要なのが**交互作用**（interaction）とよばれる概念です。この概念の意味を表 9-4 と図 9-1 を用いて説明しましょう。例として，優越属性の「学歴」条件と相手の態度の「敵対的」条件の組合せに注目してみます。「学歴」条件全体としての平均は，表の最右欄

に示したように 2.07 です。この値は表の右下に示した総平均 2.89 より少し小さくなっており、全体としては、つまり相手の態度という要因を考えなければ、学歴という属性は他の属性に比べ、妬み感情を引き起こしにくいということになります。この差

$$2.07 - 2.89 = -0.82$$

を、優越属性の「学歴」という水準の効果の推定値とみなすことができます。一方、相手の態度の「敵対的」条件全体としての平均は、表の最下欄に示したように 4.53 ですので、この水準の効果の推定値は、総平均の値を引いて

$$4.53 - 2.89 = 1.64$$

となります。

そこで、「学歴」条件と「敵対的」条件の組合せである (2, 2) セルの平均は、これら2つの水準の効果を、総平均に上乗せすることによって

$$2.89 + (-0.82) + 1.64 = 3.71$$

となることが予想されます。しかし、実際のセル平均は、表 9-4 に示したように 2.40 であり、上記の予想と 2.40 − 3.71 = −1.31 のずれがあります。ということは、「学歴」条件と「敵対的」条件を組み合わせた条件には、それぞれの条件の効果を単純に加算しただけでは説明できない、その組合せ独自の効果があるということです。いま求めた −1.31 という数値は、その (2, 2) セル独自の組合せ効果の推定値とみなすことができます。

仮に、各セル独自の組合せ効果というものがなく、各セルの平均が、そのセルを含む行の効果と列の効果、すなわち組み合わされた

2つの水準の効果を単純に総平均に加算するだけで求められるとしたら，セル平均をプロットして線で結んだ図は，図 9-2 のようにすべて平行になります。この場合，1つの要因のどの水準においても，もう1つの要因の水準間の平均値差はまったく同じになります。このようなとき，「2つの要因の間に交互作用はない」と言います。

これに対し，図 9-1 のようにプロットを結んだ線が平行にならず，一方の要因（たとえば相手の態度）の効果のあり方，すなわち水準間の平均値差が，他方の要因（優越属性）の水準によって異なるとき，「2つの要因の間に交互作用がある」と言います[7]。少なくとも1つのセルにおいて，セル独自の組合せ効果があれば，要因間の交互作用があることになります。交互作用は「交互作用効果」ともよばれます。

要因の組合せの効果である交互作用効果に対し，それぞれの要因ごとの効果のことを**主効果**（main effect）とよびます。要因 A と要因 B の2要因デザインでは，各要因の主効果と，$A \times B$ という交

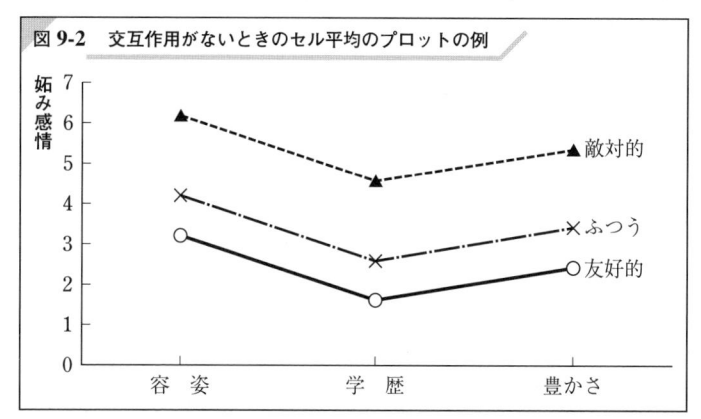

図 9-2　交互作用がないときのセル平均のプロットの例

---
[7]　統計的に有意な交互作用かどうか，つまり，図が平行線から有意に隔たっているかどうかについては，これから述べる方法で検定されます。

互作用効果の合わせて3つの効果が検定の対象になります。

> **平方和の分割**

一般的に，要因 A（水準数は a）と要因 B（水準数は b）からなる完全無作為2要因デザインでは，データ全体としてのばらつきの大きさをあらわす全体の平方和 SS_{total} が，以下のように，要因 A の平方和 SS_A，要因 B の平方和 SS_B，$A \times B$ の交互作用の平方和 SS_{AB}，そして残差の平方和 SS_e に分割されます。

$$SS_{total} = SS_A + SS_B + SS_{AB} + SS_e \qquad (9.14)$$

いま，全体で N 人の被験者を，$a \times b$ 個のセルに n 人ずつ割り当てるものとし，(j, k) セル，すなわち要因 A の第 j 水準と要因 B の第 k 水準の組合せに属する第 i 番目の被験者の従属変数の値を y_{ijk} と表記することにします。さらに，要因 A の第 j 水準の平均を $\bar{y}_{j\cdot}$，要因 B の第 k 水準の平均を $\bar{y}_{\cdot k}$，そして全体の平均（総平均）を $\bar{y}$ とします[8]。全体の平方和および各要因の平方和は，1要因デザインの場合と同様に，それぞれ，

$$SS_{total} = \sum_{j=1}^{a} \sum_{k=1}^{b} \sum_{i=1}^{n} (y_{ijk} - \bar{y})^2 \qquad (9.15)$$

$$SS_A = nb \sum_{j=1}^{a} (\bar{y}_{j\cdot} - \bar{y})^2 \qquad (9.16)$$

$$SS_B = na \sum_{k=1}^{b} (\bar{y}_{\cdot k} - \bar{y})^2 \qquad (9.17)$$

によって与えられます。

---

8) 添字中のドット（·）は，本来その場所にある添字の範囲全体にわたって平均をとったことを意味しています。たとえば，$\bar{y}_{j\cdot}$ の場合，2番目の添字，つまり要因 B の水準に関係なく，要因 A の第 j 水準に含まれるすべての値の平均をとったということです。

交互作用の平方和は，前項で説明した「各セル独自の組合せ効果」をもとに計算されます。(j, k) セル独自の組合せ効果は，そのセルにおける平均 $\bar{y}_{jk}$ と総平均 $\bar{y}$ の差から，2つの水準の効果 $\bar{y}_{j\cdot} - \bar{y}$ および $\bar{y}_{\cdot k} - \bar{y}$ を引いたもので，

$$(\bar{y}_{jk} - \bar{y}) - (\bar{y}_{j\cdot} - \bar{y}) - (\bar{y}_{\cdot k} - \bar{y}) = \bar{y}_{jk} - \bar{y}_{j\cdot} - \bar{y}_{\cdot k} + \bar{y} \quad (9.18)$$

となります。交互作用の平方和は，この効果の値を平方したものを全セルについて合計したものの n 倍で，

$$SS_{AB} = n \sum_{j=1}^{a} \sum_{k=1}^{b} (\bar{y}_{jk} - \bar{y}_{j\cdot} - \bar{y}_{\cdot k} + \bar{y})^2 \quad (9.19)$$

によって与えられます。

最後に残差の平方和は，1要因デザインの場合と同様に，

$$SS_e = n \sum_{j=1}^{a} \sum_{k=1}^{b} s_{jk}^2 \quad (9.20)$$

となります。なお，s_{jk} は，(j, k) セルにおける標準偏差です。

表9-1のデータについて，表9-4に示した平均および標準偏差をもとに，上記の各平方和を計算すると，表9-5の分散分析表の平方和の欄に示したような結果が得られます。たとえば，交互作用の平

表9-5 完全無作為2要因デザインの分散分析表の例

変動要因	自由度	平方和	平均平方	F	p
優越属性	2	24.84	12.42	9.64	.001
相手の態度	2	62.98	31.49	24.43	.001
属性×態度	4	20.22	5.06	3.92	.010
残　差	36	46.40	1.29		
全　体	44	154.44			

方和は,

$$SS_{AB} = 5 \times \{(2.40 - 3.87 - 1.80 + 2.89)^2 + \cdots$$
$$+ (1.80 - 2.73 - 2.33 + 2.89)^2\} = 20.22$$

となります。

自 由 度

全体の自由度,要因 A の自由度,要因 B の自由度は,1 要因デザインの場合と同様に,それぞれ $N-1$, $a-1$, $b-1$ となります。2 つの要因の交互作用の自由度は,一般に,それぞれの要因の自由度の積で与えられます。したがって,いまの場合,

$$df_{AB} = (a-1)(b-1) \tag{9.21}$$

となります。

そのことの根拠を簡単に述べておきましょう。本章の 2 節で述べたように,水準数が a の要因の効果を調べる分散分析は,$a-1$ 個のダミー変数を用いた回帰分析と同等です。2 要因デザインの場合も,要因 A のための $a-1$ 個のダミー変数と,要因 B のための $b-1$ 個のダミー変数を用いれば,各要因の主効果を回帰分析の枠組みで検討することができます。これに対し,2 要因の交互作用効果は,要因 A のためのダミー変数群と要因 B のためのダミー変数群をかけ合わせてできる $(a-1)(b-1)$ 個のダミー変数群の効果と同等になることが知られています。つまり,交互作用効果は $(a-1)(b-1)$ 個の独立変数で表現できるということであり,したがって,自由度はその独立変数の個数に等しくなるということです。

最後に,残差の自由度は,全体の自由度から,要因 A の自由度,要因 B の自由度,$A \times B$ の自由度を引いて,

$$df_e = (N-1) - (a-1) - (b-1) - (a-1)(b-1)$$
$$= N - ab \tag{9.22}$$

となります。

いまの例における各平方和の自由度は，表 9-5 の分散分析表の自由度の欄に示した値になります。

仮定と検定統計量　各要因の主効果，および要因間の交互作用効果の検定のためには，各セルにおける従属変数の母集団分布が一定の分散 σ_ϵ^2 をもつ正規分布であるという仮定

$$y_{ijk} \sim N(\mu_{jk}, \sigma_\epsilon^2) \tag{9.23}$$

をおきます。ここで μ_{jk} は，(j, k) セルにおける従属変数の母平均です。この母平均 μ_{jk} については，要因 A の第 j 水準の効果をあらわす母数を α_j，要因 B の第 k 水準の効果をあらわす母数を β_k，(j, k) セル独自の組合せ効果の大きさをあらわす母数を $\alpha\beta_{jk}$ とすると，

$$\mu_{jk} = \mu + \alpha_j + \beta_k + \alpha\beta_{jk} \tag{9.24}$$

という構造を想定していることになります。ただし，μ は総平均をあらわす母数です。

母集団分布に関する (9.23) 式の仮定のもと，要因 A の主効果，要因 B の主効果，および 要因 A × 要因 B の交互作用効果がゼロであるという帰無仮説を検定するための検定統計量は，それぞれ以下のようになります。

$$F = \frac{SS_A/(a-1)}{SS_e/(N-ab)} \tag{9.25}$$

$$F = \frac{SS_B/(b-1)}{SS_e/(N-ab)} \tag{9.26}$$

$$F = \frac{SS_{AB}/(a-1)(b-1)}{SS_e/(N-ab)} \tag{9.27}$$

これらの F 統計量の値が，付表 9a の該当する自由度に対する値を超えれば，それぞれの効果は 5% 水準で有意であったということになります。

表 9-5 の分散分析表には，先に求めた平方和などとともに，F 統計量の値が示されています。たとえば，交互作用効果の検定のための F 統計量の値は

$$F = \frac{20.22/4}{46.40/36} = 3.92$$

となります。この値は，分子の自由度が 4 で分母の自由度が 36 の F 分布の上側確率 .05 に対応する値 2.63 より大きいので，妬み感情の強度に対する「優越属性」と「相手の態度」の交互作用効果は 5% 水準で統計的に有意であることがわかります。つまり，「優越属性」の効果のあり方が「相手の態度」が友好的か敵対的かふつうかによって異なること，そして，「相手の態度」の効果のあり方も「優越属性」が容姿か学歴か豊かさで異なることが，実験データから示されたことになります。なお，表 9-5 に示した p 値からわかるように，この交互作用効果は 1% 水準でも有意になります。

ところで，「優越属性」の主効果は，1 要因の場合（表 9-3）には 5% 水準でしか有意ではありませんでしたが，2 要因の場合には 1% 水準でも有意になっています。この結果から示唆されるように，同じ要因の効果の検定でも，2 要因デザインにすることによって，一般に検定力が高くなります。このことのしくみを次項で説明しましょう。

4 完全無作為2要因デザイン

> 1要因デザインとの比較

表9-3と表9-5は、同じデータをそれぞれ1要因デザインおよび2要因デザインとして分析した結果です。もちろん、もともと2要因の実験であれば、そのデータは本節で説明した方法で分析すべきであり、1要因デザインのための方法で分析するのは誤りです。しかし、ここでは、1要因デザインと2要因デザインを形式的に比較する目的のために、あえて同じデータを分析対象としてあります。

表9-3と表9-5を比較してすぐにわかるのは、全体の平方和およびその自由度、そして「優越属性」の平方和とその自由度は、2つめの要因として「相手の態度」を加えても加えなくても同じ値になるということです。そして、その結果として、1要因の場合の残差の平方和は、2要因の場合の2つ目の要因の主効果、交互作用、そして残差という3つの平方和の和に等しくなります。つまり、要因Aのみのときの残差の平方和をSS_{e1}とし、要因Bも加えて2要因にしたときの残差の平方和をSS_{e2}とすると、

$$SS_{e1} = SS_B + SS_{AB} + SS_{e2} \tag{9.28}$$

という関係が成り立ちます。

この式からわかるように、2要因にしたときの残差の平方和は、付け加えた2つ目の要因の主効果および2つの要因間の交互作用効果が大きい程度に応じて、1要因の場合の残差の平方和より小さくなります。残差の平方和が小さくなるということは、セル内の分散が小さくなるということです。そして、セル内の分散が小さくなれば、セルごとの平均の標準誤差が小さくなり、その結果、要因の各水準ごとの平均（これはセル平均をさらに平均したもの）の標準誤差も小さくなって、要因の効果を検定するときの検定力が高くなるのです。

F値の大きさについて言えば、残差の平方和が小さくなることに

よって，この小さな残差の平方和を分母に含む F 値が大きくなって有意になりやすくなります。ただし，自由度のほうも (9.28) 式に対応する関係があり，2要因の場合の残差の自由度は1要因の場合に比べて小さくなるので，F 統計量の分母である残差の平均平方

$$MS_e = \frac{SS_e}{N - ab} \qquad (9.29)$$

が必ず小さくなるとは限りません。しかし，多くの場合，自由度の減少の割合よりも平方和の減少の割合のほうが大きくなるので，このことはほぼ成り立つと考えてよいでしょう。いまの例においても，F 統計量の値は，1要因のときの 4.03 に対して2要因のときは 9.64 と大きな値になっています。

単純効果とその検定

交互作用の検定の結果，「優越属性」の効果のあり方が「相手の態度」が友好的か敵対的かふつうかによって有意に異なることがわかったら，今度は，「相手の態度」が友好的な場合には「優越属性」の効果はどうなっているのか，敵対的な場合はどうか，というように場合分けした問いが出てきます。このような，ある要因（たとえば「相手の態度」）の各水準における，別の要因（たとえば「優越属性」）の効果のことを**単純効果**（simple effect）とよびます。

たとえば，相手の態度が友好的なときの優越属性の単純効果を調べる場合，基本的にはもちろん，「友好的」条件に割り当てられた被験者のデータに注目します。そのデータだけを用いて，優越属性を要因とする1要因の分析をすれば，単純効果に関する検定は一応できることになります。同様に，「敵対的」条件のデータだけを用いて1要因の分析をすれば，その条件における優越属性の単純効果の検定も一応できることになります。

しかし，このやり方にはひとつ問題があります。「友好的」条件の

データを用いたときの残差の平均平方と,「敵対的」条件のデータを用いたときの残差の平均平方は,一般には異なる値になるはずです。しかし,もともとの 2 要因デザインに戻って考えれば,これらの異なる平均平方の値は,いずれも各セルに共通の母集団分散の推定値なのです。だとすれば,一連の分析で,同一の母数の推定値がいくつも存在するのはおかしいということになります。そこで,各セルに共通の母集団分散の推定値としては,データ全体を用いた最初の 2 要因分析において (9.29) 式で求めた残差の平均平方 MS_e を,単純効果の検定でも一貫して用いることにします。

したがって,一般的に,要因 B の第 k 水準における要因 A の単純効果の検定は

$$F = \frac{SS_{A|B_k}/(a-1)}{MS_e} \tag{9.30}$$

によって求められる F 統計量の値を,自由度 $a-1$ と $N-ab$ の F 分布と比較することで行います。ここで,分子の $SS_{A|B_k}$ は,要因 B の第 k 水準のデータだけを用いたときの,要因 A の平方和

$$SS_{A|B_k} = n \sum_{j=1}^{a} (\bar{y}_{jk} - \bar{y}_{\cdot k})^2 \tag{9.31}$$

です。

同様に,要因 A の第 j 水準における要因 B の単純効果の検定は

$$F = \frac{SS_{B|A_j}/(b-1)}{MS_e} \tag{9.32}$$

によって求められる F 統計量の値を,自由度 $b-1$ と $N-ab$ の F 分布と比較することで行います。ここで,分子の $SS_{B|A_j}$ は,要因 A の第 j 水準のデータだけを用いたときの,要因 B の平方和

$$SS_{B|A_j} = n \sum_{k=1}^{b} (\bar{y}_{jk} - \bar{y}_{j\cdot})^2 \tag{9.33}$$

です。

たとえば、相手の態度が友好的なときの優越属性の単純効果を調べる場合は、表9-4の「友好的」の列に示した平均と、各セルの被験者数（$n = 5$）から

$$SS_{A|B_1} = 5 \times \{(2.40 - 1.80)^2 + (1.80 - 1.80)^2 + (1.20 - 1.80)^2\}$$
$$= 3.60$$

となります。これと、表9-5に示した残差の平均平方とから、F統計量の値は

$$F = \frac{3.60/2}{1.29} = 1.40$$

となります。この値は、自由度2と36のF分布の上側確率.05に対応する値3.26より小さいので、相手の態度が友好的なときの優越属性の単純効果は、統計的に有意でないことがわかります（図9-1参照）。

単純効果の検定と主効果の検定を比べると、分母は同じですが、分子は、(9.16)式の中のnbに対応する部分が(9.31)式ではnとなっていることからわかるように、データ数の多い主効果の検定のほうが一般に大きくなります。したがって、単純効果は主効果に比べ、有意な差が得られにくいことになります。

主効果および単純効果に関する多重比較

2要因デザインにおける主効果および単純効果に関しても、それが統計的に有意になった場合に、どの水準とどの水準の間に有意差があるかが、多重比較の方法を用いて検定されます。

テューキーの方法を用いる場合は、1要因デザインの場合と同様に、たとえば要因Aの主効果に関しては、

$$q = \frac{|\bar{y}_{j\cdot} - \bar{y}_{j'\cdot}|}{\hat{\sigma}_{\bar{y}}} \qquad (9.34)$$

によって対間比較の検定統計量が計算され,その値が付表 10 の値と比較されることになります.また,要因 B の第 k 水準における要因 A の単純効果に関しても同様に,

$$q = \frac{|\bar{y}_{jk} - \bar{y}_{j'k}|}{\hat{\sigma}_{\bar{y}}} \qquad (9.35)$$

によって検定統計量が計算されます.

ただし,これらの式の分母の $\hat{\sigma}_{\bar{y}}$ は,比較対象となる標本平均の標準誤差の推定量をあらわしており,その値は,主効果の場合と単純効果の場合とでは,平均の計算に含まれるデータ数の違いを反映して異なる値になります.要因 A の主効果に関する多重比較では,その値は

$$\hat{\sigma}_{\bar{y}} = \sqrt{\frac{MS_e}{nb}} \qquad (9.36)$$

となります.また,要因 B の各水準ごとの要因 A の単純効果,および要因 A の各水準ごとの要因 B の単純効果に関しては,

$$\hat{\sigma}_{\bar{y}} = \sqrt{\frac{MS_e}{n}} \qquad (9.37)$$

となります.

> アンバランスなデザインと平方和のタイプ

本節のはじめに,完全無作為 2 要因デザインでは,原則として各セルに同じ数の被験者を割り当てるということを述べました.その理由は,そうすることによって,要因 A の主効果をあらわす $a-1$ 個のダミー変数群,要因 B の主効果をあらわす $b-1$ 個のダミー変数群,そして $A \times B$ の交互作用効果をあらわす $(a-1)(b-1)$ 個のダミー変数群が,変数群間で互いに完全に無相関になるという

ことです。

第8章で解説した重回帰分析では、一般に独立変数の間に相関があるため、個々の独立変数の寄与の査定が難しく、タイプIやタイプIIIの平方和を利用することで、何とかそれぞれの独立変数の寄与の大きさを評価することができました。2要因デザインでは、各セルの被験者数をそろえるだけで、2つの要因の主効果をあらわす独立変数群および要因間の交互作用効果をあらわす独立変数群が互いに無相関になり、そのため、それぞれの効果を完全に分離することができるのです。

しかし、仮に実験のはじめに同数の被験者を割り当てたとしても、何らかの理由で何人かの被験者のデータが使えなくなり、結果としてセルによって被験者数が異なるということもあります。また、実験ではなく調査データの場合には、セルの被験者数は多くの場合、等しくなりません。このようにセルによって被験者数が異なるデザインは**アンバランスデザイン**とよばれます。アンバランスデザインでは、主効果どうし、あるいは主効果と交互作用効果が無相関でなくなり、重回帰分析の場合と同様に、タイプIやタイプIIIの平方和を計算する必要が出てきます。

分散分析においても、一般によく用いられるのはタイプIIIの平方和、すなわち、当該の効果を最後にモデルに投入したときのモデルの平方和の増分です。交互作用まで含む2要因モデルであれば、予測値はセル平均となるので、モデルの平方和はセル間平方和

$$SS_{cell} = \sum_{j=1}^{a} \sum_{k=1}^{b} n_{jk} \left(\bar{y}_{jk} - \bar{y} \right)^2 \quad (9.38)$$

となります（n_{jk} は $(j,\ k)$ セルの被験者数）。

もちろん、もし2つの主効果の間に、モデル上、明確な優先順位があるのであれば、タイプIの平方和に注目します。また、タイプI

とタイプ III のほかに，**タイプ II の平方和**が利用されることもあります。タイプ II の平方和においては，2 つの要因の主効果に関しては同等に扱い，当該の要因の主効果を全主効果の中で最後に（つまり，2 要因の場合は 2 番目に）モデルに投入しますが，交互作用は，すべての主効果を投入した後にモデルに投入します。つまり，主効果どうしの間ではタイプ III の発想で，そして主効果と交互作用については，主効果を優先させたタイプ I の発想で平方和を求めるのがタイプ II です。

5 対応のある 1 要因デザイン

デザインの特徴　すでに 1 節で述べたように，対応のある 1 要因デザインの実験には，従属変数と相関のある変数に関して類似した被験者のブロックを作るものと，そうしたブロックの代わりに同一の被験者を用いるものがあります。前者は **1 要因ランダムブロックデザイン**（one-factor randomized block design）とよばれ[9]，後者は同じ被験者に測定を繰り返すことになることから **1 要因反復測定デザイン**（one-factor repeated measures design）とよばれます。第 6 章の 3 節で扱った対応のある 2 群は，対応のある 1 要因デザインにおいて水準数を 2 とした場合に相当します。

対応のある 1 要因デザインでは，形式的には，実験で注目している要因のほかに，「ブロック」または「被験者」という第 2 の要因を加え，2 要因デザインとして扱います。ただし，この 2 つ目の要因

---

[9] randomized block に乱塊という言葉をあて，ランダムブロックデザインを「乱塊デザイン」とよぶこともあります。

は，たとえば妬み感情に関する実験における「優越属性」や「相手の態度」の要因とは異なり，その要因の効果（ブロック間，あるいは被験者間の差）自体には特に関心がなく，ターゲットとなる実験要因の効果の検出を助ける目的のために導入されるものです。また，実験で用いられるブロックや被験者は，その特定の人たちに関する結果に関心があって選ばれるというよりは，他の人たちが選ばれる可能性もあった中で，たまたま選ばれたものと考えるほうが自然です。このように，要因の水準が，多くの水準の中からランダムに選ばれたものである要因を，特に**変量効果要因**（random-effects factor）または単に変量要因とよびます。それに対し，「優越属性」要因の「容姿」，「学歴」，「豊かさ」などは，ランダムに選んだものではなく，理論的な観点などから意図的に選んだもので，それらの水準間の差異自体に研究関心があるものです。こうした要因は**固定効果要因**（fixed-effects factor）または単に固定要因とよばれます[10]。

本節では，3人ずつからなる15のブロックの被験者の測定値が仮に表9-6のようになったものとして，これを数値例としながら，対応のある1要因デザインの分析法を説明していきます。ここでは，優越属性を要因とする1要因ランダムブロックデザインを想定して話を進めますが，「ブロック」を「被験者」と置き換えれば，そのまま反復測定デザインの説明となります。

平方和の分割と自由度

一般的に，実験要因を A とし，その水準の数を a とします。そして，被験者のブロッ

---

[10] ブロックや被験者以外の要因が変量効果要因として用いられることもあります。たとえば被験者に刺激として与える単語を，多くの単語群の中からランダムに選び，単語の違いによる結果の違いをみるような場合，「単語」要因は変量効果要因となります。固定効果要因の場合と変量効果要因の場合とでは，検定統計量の計算の仕方が異なってくる場合があるので，統計ソフトウェアを利用する際には，その区別を正しく指定する必要があります。

5 対応のある1要因デザイン

表9-6 ブロック別の妬み感情の測定データ

ブロック	優越属性			平均
	容姿	学歴	豊かさ	
1	1	1	0	0.67
2	2	1	1	1.33
3	2	1	1	1.33
4	2	1	1	1.33
5	2	2	1	1.67
6	3	2	1	2.00
7	3	2	2	2.33
8	4	2	2	2.67
9	4	2	3	3.00
10	4	2	3	3.00
11	5	2	4	3.67
12	5	3	4	4.00
13	6	3	5	4.67
14	7	3	6	5.33
15	8	4	7	6.33
平均	3.87	2.07	2.73	2.89

ク(反復測定デザインの場合は被験者,以下同様)の数を n とし,第 i 番目のブロックの第 j 番目の水準における従属変数の値を y_{ij} と表記することにします。このとき,全体の平均を $\bar{y}$ とすると,データ全体としてのばらつきの大きさをあらわす全体の平方和は,

$$SS_{total} = \sum_{i=1}^{n} \sum_{j=1}^{a} (y_{ij} - \bar{y})^2 \quad (9.39)$$

となります。

全体の平方和の分割には,前節の完全無作為2要因デザインにおける平方和の分割が参考になります。表9-6は,ブロック×要因 A の2要因デザインで,各セルに含まれるデータが1個だけという形

になっています。セルに含まれるデータが1個だけだと、セル内の分散はゼロになるので、2要因デザインにおける残差の平方和（(9.20)式）もゼロになります。一方、セル内の平均はセルに含まれる1個の値そのものになるので、2要因デザインにおける交互作用の平方和（(9.19)式）に対応するブロック×要因 A の交互作用の平方和は

$$SS_{block \times A} = \sum_{i=1}^{n} \sum_{j=1}^{a} (y_{ij} - \bar{y}_{i\cdot} - \bar{y}_{\cdot j} + \bar{y})^2 \tag{9.40}$$

となります。

要因 A の平方和 SS_A およびブロックの平方和 SS_{block} は、完全無作為2要因デザインの場合に準じて、以下のようになります。

$$SS_A = n \sum_{j=1}^{a} (\bar{y}_{\cdot j} - \bar{y})^2 \tag{9.41}$$

$$SS_{block} = a \sum_{i=1}^{n} (\bar{y}_{i\cdot} - \bar{y})^2 \tag{9.42}$$

そして、全体の平方和は、

$$SS_{total} = SS_A + SS_{block} + SS_{block \times A} \tag{9.43}$$

のように、これら3つの平方和に分割されることになります。

これらの平方和の自由度は、完全無作為2要因デザインの場合の自由度と同様に、以下のようになります。

$$\text{全体の自由度} = na - 1 \tag{9.44}$$

$$\text{要因 } A \text{ の自由度} = a - 1$$

$$\text{ブロックの自由度} = n - 1$$

$$\text{ブロック} \times \text{要因 } A \text{ の自由度} = (n-1)(a-1)$$

仮定と検定統計量 対応のある要因の効果の有意性を検定する場合には、やや複雑な仮定が必要になりま

す。そこでまず，従属変数に関するモデルを正確に表現しておきましょう。第 i 番目のブロックの第 j 番目の水準における従属変数の値 y_{ij} について，以下のようなモデルを想定します。

$$y_{ij} = \mu + \gamma_i + \alpha_j + \gamma\alpha_{ij} + \epsilon \qquad (9.45)$$

ここで，μ は総平均をあらわす母数であり，γ_i および α_j は，それぞれブロックおよび要因 A の効果をあらわす母数です。また，$\gamma\alpha_{ij}$ はブロックと要因 A との交互作用効果をあらわす母数で，最後の ϵ は残差です。

このモデルは，ブロックの効果 γ_i および 交互作用効果 $\gamma\alpha_{ij}$ が定数ではなく，ブロックのランダムサンプリングに伴って変動する確率変数であることを除けば，前節の完全無作為 2 要因デザインのモデルと同じです。この 2 つの確率変数は，それぞれ正規分布にしたがうことが，まず仮定されます。

1 節で，対応のある要因の場合は，異なる水準に含まれる従属変数の値に相関が生じるということを説明しましたが，このデザインにおけるもうひとつの仮定は，その相関（あるいは共分散）に関係したものです。その仮定を正確に記述すると，「要因 A の水準を 2 つずつ対にして従属変数の値の差をとったとき，ブロックの母集団におけるその差の分散が，どの水準対でも同じになる」というものです。たとえば，水準 1 と水準 2 の間の従属変数の値の差 $y_{i1} - y_{i2}$ の母集団分散 σ_{1-2}^2 は，

$$\sigma_{1-2}^2 = \sigma_1^2 - 2\sigma_{12} + \sigma_2^2 \qquad (9.46)$$

となります（(6.24) 式参照）。ここで，σ_1^2 および σ_2^2 は各水準の分散で，σ_{12} は水準間の共分散です。このような差の分散がどの水準対でも等しくなるという仮定が必要になるのです。この仮定は，こ

れと同等の仮定の幾何学的特徴から**球面性**(sphericity)**の仮定**とよばれています(高橋・大橋・芳賀,1989)[11]。

その同等の仮定の説明には「正規直交対比」という,やや高度な統計概念が必要となるので,ここではその説明を省略し,上記の「水準間の差の分散の等質性」を幾何学的に表現してみましょう。図9-3は,各水準ごとのデータを1本のベクトルであらわしたときに,その仮定が成り立っている状態を表現したものです。水準間の差の分散が等しいということは,3本の差ベクトルの長さが等しいということです。たとえば,仮に水準ごとのベクトルの1本だけが極端に短かったり(つまり,分散が小さすぎたり),極端に別方向を向いていたり(つまり,他の水準との相関が低すぎたり)すると,この仮定が満たされなくなることがわかります。

以上の仮定のもと,要因 A の効果がゼロであるという帰無仮説の検定のための統計量は,要因 A の平均平方を,交互作用の平均平方で割った比

$$F = \frac{SS_A/(a-1)}{SS_{block \times A}/(n-1)(a-1)} \tag{9.47}$$

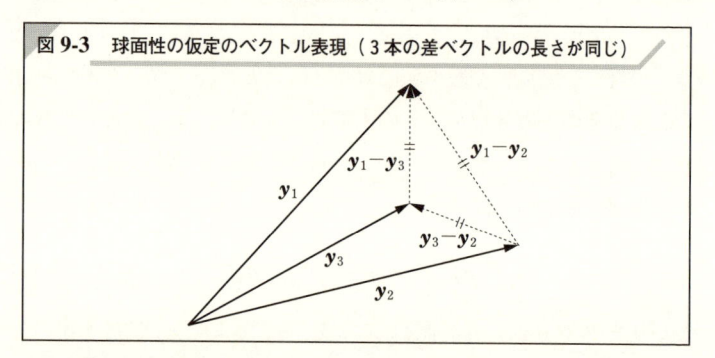

図 9-3 球面性の仮定のベクトル表現(3本の差ベクトルの長さが同じ)

---

11) 球面性の仮定は,球状性の仮定,あるいは球形仮定などとよばれることもあります。

で与えられます。この F 統計量の値が，付表 9a の自由度 $a-1$ と $(n-1)(a-1)$ に対する値を超えれば，要因 A の効果は 5% 水準で有意であったということになります[12]。

統計ソフトウェアでは，球面性の仮定についての検定をまず行い，その結果に応じた対処をしてくれます（高橋・大橋・芳賀，1989）。つまり，球面性の仮定が棄却されないときは，上記の通常の検定を行い，仮定が棄却されたときは，近似的に正しい検定になるように自由度を修正します。そして，修正された自由度を用いたときに要因の効果が有意になるかどうかを示してくれます。

表 9-6 のデータから各平方和を計算し，(9.47) 式による検定を行うと，表 9-7 の分散分析表に示したような結果になります。ただし，統計ソフトウェアを用いて確かめると，このデータの場合，球面性の仮定が 1% 水準でも棄却されてしまうことがわかります。そこで，自由度の修正が行われるのですが，これにもいくつかの方法があります。そのうちフインとフェルト（Huynh & Feldt）によって提案された方法を適用すると，分子の自由度が 1.13，そして分母の自由度が 15.81 となります。付表 9 には自由度が整数の場合の値しかありませんが，統計ソフトウェアでは，このように自由度が整数でな

表 9-7　1 要因ランダムブロックデザインの分散分析表の例

変動要因	自由度	平方和	平均平方	F	p
優越属性	2	24.84	12.42	21.09	.001
ブロック	14	113.11	8.08		
ブロック×属性	28	16.49	0.59		
全　　体	44	154.44			

---

[12]（9.47）式は，水準数が 2 のとき，対応のある 2 群の平均値差の検定のための t 統計量（(6.29) 式）を 2 乗したものに等しくなることが証明できます。

い場合の計算も可能です。なお、いまの例の場合は、自由度修正後でも表 9-7 に示した結果と同様に、要因の効果が 1% 水準で有意となります。

多重比較

要因の効果を検定するために必要な仮定が満たされていれば、要因の水準間の多重比較は、前節までの対応のないデザインと同様に行うことができます。

テューキーの方法では、各水準の標本平均の標準誤差を

$$\hat{\sigma}_{\bar{y}} = \sqrt{\frac{MS_{block \times A}}{n}} \tag{9.48}$$

によって推定し、これを用いて、

$$q = \frac{|\bar{y}_{\cdot j} - \bar{y}_{\cdot j'}|}{\hat{\sigma}_{\bar{y}}} \tag{9.49}$$

によって第 j 水準と第 j' 水準の比較を行います。付表 10 を参照する際の「残差の自由度」は、この場合、$(n-1)(a-1)$ となります。

完全無作為デザインとの比較

対応のあるデザインを用いると、一般に、完全無作為デザインの場合に比べ、要因の効果の検定における検定力を高めることができます。それは、第 6 章の 3 節で対応のある 2 群の平均値差の検定について説明したように、水準間の平均値差の標準誤差が小さくなることによります。ここではこの検定力の違いを、平方和の分割および F 値の大きさという観点から説明しておきましょう。

本節の数値例（表 9-6）は、実は、対応のある 1 要因デザインを完全無作為 1 要因デザインと比較するために、もとの表 9-1 のデータを、各水準内で並べ替えて作ったものです[13]。したがって、優越属性の各水準の平均はどちらのデータでも同じで（表 9-2 と表 9-6

---

[13] もちろん、実際には、完全無作為デザインで得られたデータを、結果をみてからこのような形に並べ替えて対応のあるデータとして扱うというようなことはできません。

参照), 優越属性の平方和および平均平方もまったく同じになっています (表9-3 と表9-7 参照)。また, データ全体としてのばらつきにも違いはありませんから, 全体の平方和も両分析で同じになっています。

したがって, 2つの分析の間の違いは, その残りの部分にあります。完全無作為1要因デザインの場合, 全体の平方和から要因 A の平方和を差し引いた残りは残差の平方和となり, これが F 統計量の分母にきます。一方, 対応のある1要因デザインの場合, その残りはブロックの平方和と交互作用の平方和にさらに分割され, その中の交互作用の平方和が F 統計量の分母におかれます。したがって, F 統計量の分母の平方和は, 対応のあるデザインのほうが小さくなり, それだけ F の値が大きくなって有意になりやすくなります。ただし, 対応のあるデザインのほうが分母の自由度も小さくなるというのも事実で, これは F の値を小さくする方向に作用します。しかし, マッチングが有効なら, 従属変数の値がブロック内で互いに近い値となり, ブロック間では離れた値になる (ブロックの平方和が大きくなる) でしょうから, 分母の平方和の減少の割合は自由度の減少の割合を大きく上回るはずです。したがって, 一般的に, 対応のあるデザインのほうが, 対応のない完全無作為デザインよりも検定力が高くなると考えてよいということになります。

6 より複雑なデザイン

複雑なデザインの例　共分散分析に移る前に, ここまで紹介してきたデザインよりも複雑なデザインについて, 簡単に触れておきましょう。

対応のない完全無作為デザインについては，3要因以上のデザインへの拡張が考えられます。つまり，3つ以上の要因の水準をクロスさせたセルに被験者をランダムに割り当てるデザインです。

同様に，対応のあるデザインについても，2要因あるいは3要因以上のデザインへの拡張が考えられます。つまり，ブロックにまとめられた被験者群を，これら複数の要因の水準をクロスさせたセルにランダムに割り当てるのです。あるいは，同一の被験者を，これら複数の要因の水準のすべての組合せのもとで測定することも考えられます。この場合は多要因の反復測定デザインとなります。

さらに，複数の要因のうちの一部を対応のある要因とし，残りを対応のない要因とするデザインも可能です。たとえば，特に検定力を高くしたい要因で，実験の実施上，被験者内要因とすることに無理がないものは被験者内要因とし，それ以外の要因は対応のない被験者間要因とするというような場合です。

こうした複雑なデザインでも，各要因の主効果と要因間の交互作用を検討していくというアプローチや，そのために全体の平方和を分割し，それに対応して自由度も分割して平均平方を求め，しかるべき平均平方の比によって F 統計量を計算するという基本的な手続きは同じです。実際の計算は，統計ソフトウェアで，どの要因が対応のない要因でどの要因が対応のある要因であるかを正しく指定すれば，容易に結果を得ることができます。

高次の交互作用

3要因以上のデザインについて，ひとつだけ説明を加えておく必要があるのは，3つ以上の要因が絡む交互作用についてです。

たとえば，A，B，C という3つの要因からなるデザインを考えるとします。この場合，検定する効果としては，まずそれぞれの要因の主効果があります。そして，$A \times B$，$A \times C$，$B \times C$ という2要

因間の交互作用があります。これらの交互作用は、すでに説明したように、たとえば $A \times B$ の交互作用であれば「要因 A の効果のあり方が、要因 B の水準によって異なる」ということを意味します。

3要因のデザインでは、これに加えて、$A \times B \times C$ という3要因の間の交互作用を考える必要があります。この3要因間の交互作用があるということは、「$A \times B$ の交互作用のあり方が、要因 C の水準によって異なる」ということです。たとえば、要因 C の第1水準だけでみると、$A \times B$ の交互作用はほとんどない（セル平均のプロットを結んだ線が図 9-2 のように平行になる）が、第2水準では顕著な交互作用があるというような場合です。このような3要因間の交互作用は **2次の交互作用**（second-order interaction）とよばれます。これに対し、最も単純な2要因間の交互作用は **1次の交互作用**（first-order interaction）とよばれます。

要因数がさらに増えれば、3次の交互作用、4次の交互作用を考えることになります。しかし、たとえば4次の交互作用は「$A \times B \times C \times D$ の3次の交互作用のあり方が、要因 E の水準によって異なる」ということであり、複雑すぎて解釈が非常に困難になります。したがって、実際の研究では要因数をあまり多くせずに、場合によってはある要因群についてはそれぞれひとつずつの水準を選んで（つまり、一定化して）実験するなり、無作為化してしまうなりの工夫が必要です。

7 共分散分析

共分散分析の考え方　先に述べたように、対応のある1要因デザインでは、ターゲットとなる実験要因に関する検定力を高めるために、被験者のマッチングや同一被験者に対

する反復測定を行います。こうした工夫をしなければ残差の平方和に含まれてしまうことになる個人差を，ブロック要因または被験者要因として明確に分離し，デザイン上説明のつかない残差部分を小さくすることによって，検定力を高めるという目標を達成するのです。

共分散分析（analysis of covariance；ANCOVA）は，これと同じ目標を，**共変数**（covariate）または共変量とよばれる量的な変数をモデルに投入することによって達成しようとする方法です。つまり，完全無作為デザインでは残差となる個人差を，回帰分析のように量的な変数によって予測し，それによって，モデルで説明できない残差部分を小さくするのです。

共分散分析のモデル

これまでと同様に実験要因を A とし，その水準数を a としておきます。被験者は第 j 群に n_j 人をランダムに割り当てるものとし，第 j 群に属する第 i 番目の被験者の従属変数の値を y_{ij}，そしてその被験者の共変数の値を x_{ij} と表記することにします。

共分散分析では，従属変数の値 y_{ij} について，以下のようなモデルを想定します。

$$y_{ij} = \mu + \beta(x_{ij} - \bar{x}) + \alpha_j + \epsilon \qquad (9.50)$$

これまでと同様に，μ は総平均をあらわす母数であり，α_j は要因 A の効果をあらわす母数です。$\bar{x}$ は共変数 x の総平均で，β は共変数 x の効果をあらわす偏回帰係数です。そして，最後の ϵ は正規分布にしたがうことが仮定される残差です。

このモデルの重要な点は，偏回帰係数 β に，実験要因の水準（被験者を割り当てた群）をあらわす添字 j がついていないこと，すなわち，共変数によって従属変数を予測するときの回帰係数が群によらず一定とされていることです。これは，共変数を横軸，従属変数

を縦軸にとって散布図を作ったとき，図 9-4 のように各群ごとの回帰直線が同じ傾きをもち，互いに平行になるということです。この仮定を**回帰係数の等質性**の仮定とよびます。

図 9-4 には，比較される 2 つの群の従属変数の分布（周辺分布）が，縦軸に沿って模式的に描かれています。また，図中には，共変数の値を固定したときの従属変数の条件付き分布も描かれています。モデル上，この条件付き分布が，共変数の影響を除いたときの従属変数の分布となります。図からわかるように，その分散は周辺分布の分散よりかなり小さくなっていますが，これは回帰分析の枠組みでこれまで繰り返し見てきた現象です。つまり，一般に条件付き分布の分散（予測の誤差分散）は周辺分布の分散よりも小さく，その程度は独立変数（ここでは共変数）と従属変数の間の相関が高いほど顕著になります。したがって，従属変数との相関が高い共変数を選べば，条件付き分布の群間比較は周辺分布の群間比較よりも分布の重複が少なく，差がより容易に検出されるようになるのです。これが，共分散分析によって検定力が高くなることの視覚的な説明です。

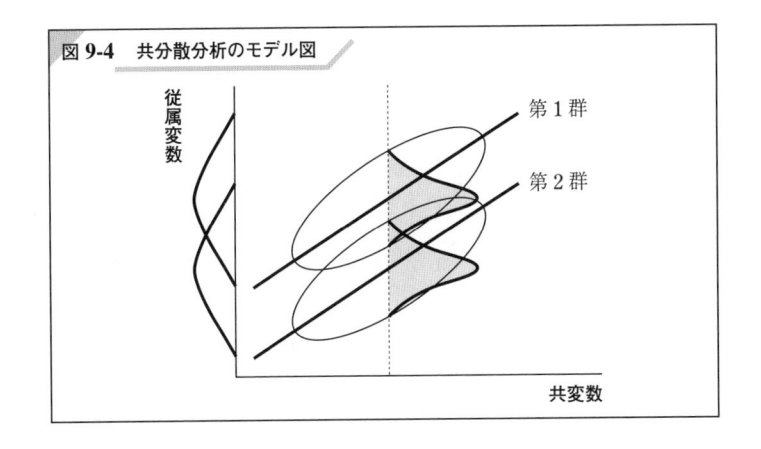

図 9-4　共分散分析のモデル図

> 回帰係数の等質性の検定

表9-8は，表9-1の45人の被験者について，仮想的な共変数の値を書き入れたものです。そして図9-5は，優越属性の各条件ごとに，その共変数と従属変数の間の散布図を描いたものです。

この図をみると，容姿条件と豊かさ条件とでは回帰直線がほぼ平行になっていますが，学歴条件だけは傾きがかなり小さくなっています。つまり，このデータでは前項で述べた回帰係数の等質性の仮定に疑いがもたれます。では，このデータの場合，「回帰係数が等質である」すなわち「回帰直線がすべて平行である」という帰無仮説は，検定によって実際に棄却されるでしょうか。

この検定のためには，(9.50)式の右辺の β をすべての群の平均

表9-8 共分散分析のためのデータ

番号	優越属性	共変数	妬み感情	番号	優越属性	共変数	妬み感情	番号	優越属性	共変数	妬み感情
1	容姿	4	2	16	学歴	6	2	31	豊かさ	9	3
2	容姿	9	4	17	学歴	10	2	32	豊かさ	4	1
3	容姿	6	3	18	学歴	2	1	33	豊かさ	2	1
4	容姿	2	2	19	学歴	8	2	34	豊かさ	1	0
5	容姿	1	1	20	学歴	5	2	35	豊かさ	6	1
6	容姿	14	7	21	学歴	13	3	36	豊かさ	12	4
7	容姿	10	4	22	学歴	15	4	37	豊かさ	15	7
8	容姿	13	6	23	学歴	9	2	38	豊かさ	13	5
9	容姿	11	5	24	学歴	4	1	39	豊かさ	14	6
10	容姿	15	8	25	学歴	7	2	40	豊かさ	11	4
11	容姿	8	4	26	学歴	1	1	41	豊かさ	10	3
12	容姿	7	3	27	学歴	12	3	42	豊かさ	7	2
13	容姿	3	2	28	学歴	14	3	43	豊かさ	5	1
14	容姿	12	5	29	学歴	11	2	44	豊かさ	8	2
15	容姿	5	2	30	学歴	3	1	45	豊かさ	3	1

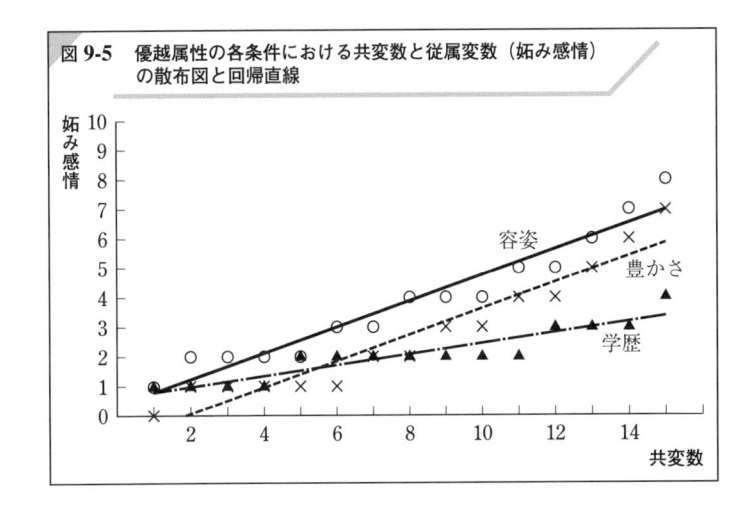

図 9-5 優越属性の各条件における共変数と従属変数（妬み感情）の散布図と回帰直線

的な回帰係数としたうえで，群ごとの回帰係数の β からのずれ δ_j をモデルに組み込み，

$$y_{ij} = \mu + (\beta + \delta_j)(x_{ij} - \bar{x}) + \alpha_j + \epsilon \tag{9.51}$$

というモデルを想定します。そして，その群ごとの回帰係数のずれ δ_j がすべてゼロであるという帰無仮説を検定します。

ここで，群ごとに回帰係数が異なるというのは，要因 A の水準によって，もうひとつの独立変数である共変数の効果のあり方が異なるということですから，δ_j は要因 A と共変数の間の交互作用をあらわす母数ということになります。この交互作用は，要因 A の効果を調べるための $a-1$ 個のダミー変数群と共変数の積で与えられる $a-1$ 個の変数を回帰モデルに投入することによって検討できることが知られています。つまり，これらの変数を導入するだけで，あとは通常の回帰分析における独立変数群の効果の検定と同じ方法で，回帰係数の等質性の検定ができるのです。

表 9-9　回帰係数の等質性の検定のための分散分析表の例

変動要因	自由度	平方和 (タイプⅢ)	平均平方	F	p
優越属性	2	4.04	2.02	7.52	.002
共変数	1	106.43	106.43	396.25	.001
属性×共変数	2	12.70	6.35	23.63	.001
残　差	39	10.48	0.27		
全　体	44	154.44			

表 9-9 は，表 9-8 のデータについて，回帰係数の等質性の検定をおこなった結果を分散分析表の形であらわしたものです。このデータの場合は，平方和のタイプによって一部，結果が変わってきます。いま問題になる交互作用については，優越属性要因や共変数よりも先にモデルに投入してその効果を調べるというよりは，主効果のみのモデルに加えたときに独自の効果をもつかどうかを調べるのが自然です。表 9-9 では，すべての要因について，それらをモデルに最後に加えたときの平方和の増分であるタイプⅢの平方和を用いています。その結果，やはり図 9-5 から示唆されたように，要因と共変数の交互作用は統計的に有意であり，回帰係数の等質性の仮定は棄却されてしまいます。

実験要因の効果の検定　回帰係数の等質性が仮定できるときには，交互作用項のない (9.50) 式をモデルとして，要因 A の効果 α_j に関する検定を行うことになります。その検定も，モデルに投入する独立変数を適切に指定すれば，あとは通常の回帰分析における独立変数群の効果の検定と同じ方法で行うことができます。

表 9-10 は，表 9-8 のデータについて，仮に回帰係数の等質性が仮

定できるものとして，優越属性要因の効果の検定をしてみたものです。実際には仮定が満たされていないので，この結果そのものにはあまり意味がないのですが，データとして他のデザインで数値例として用いたものを用いているため，他のデザインとの比較でいくつかの特徴を読み取ることができます。

まず，表9-10の全体の平方和は，表9-1と同じ数値データの集合を用いているため，これまでの他のデザインによる計算結果と同じになっています。また，このデータでは，たまたま優越属性要因と共変数との間に相関がないため，優越属性の平方和はタイプによらず同じ値になり，それはこれまでの他のデザインによる結果とも一致しています。これまでの結果との違いは，全体の平方和から優越属性の平方和を除いたものが，共変数と残差の平方和に分かれることで，これが共分散分析の特徴です。

共変数については，自由度が1（= 共変数の個数）で，平方和が106.43となっています。この平方和の分だけ，完全無作為デザインよりも残差の平方和を減少させることができたということです。しかも残差の自由度の減少は1だけですから，非常に効率よく残差の平方和を減少させることに成功しています。一方，表9-7のランダムブロックデザインの分析結果をみると，ブロックの平方和は113.11であり，表9-10の共変数の平方和よりもやや大きくなっています。

表9-10 共分散分析の分散分析表の例

変動要因	自由度	平方和	平均平方	F	p
優越属性	2	24.84	12.42	21.98	.001
共変数	1	106.43	106.43	188.33	.001
残差	41	23.17	0.57		
全体	44	154.44			

しかし,残差の平方和をこれだけ減少させるために,残差の自由度が 14(＝ブロック数 − 1)も減少しているため,F 統計量の分母となる交互作用の平均平方は 0.59 で,共分散分析の場合の残差の平均平方 0.57 よりわずかながら大きくなっています。その結果,F 統計量の値は共分散分析に比べ,やや小さくなっています。このように,自由度の観点からは共分散分析のほうがランダムブロックデザインや反復測定デザインよりも好ましい性質をもっていると言えます。

なお,回帰係数の等質性の仮定が満たされない場合の対処については,渡部(1988)などを参照してください。

●キーワード

分散分析,要因,因子,水準,交絡,統制,一定化,バランス化,ランダム化,無作為化,対応のない要因,対応のある要因,被験者間要因,被験者内要因,ブロック,マッチング,完全無作為 1 要因デザイン,全体の平方和,群間平方和,群内平方和,相関比,分散分析表,事後検定,多重比較,テューキーの方法,完全無作為 2 要因デザイン,交互作用,主効果,単純効果,アンバランスデザイン,タイプ II の平方和,1 要因ランダムブロックデザイン,1 要因反復測定デザイン,変量効果要因,固定効果要因,球面性の仮定,2 次の交互作用,1 次の交互作用,共分散分析,共変数,回帰係数の等質性

第10章 因子分析と共分散構造分析

　この最後の章では，心理学の研究の中から生まれ，他の多くの学問分野でも広く利用されるようになってきた因子分析と，それを包含する一般的な分析枠組みである共分散構造分析について解説します。因子分析は，回帰分析や分散分析と同様に，第7章で基礎固めをした線形モデルに基づく方法であり，因子という潜在変数を導入して，変数の構造および変数間の関係の構造に迫っていくものです。また，共分散構造分析を用いると，潜在変数間のさまざまな関係の分析も可能となります。

1 因子分析の考え方とモデル

　研究の例　　企業の採用担当者へのインタビューにおいて，大学生の採用の際に「好感をもたれる性格特性」として，表10-1に示した8つの特性が挙げられたとします。ここで，これら8つの特性は，そのうちのどれか1つにあてはまる人は他のすべての特性にもあてはまる傾向があるのか，つまり，その意味で全体として1つの共通の個人差変数を反映しているのか，それとも，いくつかの特性群に分類することができるのかという問題を考えてみましょう。このような問題は，心理学の研究において，関心のある行動領域の個人差を測定するのに，いくつの，そしてどのような内容の尺度を用意する必要があるかという形で，頻繁に取り上げられるものです。

表 10-1 性格特性の評定値間の相関係数

	温和	陽気	外向的	親切	社交的	協力的	積極的	素直
1 温和	1.000							
2 陽気	.033	1.000						
3 外向的	.315	.637	1.000					
4 親切	.456	.250	.333	1.000				
5 社交的	.266	.528	.880	.362	1.000			
6 協力的	.607	.195	.237	.432	.252	1.000		
7 積極的	.228	.522	.750	.398	.738	.335	1.000	
8 素直	.419	.420	.328	.449	.269	.463	.238	1.000

この問題を検討するために,200人の大学生に,これら8つの特性について7段階(1:"まったくあてはまらない"から,7:"非常にあてはまる"まで)で自己評定してもらったとします。そして,ある特性にあてはまると答える傾向と,別の特性にあてはまると答える傾向の間の関係を調べるために,8つの特性を2つずつ対にして相関係数を求めた結果が表10-1のようになったとします。

この表をみると,相関係数はすべて正になっていますが,中には.033のような非常に小さな値もあります。したがって,これらの特性が全体として1つの個人差変数だけを反映し,その共通の変数における値の高低で,これらの特性の評定値が予測できるとみなすのは無理がありそうです。それでは,これらの特性の背後にいくつの個人差変数を考えればよいのでしょうか。これから紹介する**因子分析**(factor analysis)は,こうした問いへの答えを考えるうえで有用な方法です。

因子分析の考え方

因子分析では,観測される複数の変数(いまの例では8つの特性の評定値)が,それらの変数に共通の成分と,それぞれの変数に独自の成分から構成さ

れるという単純なモデルを考えます。これらの成分は観測変数を構成する成分ですが，それ自体は直接測定することのできない**潜在変数**（latent variable）です。このうち，分析対象となる変数の組に共通の成分を**共通因子**（common factor）または単に**因子**とよび，各変数に独自の成分を**独自因子**（unique factor）とよびます。同じ共通因子を強く反映する変数どうしは高い相関をもつことが予想されますし，逆に，高い相関をもつ変数どうしは，同じ共通因子を共有していると考えることができます。

因子分析の利用法には，大きく分けて**探索的アプローチ**（exploratory approach）と**確認的アプローチ**（confirmatory approach）の2つがあります。前者は，多くの観測変数間にみられる複雑な相関関係が，いくつの，どのような内容の因子を導入すれば説明できるのかを探索的に調べることを目的とします。それに対し後者は，因子数および因子と観測変数との関係についての仮説的なモデルを用意し，そのモデルをデータによって検証することを目的としており，検証的アプローチともよばれます。本章では，主として探索的な因子分析について解説し，確認的な因子分析については，4節の「共分散構造と母数の推定」のところで取り上げることにします。

因子分析モデル　前項で述べた因子分析のモデルを，式の形で表現しておきましょう。一般に，p個の観測変数（表10-1の場合は$p=8$）$y_1, y_2, \cdots, y_p$に対し，1つの共通因子fのみを考えるとすると，それぞれの観測変数のモデルは

$$y_j = \beta_j f + \epsilon_j \qquad (j = 1, 2, \cdots, p) \qquad (10.1)$$

と表現することができます。ここで，因子fにかかる係数β_jは，それぞれの観測変数がその因子をどの程度反映しているかを示すもので，**因子負荷**（factor loading）とよばれます。また，ϵ_jは，変数j

図 10-1　因子分析モデル（1 因子の場合）

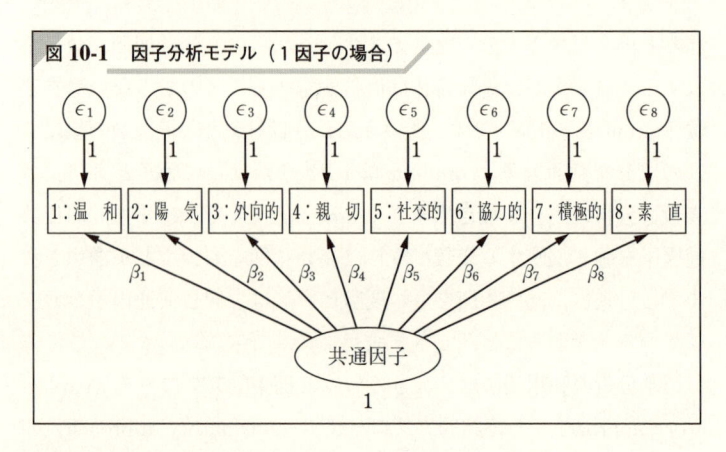

$\epsilon_1, \epsilon_2, \epsilon_3, \epsilon_4, \epsilon_5, \epsilon_6, \epsilon_7, \epsilon_8$ がそれぞれ係数 1 で観測変数 1:温和, 2:陽気, 3:外向的, 4:親切, 5:社交的, 6:協力的, 7:積極的, 8:素直 に向かい、共通因子（分散 1）から係数 $\beta_1, \beta_2, \beta_3, \beta_4, \beta_5, \beta_6, \beta_7, \beta_8$ で各観測変数にパスが伸びている。

に含まれる独自因子です。

これを，ここでの 8 個の性格特性の例についてパス図であらわしたのが図 10-1 です。それぞれのパスに付されている記号および数値は，パスの終点にある変数を予測・説明するときに，パスの始点にある変数にかかる係数（因子分析の場合は共通因子および独自因子の負荷であるが，より一般的には**パス係数**とよぶ）をあらわしています。また，共通因子をあらわす楕円の側にある 1 という数値は，次項で述べる理由により，共通因子の分散を 1 に固定したことを意味しています。

モデルに基づく相関の予測値

先に，「同じ共通因子を強く反映する変数どうしは高い相関をもつことが予想される」ということを述べました。このことを式の上で確認しておきましょう。

いま，2 つの変数 y_j および y_k が，1 つの共通因子 f によって，(10.1) 式のように，

$$y_j = \beta_j f + \epsilon_j$$
$$y_k = \beta_k f + \epsilon_k$$

1 因子分析の考え方とモデル

とあらわされるとします。すると，この2つの変数の間の共分散は，

$$
\begin{aligned}
Cov(y_j, \ y_k) &= Cov(\beta_j f + \epsilon_j, \ \beta_k f + \epsilon_k) \\
&= \beta_j \beta_k Var(f) + \beta_j Cov(f, \ \epsilon_k) + \beta_k Cov(\epsilon_j, \ f) \\
&\quad + Cov(\epsilon_j, \ \epsilon_k) \quad\quad\quad\quad (10.2)
\end{aligned}
$$

となります（付録A.4参照）[1]。

因子分析は，基本的には変数間の相関関係を分析するのが狙いなので，通常，観測変数の分散は1に標準化して扱います。すると，上記の共分散の式は，そのまま相関係数 $Corr(y_j, \ y_k)$ をあらわす式となります。また，潜在変数である因子の尺度は任意に定めることができるので，これも通常，分散を1に固定します[2]。

さて，この式の最右辺の第2項および第3項は，回帰分析の観点からすると独立変数（因子 f）と残差（独自因子 ϵ）の間の共分散ですから，これはゼロと考えることができます（第7章2節参照）。

この式で重要なのは，最後の第4項です。これは，観測変数 y_j および y_k から，共通因子 f の影響を除いた残差どうしの共分散です。これをそれぞれの残差の標準偏差の積で割れば，偏相関係数となります（第8章1節参照）。もし，2つの変数 y_j および y_k の間の相関が，それらの変数が因子 f を共通に反映していることによってのみ生じているとしたら，この因子の影響を除いたときの偏相関はゼロとなるはずです。一方，これらの変数間の相関の一部が，因子 f 以外の別の因子を共有していることに起因するとしたら，因子 f の

---

1) この章ではモデル上の共分散，分散，標準偏差，相関係数を，それぞれ Cov, Var, SD, $Corr$ とあらわすことにします。

2) 因子分析のモデル式（10.1）で切片を省略するのは，切片の値は変数間の相関関係とは関係がないこと，そして潜在変数の尺度が任意であるため切片の値自体があまり意味をもたないことがその理由です。ただし，複数の被験者群の間で因子の平均を比較するなどの分析においては，切片をモデルに含めることが必要になってきます。

影響を除いてもなお，相関が残るでしょう。つまり，(10.1)式のような1因子モデルを想定したとき，独自因子間の相関（および共分散）がゼロになるかどうかは，変数間の相関がその1つの因子で完全に説明できるかどうか，すなわち1因子モデルが妥当かどうかの決め手になるのです。言い換えれば，1因子モデルを妥当なものとして仮定するということは，そのモデルにおいて独自因子間の相関（および共分散）がゼロであるという仮定をおくことと同じだということです。

いま，独自因子間の相関がゼロであるとし，先に述べたように

$$Var(y_j) = Var(y_k) = Var(f) = 1$$

とすると，(10.2)式は

$$Cov(y_j,\ y_k) = Corr(y_j,\ y_k) = \beta_j\,\beta_k \qquad (j \neq k) \qquad (10.3)$$

と簡単になります。この式は，1因子モデルにおいて，観測変数 y_j, y_k 間の相関が，これらの変数の因子負荷の積 $\beta_j \beta_k$ によって与えられることを示しています。したがって，2つの変数 y_j, y_k がともに因子 f に高い負荷をもつとき，これらの変数間の相関が高くなることになります。これが，先に述べた「同じ共通因子を強く反映する変数どうしは高い相関をもつことが予想される」ということの，モデルに基づく説明です。

本項で示したような展開は，4節でみるように，モデルの母数を推定するうえで重要な意味をもってきます。

| 一般的な因子分析モデル |

ここまでは簡単のために，共通因子が1個だけの1因子モデルを考えてきましたが，より一般的に，p 個の観測変数 $y_1, y_2, \cdots, y_p$ に対し，これらの観測変数が全部で m 個の共通因子によって説

明されるとする因子分析モデルは，以下のように表現されます。

$$y_j = \beta_{j1}f_1 + \beta_{j2}f_2 + \cdots + \beta_{jm}f_m + \epsilon_j$$
$$= \sum_{g=1}^{m} \beta_{jg}f_g + \epsilon_j \qquad (j=1, \ 2, \ \cdots, \ p) \quad (10.4)$$

ここで，因子負荷 β_{j1}, β_{j2}, $\cdots$, β_{jm} の最初の添字は観測変数を，そして2番目の添字は因子の番号をあらわしています。

因子分析においては，このモデルの母数である因子負荷の値を推定することが，計算上の中心的な課題となります。この母数推定の問題は4節で取り上げることとし，次節では，因子分析のしくみと分析結果の解釈について，ベクトルを用いて視覚的に説明します。

2 因子分析のしくみと因子の解釈

因子分析のベクトル表現

いま仮に，因子分析のモデルをあらわす (10.4) 式に含まれる母数 β_{j1}, β_{j2}, $\cdots$, β_{jm} の推定値が得られているとして，それらを b_{j1}, b_{j2}, $\cdots$, b_{jm} とあらわすことにします。ここで N 人の被験者の観測変数 y_j ($j = 1, \ 2, \ \cdots, \ p$) および共通因子 f_g ($g = 1, \ 2, \ \cdots, \ m$) の値を N 次元ベクトル $\boldsymbol{y}_j$, $\boldsymbol{f}_g$ であらわし，残差にあたる独自因子のベクトルを

$$\boldsymbol{e}_j = \boldsymbol{y}_j - \sum_{g=1}^{m} b_{jg}\boldsymbol{f}_g \qquad (10.5)$$

とします。これを書き換えれば，母数の推定値を用いて (10.4) 式をベクトルで表現した式

$$\boldsymbol{y}_j = \sum_{g=1}^{m} b_{jg} \boldsymbol{f}_g + \boldsymbol{e}_j \tag{10.6}$$

が得られます。

この式の右辺の共通因子部分を

$$\boldsymbol{y}'_j = \sum_{g=1}^{m} b_{jg} \boldsymbol{f}_g \tag{10.7}$$

とすると,この共通因子部分は,m 個の因子ベクトルに因子負荷で重みをかけて合成したものですから,因子のベクトルで構成される平面(3因子以上ならば空間)内のベクトルとして表現できることになります。そして,この共通因子部分をあらわすベクトルに,因子平面に直交する残差(独自因子)ベクトルを加えると,観測変数のベクトル

$$\boldsymbol{y}_j = \boldsymbol{y}'_j + \boldsymbol{e}_j \tag{10.8}$$

が再現できるわけです。

以上の関係,およびこれから順次説明していく関係を図示したの

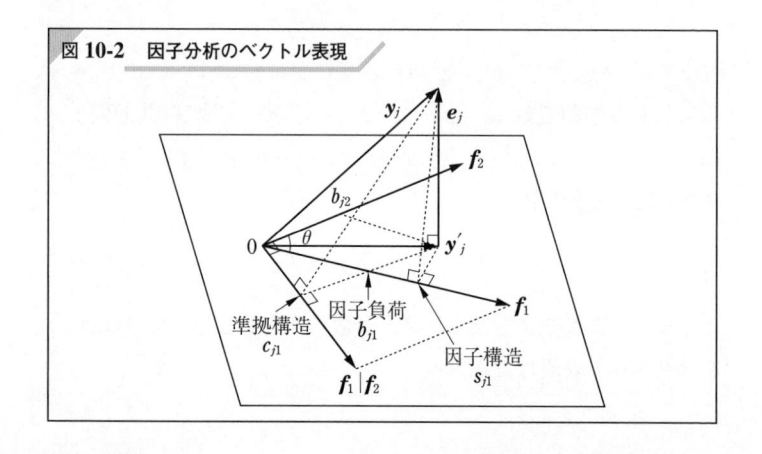

図 10-2　因子分析のベクトル表現

が図 10-2 です[3]。ただし，ここでは観測変数および各共通因子の分散を 1 とし，図はそれらのベクトルの長さを 1 とする尺度で描いてあるとします。この図を使って，以下，因子分析のしくみおよび分析結果の解釈について説明していくことにします。

分析結果とそのプロット

表 10-2 は，8 個の性格特性に関する表 10-1 の相関係数から，因子数を 2 として，後に述べる最小 2 乗法およびプロマックス法を用いて求めた因子負荷，因子間相関，および次項で説明する共通性の推定値を示したものです。この表のように因子負荷を一覧表の形にしたものを**因子パタン**とよぶことがあります。この表に含まれている情報を，前項で導入したベクトル表現を用いて図示してみましょう。

まず，表 10-2 の下欄に示したように，2 つの因子の間に .415 という正の相関があるので，2 つの因子ベクトルの間の角度は，図 10-3

表 10-2　性格特性の評定値の因子分析結果（プロマックス解）

	因子 1	因子 2	共通性
1 温和	-.072	.782	.570
2 陽気	.650	.000	.422
3 外向的	.966	-.010	.925
4 親切	.169	.551	.409
5 社交的	.889	.003	.793
6 協力的	-.040	.789	.598
7 積極的	.768	.078	.646
8 素直	.134	.550	.381
因子間相関	因子 1	因子 2	
因子 1	1.000		
因子 2	.415	1.000	

---

[3] この図は，第 8 章の図 8-9 や図 8-10 と基本的に同じ造りのものです。

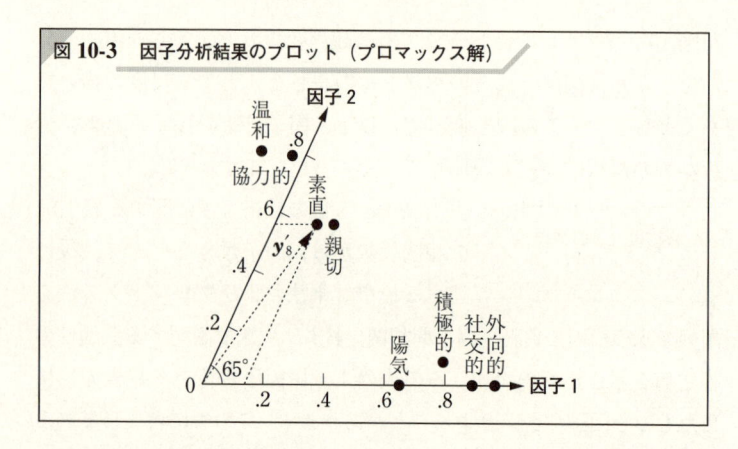

図 10-3 因子分析結果のプロット (プロマックス解)

に示したように $\cos^{-1} .415 = 65°$ となります。そして，たとえば 8 番目の変数の「素直」の場合，表 10-2 より，因子 1 への負荷が .134 で，因子 2 への負荷が .550 ですから，この変数の共通因子部分のベクトルは，

$$y'_8 = .134 f_1 + .550 f_2$$

となります。図 10-3 には，このベクトルが原点を始点として描かれています。他の 7 つの変数についても同様に共通因子部分のベクトルを描くことができますが，ここでは，それらのベクトルの終点のみをプロットしてあります。

この図は，図 10-2 のベクトル図のうち，2 つの因子ベクトルで構成される因子平面に含まれる部分のみを示したものです。したがって，その平面に含まれない観測変数ベクトルや独自因子ベクトルは省略されていますが，このことは因子分析結果の解釈においては，特に問題にはなりません。図 10-3 のようなプロットは，因子分析用のソフトウェアで簡単に表示させることができます。

2 因子分析のしくみと因子の解釈

因子の解釈　図10-3をみると，因子1のベクトルは，「外向的」，「社交的」，「積極的」，「陽気」の4つの観測変数（の共通因子部分）のベクトルとほぼ同じ方向を向いており，これらの変数に因子1が強く反映されていることがわかります。このことから判断すると，因子1は，「外向性」をあらわす因子と言ってよいでしょう[4]。また，因子2のベクトルは，「協力的」，「温和」，「親切」，「素直」の4つの変数のベクトルの方向を向いています。これら4つの変数の内容から，因子2は「協調性」をあらわす因子と考えることができそうです。

このように，各因子を強く反映する観測変数の内容から，その因子の内容を推測する作業を因子の**解釈**とよびます。因子の解釈は，計算結果から機械的に行うことができるものではなく，分析者のもっているその領域に関する知識やセンスの違いによって，異なる解釈が得られる可能性もあります。また，いまおこなった解釈のプロセスからもわかるように，因子分析で得られる因子というのは，研究者が用意した観測変数のうち，互いに高い相関をもつ変数群に共通に反映されていると考えられる潜在変数のことであり，あくまでも最初に用意した変数に依存するものです。心理学の研究報告の中には，因子分析が，そうした意味や制約を越えて，何か真の心理構造のようなものを示してくれるかのような過剰な解釈がみられることがあるので，注意が必要です。

変数の共通性と独自性　図10-3をみると，「素直」，「親切」，「陽気」のように比較的原点に近い点と，「外向的」，「社交的」のように原点から離れた点があります。これは各変数の共通因子部分のベクトル y'_j の長さの違いをあらわしています。

---

[4] 本章での因子の命名は，ここで例に用いている性格特性を含む多くの性格特性の評定値の因子分析をした和田（1996）を参考にしています。

このベクトルの長さに関して，図 10-2 のベクトル図で (10.8) 式を構成する 3 つのベクトル $\boldsymbol{y}_j$, $\boldsymbol{y}'_j$, $\boldsymbol{e}_j$ からなる直角三角形に注目すると，三平方の定理より

$$\|\boldsymbol{y}_j\|^2 = \|\boldsymbol{y}'_j\|^2 + \|\boldsymbol{e}_j\|^2 \tag{10.9}$$

という関係が導かれます。この式は，これらの変数の分散について，

$$Var(y_j) = Var(y'_j) + Var(e_j) \tag{10.10}$$

という関係が成り立つことを意味しています（第 7 章 3 節参照）。

この式の両辺を，左辺の分散 $Var(y_j)$ で割ると，

$$1 = \frac{Var(y'_j)}{Var(y_j)} + \frac{Var(e_j)}{Var(y_j)} \tag{10.11}$$

という式が得られます。この式の右辺の第 1 項

$$h_j^2 = \frac{Var(y'_j)}{Var(y_j)} \tag{10.12}$$

は，観測変数の分散のうち，共通因子で説明できる部分の割合をあらわしており，その変数の**共通性**（communality）とよばれます。先に仮定したように観測変数の分散を 1 に固定してあれば，共通性は，変数の共通因子部分の分散に等しくなります。したがって幾何学的には，ベクトル $\boldsymbol{y}'_j$ の長さの 2 乗が共通性をあらわすことになり，そのベクトルが長い変数ほど，つまり，図 10-3 のプロットで原点から離れている変数ほど，共通性が大きいということになります。

また，(10.11) 式の右辺の第 2 項

$$d_j^2 = \frac{Var(e_j)}{Var(y_j)} \tag{10.13}$$

は，観測変数の分散のうち，共通因子で説明できない部分の割合をあらわしており，その変数の**独自性**（uniqueness）とよばれます。m

個の共通因子を独立変数とし，それぞれの観測変数を従属変数とする重回帰分析の枠組みで考えれば，共通性は決定係数（重相関係数の 2 乗）で，独自性は非決定係数ということになります。

表 10-2 には，各変数の共通性の推定値も示されています。「外向的」の共通性は .925 と最大であり，この変数に関する個人差が，ほとんど共通因子における個人差によって説明されるということを意味しています。これに対し，「素直」の共通性は .381 と最も小さく，この変数は，他の変数が測定している内容とはやや異質の内容を反映しているということがわかります。

因子構造　さて，因子を解釈する際には，因子負荷（因子パタン）に加えて，各観測変数と各因子との間の相関係数を参考にすることもできます。このような相関係数は，**因子構造**（factor structure）とよばれます。図 10-2 のベクトル図では，観測変数のベクトル y_j の先端から，因子 1 のベクトル f_1 に下ろした垂線の足の座標 s_{j1} が，その変数と因子 1 の間の相関，すなわち因子構造をあらわします[5]。図から，因子構造はまた，観測変数の共通因子部分をあらわすベクトル y'_j の先端から因子ベクトルに下ろした垂線の足でもあることがわかります。

図から明らかなように，因子構造と因子負荷は一般には同じ値とはなりません。ただし，2 つの因子が互いに無相関で，因子ベクトルが直交している場合には，y'_j の先端から因子 1 のベクトルに下ろす垂線は，因子 2 のベクトルと平行になり，結果的に，その垂線の足は因子負荷 b_{j1} に一致します。

表 10-3 は，表 10-2 の因子パタンに対応した因子構造を示したものです。これをみると，たとえば，「外向性」をあらわすと考えた因子

---

[5] ベクトルの長さを 1 としているため，ベクトル y_j とベクトル f_1 のなす角度のコサイン，すなわち両変数間の相関係数は s_{j1} となります。

表 10-3 プロマックス解の因子構造(相関係数)

	因子1	因子2
1 温和	.253	.752
2 陽気	.650	.270
3 外向的	.962	.391
4 親切	.398	.621
5 社交的	.890	.373
6 協力的	.288	.772
7 積極的	.800	.397
8 素直	.362	.605
寄与	3.217	2.437

1と,「親切」や「素直」など因子2を反映する変数との相関も,.3 〜 .4 程度の値を示しており,因子パタンに比べるとメリハリ(数値の大小の明確なコントラスト)がないことがわかります。このことは,2つの因子の間に .415 という相関があることを反映しています。因子の解釈にあたっては,こうした他の因子との相関や,他の因子を主として反映している変数との相関に関する情報を利用することができます。

表 10-3 の最下欄には因子の**寄与**(contribution)とよばれる数値が示されています。これは,各因子ごとに,観測変数との相関係数(因子構造)の 2 乗和を計算したものです。この値が大きい因子ほど,多くの観測変数と高めの相関をもっているということを意味します。

準拠構造

異なる因子の間に相関があると,因子と観測変数の間の相関の一部は,その因子および観測変数と別の因子との間の相関によって説明可能です。因子分析では,ある因子から他の因子と相関する部分を除いて,その因子

に特有の部分を取り出し,それと観測変数の間の相関を調べることができます。つまり,当該の因子から他の因子の影響を除いたときの,その因子と観測変数との間の部分相関係数を求めるのです(第8章1節参照)。このような部分相関のことを,**準拠構造**(reference structure)とよびます。

図 10-2 に $f_1|f_2$ と表示したベクトルは,因子 f_1 のうち因子 f_2 とは相関しない成分,すなわち f_1 から f_2 の影響を除いた部分をあらわしています。このベクトルは因子 1 の**準拠軸**(reference axix)とよばれます[6]。部分相関係数である準拠構造は,観測変数のベクトルの先端から,当該の因子の準拠軸に下ろした垂線の足によって与えられます。

表 10-4 は,表 10-2 の因子パタンに対応した準拠構造を示したものです。この表は,表 10-3 の因子構造とは異なり,因子パタンのようにメリハリのあるものとなっていることがわかります。実際,図

表 10-4 プロマックス解の準拠構造(部分相関係数)

	因子 1	因子 2
1 温和	−.065	.711
2 陽気	.591	.000
3 外向的	.879	−.009
4 親切	.154	.501
5 社交的	.809	.003
6 協力的	−.036	.718
7 積極的	.699	.071
8 素直	.122	.500
寄与	2.308	1.527

---

6) 因子数が 3 以上のときは,当該の因子から他のすべての因子の影響を除いたものが,その因子の準拠軸となります。

10-2 からわかるように，2 因子の場合，因子ベクトル間の角度を θ とすると，準拠構造 c_{j1} と因子負荷（因子パタン）b_{j1} の間には，

$$c_{j1} = b_{j1} \sin\theta \qquad (10.14)$$

という単純な比例関係があります。したがって，因子パタンにメリハリがあれば必然的に準拠構造にもメリハリがあることになるのです[7]。

図 10-2 から，もし 2 つの因子ベクトルが直交していれば，準拠構造は因子負荷と（そして因子構造とも）一致することがわかります。このことは（10.14）式において，$\theta = 90°$ の場合，$\sin 90° = 1$ となることからも導くことができます。

表 10-4 の最下欄の寄与は，表 10-3 の場合と同様に，各列ごとに表の数値の 2 乗和を求めたものです。しかし，表 10-3 の場合は観測変数との単純な相関係数であったのに対し，表 10-4 の場合は部分相関係数ですから，当然その 2 乗和である寄与の値も異なってきます。表 10-3 のような因子構造から求められる寄与は「他の因子を無視した寄与」，そして表 10-4 のような準拠構造から求められる寄与は「他の因子の影響を除外した寄与」とよぶことができます。

直交解と斜交解　ここまでの説明から，因子が互いに直交する場合には，因子パタンと因子構造と準拠構造がすべて一致し，それらを区別する必要がないことがわかりました。また，直交解の場合は，観測変数の共通性 h_j^2 についても，

$$h_j^2 = \sum_{g=1}^{m} b_{jg}^2 \qquad (10.15)$$

---

[7] 表 10-2 では，因子 1 と因子 2 の間の相関係数が .415 で，2 つの因子ベクトル間の角度が $\theta = \cos^{-1} .415 = 65°$ ですから，表 10-2 の因子負荷に $\sin 65° = .91$ をかけると表 10-4 の準拠構造が得られることになります。

という簡単な関係が成り立ちます。このことは，図 10-2 において 2 つの因子ベクトルを直交させたとき，ベクトル $b_{j1}\boldsymbol{f}_1$ とベクトル $b_{j2}\boldsymbol{f}_2$ によって長方形ができ，共通因子部分のベクトル $\boldsymbol{y}'_j$ がその対角線となることから容易に導けます[8]。

この単純さのため，因子分析を適用する際に，はじめから因子の直交性を仮定して，その条件を満たすような因子解を求めることがあります。このようにして得られる解を**直交解**（orthogonal solution）とよびます。これに対し，図 10-2 のように，そして表 10-2 から表 10-4 まででみてきたように，因子間の相関を許容する解を**斜交解**（oblique solution）とよびます。

心理学の研究では，ある時期までは，計算の容易さや原理の理解のしやすさから，直交解の利用が主流でした。しかし，斜交解を求める効率的なプログラムを組み込んだソフトウェアの普及もあり，また，心理学の研究対象となる因子については，相互に相関があることを想定するのが自然な場合が多いという理由から，最近では斜交解もよく利用されています。

ただし斜交解を用いる場合でも，計算上の理由から，まず最初に直交解を求め，そこで得られた因子を変換することによって斜交解を求める，というのが一般的な流れです。このとき，最初に求められる解を**初期解**とよびます。また，因子の変換のことを**回転**（rotation）とよび，回転後の解を**回転解**とよんでいます。次節では，この因子の回転について説明します。

---

[8] 直交解ではこのように，因子負荷（＝因子構造）の横の 2 乗和が各変数の共通性となるため，その合計は，因子構造の縦の 2 乗和である因子の寄与の合計と一致することになります（次項の表 10-5 参照）。

3 因子の回転

初期解および因子の回転

先にみた表10-2の斜交の因子パタンは，4節で解説する最小2乗法によって求められた直交の初期解から，因子の回転によって得られたものです。表10-5に示したのがその初期解で，それをプロットしたのが図10-4です。図10-4には3対（6本）の因子ベクトルが描かれていますが，ここでは，そのうちの太い実線のベクトル（「因子1」，「因子2」と記したもの）を見てください。

この初期解においては，8個すべての変数が因子1に対して正の因子負荷（および相関）をもっています。これらすべての変数の内容を包含するようにすると，因子1には「好感度の高い特性」などの曖昧な解釈しかできません。一方，因子2については，正の負荷をもつ変数群と，負の負荷をもつ変数群の2つに大きく分かれます。

表10-5 初期解（最小2乗解）の因子パタン

	因子1	因子2	共通性
1 温和	.501	.564	.570
2 陽気	.603	−.244	.422
3 外向的	.888	−.369	.925
4 親切	.557	.315	.409
5 社交的	.827	−.331	.793
6 協力的	.536	.557	.598
7 積極的	.769	−.235	.646
8 素直	.523	.328	.381
寄与	3.548	1.197	4.744

図 10-4　初期解と回転解

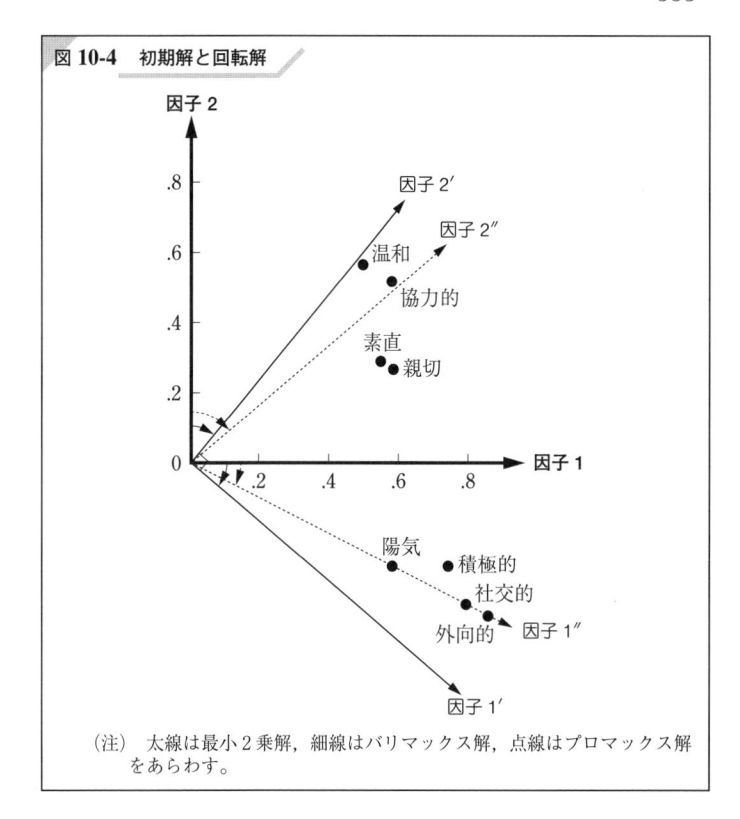

（注）太線は最小2乗解，細線はバリマックス解，点線はプロマックス解をあらわす。

この因子は，「協調性」系の好感度と「外向性」系の好感度のどちらが高いかというタイプ分けをするような変数と言ってよいでしょう。

このように，初期解のままでも因子の解釈は不可能ではありませんが，図 10-4 のように，観測変数が明らかに 2 つの変数群に分かれる場合には，それぞれの変数群のベクトルの中心を通るような因子ベクトルのほうが解釈は容易です。一般に因子の解釈の容易性の条件として，**単純構造**（simple structure）とよばれる基準があります。この基準は，「各因子には比較的少数の観測変数のみが高い負荷

をもち,また各観測変数は1つの因子にだけ高い負荷をもつ」というものです。先にみた図10-3の解は,明らかにこの基準を満たしており,図10-4の初期解は,この基準を満たしていません。

図10-3や図10-4に示した因子分析結果の本質的な部分は,因子平面上に布置された各変数の共通因子部分のベクトルの長さおよびベクトル間の相互関係です。たとえば,「素直」のベクトルが短く,したがってその変数の共通性が小さいこと,そして「素直」と「親切」の共通因子部分がほぼ同じ方向のベクトルであらわされ,「外向的」のベクトルはそれらとは方向がかなり異なることなどが本質的な部分です。この本質的な部分は,座標軸をどのように設定しても変化しません。したがって,図10-4のような初期解が得られたら,あとは座標軸(因子のベクトル)をどのように回転してもかまわないということです。そこで,それならば解釈が容易になるように,できるだけ単純構造に近づくように因子を回転しようという発想が出てきます。もちろん,因子のベクトルを回転させると,回転前はその因子に大きな負荷をもっていた変数の負荷が小さくなったり,その逆のことが生じたりしますから,因子の回転は,因子という潜在変数の内容を変化させることになります。

直交解として得られた初期解の因子を回転するとき,因子ベクトルが互いに直交するという性質を保持したまま回転する方法と,そうした制約を外して,それぞれの因子軸を自由に回転させる方法とがあります。前者を**直交回転**,後者を**斜交回転**とよびます。ここでは,直交回転の方法として非常によく利用されているバリマックス法と,斜交回転の方法の代表格であるプロマックス法を紹介しておきましょう。

バリマックス法

単純構造の基準というのは,「それぞれの因子ごとに,負荷の大きな変数群と負荷がゼロに近い変数群が明確に分離され,各因子の負荷のパタンにメリハ

リがあること」と言うこともできます。バリマックス法（varimax method）では，その基準が満たされている程度を，より具体的に，「それぞれの因子ごとに，負荷の2乗の分散が大きい程度」と定義します。つまり，因子 g について，p 個の観測変数の負荷の2乗 b_{1g}^2, b_{2g}^2, $\cdots$, b_{pg}^2 の平均を $b_{\cdot g}^2$ とし，これらの分散

$$V_g = \frac{1}{p} \sum_{j=1}^{p} (b_{jg}^2 - b_{\cdot g}^2)^2 \qquad (10.16)$$

を考えます。そして，これを m 個の因子すべてにわたって合計した値

$$V = \sum_{g=1}^{m} V_g \qquad (10.17)$$

をバリマックス基準と定義します。そして，因子ベクトルを互いに直交させたまま，この基準を最大にするように回転を行うのです[9]。

表 10-5 の初期解にバリマックス法を適用して得られる結果は表

表 10-6 バリマックス解の因子パタン

	因子1	因子2	共通性
1 温和	.088	.750	.570
2 陽気	.634	.145	.422
3 外向的	.940	.205	.925
4 親切	.276	.577	.409
5 社交的	.867	.201	.793
6 協力的	.121	.764	.598
7 積極的	.765	.247	.646
8 素直	.242	.568	.381
寄与	2.778	1.967	4.744

---

[9] 実際には，この式を少し修正した「規準化バリマックス法」という方法がよく利用されています。詳細は芝（1979）や服部・海保（1996）を参照してください。

10-6, および図 10-4（その中の細い実線の因子ベクトル）に示されています。直交解のままでも，初期解に比べ，因子パタンがかなり単純構造に近づいていることが読み取れます。

> プロマックス法

プロマックス法（promax method）というのは，**プロクラステス法**（procrustes method）とよばれる，より包括的な方法の一種です。この後者のプロクラステス法というのは，因子を回転する際に，分析者があらかじめ目標となる因子パタン（これを**ターゲット行列**という）を与え，それにできるだけ近づくように因子を回転する方法です。

たとえば，関心のある行動領域の個人差の測定をするときに，理論的な観点からいくつかの下位領域を設定し，その領域ごとに項目群を作成したとします。このときは，それぞれの下位領域に対応する因子が得られ，かつその下位領域の項目として用意した項目がそれぞれの因子に高い負荷をもつことが期待されます。そこで，たとえば高い負荷が予想されるところには 1（逆転項目なら -1）を，低い負荷が予想されるところには 0 を入れたものをターゲット行列として設定します。もちろん，その目標に近い回転解が得られるかどうかは，下位領域設定および項目作成のもとになった理論の妥当性や，項目作成の技術によって，そして実際の被験者の回答の仕方によって決まるわけで，場合によっては，ターゲットとは似ても似つかないものが得られる可能性もあります。いずれにしても，理論や項目作成の狙いがはっきりしているときは，それを因子パタンの形に翻訳し，それをターゲットとしたプロクラステス法を適用することが推奨されます。

さて，プロクラステス法の一種であるプロマックス法は，実はそのような理論的観点を抜きにして，ともかくも単純構造を目標とした回転法です。具体的には，最初にバリマックス法（またはそれに

代わる直交の回転法）を適用し，ある程度の単純構造をもった解を求めます。次に，その解の単純構造の程度を誇張した因子パタンをターゲット行列として設定し，あとはプロクラステス法を適用するだけです。もとの因子パタンの単純構造の程度を誇張する方法として，基本的には，各因子負荷の値を3乗または4乗するという方法が用いられます[10]。これによって，ゼロに近い値はより極端にゼロに近くなり，大きめの値を示していた負荷との差が，さらに際立つというわけです。統計ソフトウェアでは，もとの因子負荷を何乗するかということさえ指定すれば，あとはターゲット行列の作成からプロクラステス回転まで，自動的に実行してくれます。

先にみた表10-2および図10-3の結果は，べき数を3として，バリマックス解からターゲット行列を作成した場合のプロマックス解です。また，同じ結果を図10-4にも示してあります（点線の因子ベクトル）。この図から，単純構造の程度がバリマックス解以上に高くなっていることが読み取れます。

4 共分散構造と母数の推定

因子分析モデルにおける共分散構造

因子分析モデルにおける母数を推定するための準備として，(10.4)式で示した一般的な m 因子モデル

$$y_j = \beta_{j1}f_1 + \beta_{j2}f_2 + \cdots + \beta_{jm}f_m + \epsilon_j$$

について，任意の2変数間の共分散が，モデル上どのように表現さ

---

[10] プロマックス法におけるターゲット行列の詳細については，柳井・繁桝・前川・市川（1990）を参照してください。

れるかをみておきましょう。これと同じような作業を,1節の「モデルに基づく相関の予測値」の項でおこないましたが,ここでは,これを一般的な形で定式化しておきます。なお本節では,次節で取り上げる一般的な共分散構造分析への拡張を視野に入れ,観測変数が分散1に標準化されていることを必ずしも前提としない形で論を進めていきます。変数の標準化のことについては,本節の最後のほうで改めて説明します。

付録 A.4 に示した重み付き合成変数間の共分散を求めるための公式を,上記のモデル式に適用すると,観測変数 y_j と y_k の共分散は,以下のようになることが導けます。

$$Cov(y_j,\ y_k) = \sum_{g=1}^{m} \beta_{jg}\beta_{kg} Var(f_g) + \sum_{g=1}^{m}\sum_{h \neq g}^{m} \beta_{jg}\beta_{kh} Cov(f_g,\ f_h)$$
$$+ \sum_{g=1}^{m} \beta_{jg} Cov(f_g,\ \epsilon_k) + \sum_{g=1}^{m} \beta_{kg} Cov(\epsilon_j,\ f_g)$$
$$+ Cov(\epsilon_j,\ \epsilon_k) \quad (j,\ k = 1,\ 2,\ \cdots,\ p) \quad (10.18)$$

長く複雑な式ですが,これは先に1因子モデルについて示した (10.2) 式をそのまま多因子に拡張したものにすぎません。右辺の第1項は各共通因子の分散 $Var(f_g)$,第2項は共通因子間の共分散 $Cov(f_g,\ f_h)$,そして第3項と第4項は共通因子と独自因子の共分散 $Cov(f_g,\ \epsilon_k)$, $Cov(\epsilon_j,\ f_g)$ を含む項であり,最後の第5項は独自因子間の共分散 $Cov(\epsilon_j,\ \epsilon_k)$ となっています。これらの分散や共分散について,1因子の場合と同様の以下の仮定をおくと,この式が一挙に単純化されます。

まず,独自因子間の相関は,先に述べたように,各変数から m 個の共通因子の影響を除いた残差どうしの相関,すなわち偏相関となります。この相関は,変数間の相関関係を説明するのに必要な数の

共通因子を導入してあればゼロになるはずですから, (10.18) 式の右辺の第5項の共分散はゼロと仮定できます。ただし, 同じ観測変数どうしの共分散, すなわち分散の場合は, 第5項は $Var(\epsilon_j)$ という形で残ります。

次に, 共通因子と独自因子との相関は回帰分析における独立変数と残差との相関であり, これもゼロと仮定することができます。したがって, (10.18) 式の右辺の第3項と第4項は, この仮定によって消されます。

この2つの仮定, すなわち,「独自因子間の無相関性」と「共通因子と独自因子の間の無相関性」は, 因子分析における基本的な仮定と言えるものです。この仮定に加えて, 各共通因子の分散を1に固定すると, (10.18) 式は以下のように簡単になります。

$$Cov(y_j,\ y_k) = \sum_{g=1}^{m} \beta_{jg}\beta_{kg} + \sum_{g=1}^{m}\sum_{h\neq g}^{m} \beta_{jg}\beta_{kh}\,Corr(f_g,\ f_h) \quad (j \neq k) \quad (10.19)$$

この式は, 変数間の共分散を因子分析モデルの母数(因子負荷および因子間相関)によって表現したもので, 因子分析における**共分散構造** (covariance structure) とよばれるものです。

因子間の相関をゼロとする直交解の場合の共分散構造は, さらに簡単に,

$$Cov(y_j,\ y_k) = \sum_{g=1}^{m} \beta_{jg}\beta_{kg} \qquad (j \neq k) \quad (10.20)$$

となります。また, このとき各観測変数の分散は, (10.18) 式の第5項が独自因子の分散 $Var(\epsilon_j)$ という形で残るため,

$$Var(y_j) = \sum_{g=1}^{m} \beta_{jg}^2 + Var(\epsilon_j) \qquad (j = 1,\ 2,\ \cdots,\ p) \quad (10.21)$$

となります。直交の因子分析における（分散を含む）共分散構造は，この2つの式で完全に記述されることになります。

> **母数推定の考え方**

直交因子分析における共分散構造を示す (10.20) 式および (10.21) 式は，左辺にデータから直接計算される観測変数の共分散と分散を代入すれば，右辺に未知母数を含む連立方程式とみなすことができます。もしこの連立方程式を満たす未知母数の値を求めることができるなら，母数の推定の問題は非常に簡単です。

一般に，連立方程式が一意的な解をもつためには，方程式の数と未知数の数が一致する必要があります。観測変数が p 個ある場合，方程式の数は，異なる変数間の共分散の数 $_pC_2 = p(p-1)/2$ と各変数の分散の数 p の合計で，

$$\frac{p(p-1)}{2} + p = \frac{p(p+1)}{2}$$

となります。一方，未知数の数は，因子負荷が「変数の数×因子の数」で $p \times m$ 個あり，それに各変数の独自因子の分散 $Var(\epsilon_j)$ が p 個あるので，合計が

$$p \times m + p = p(m+1)$$

となります。たとえば，2節で例示した $p=8$，$m=2$ のケースでは，方程式が $8 \times 9/2 = 36$ あるのに対し，未知数は $8 \times 3 = 24$ しかありません。このように方程式の数よりも未知数の数が少ない場合には，その連立方程式は不能となり，それを正確に満たす解は一般には存在しません。因子分析は，多くの変数間の関係をできるだけ少ない因子でコンパクトに表現することが狙いであり，そのため，この例のように方程式の数（分散，共分散の数）よりも未知母数が

少なく，方程式が不能になるのが普通です[11]。

そこで，連立方程式を正確に満たす母数の値を求めるのではなく，より現実的な目標として，その連立方程式を近似的に満たす値をみつけることを考えます。そして，連立方程式が全体としてよく満たされている程度（または満たされていない程度）というものを指標として設定し，その指標の値を最大化（または最小化）するような値を推定値とするというのが，因子分析における（そしてその他の多くの分析法における）母数推定の基本的な考え方です。次に，そうした母数推定の方法のうちでも最も基本的な最小2乗法について説明しましょう。

| 最小2乗法による母数の推定 |

データから計算される観測変数間の共分散を，分散も含めて，s_{jk} と表記することにします。そして，(10.20)式および(10.21)式によって未知母数の関数として与えられる共分散を，分散も含めて $\sigma_{jk}(\theta)$ と表記します。ここで，θ は未知母数全体の集合をあらわしています。

最小2乗法では，先の連立方程式が満たされていない程度を，最小2乗基準

$$Q(\theta) = \sum_{j=1}^{p} \sum_{k=1}^{p} (s_{jk} - \sigma_{jk}(\theta))^2 \qquad (10.22)$$

によって表現します。つまり，データから計算された共分散とモデル上の共分散との差の2乗の和に注目するのです。左辺の表現からわかるように，この最小2乗基準は未知母数の値によって変化する関数です。そこで，この関数を最小化する未知母数の組 $\hat{\theta}$ を，母数の最小2乗推定値として採用するのです。

---

[11] 実際には，回転の不定性を除くために，一部の因子負荷の値をあらかじめ固定する必要があるので，推定される母数の数はさらに少なくなります。

この場合,最小 2 乗基準を最小化する母数の推定値は,公式の形で示すことはできず,数値計算を繰り返すことによって求めることになります。適当なソフトウェアを利用すれば,推定法として最小 2 乗法を指定するだけで推定値を求めることができます。

> その他の推定法

前項で説明した最小 2 乗法は,**反復主因子法**(principal factor method with iterations)とよばれる方法と同じ推定値を与えることが知られています。もともと**主因子法**というのは,各観測変数の共通性を別途推定しておき,それを用いて簡単な行列演算で推定値を求める簡便な方法です。しかし,この方法だと共通性の推定値によって因子負荷の推定値が影響を受けるので,一度因子負荷の推定値が得られたら,それを用いて再度共通性の推定を行い,その推定値を用いてまた因子負荷の推定を行う,という過程を,結果が収束するまで繰り返すのが反復主因子法です。最小 2 乗法はこの方法と同じ推定値を,より効率的に得ることができる方法なので,実際には反復主因子法が推奨されるケースというのはありません。

観測変数に多変量正規分布を仮定すれば,実際に得られたデータの生起確率を最大にする母数値を求める**最尤法**を適用することもできます[12]。最尤法を用いると,確率論に基づくさまざまな統計的推測が可能になります。特に,「モデルにおいて仮定した因子数で,観測変数間の関係が説明できる」という帰無仮説の検定ができるのは,最尤法の大きな特徴です。

この検定では,自由度が

$$df = \frac{p(p+1)}{2} - q \qquad (10.23)$$

---

[12] 最尤法については第 5 章 1 節参照

のカイ2乗分布が帰無分布として用いられます。ここで，p は観測変数の数，q は推定される母数の数です。第7章4節において，

$$自由度＝「平方の数」－「推定される母数の数」$$

という一般的な式を示しましたが，(10.23) 式の右辺の第1項は p 個の変数の分散と共分散の総数で，これは最小2乗基準 (10.22) 式における平方の数にあたります[13]。また，推定される母数の数 q を引くのもこの一般的な式と同じです。なお，推定される母数のことを「自由母数」とよぶこともありますが，この用語と「自由度」という概念の関係については，第7章の脚注6を参照してください。

因子数に関する検定のための検定統計量や，母数が適切に推定できるための**識別性**（identification）の条件，そして，独自因子の分散の推定値が負になってしまう**不適解**とよばれる問題など，因子分析における（そして，より一般的に共分散構造分析における）母数推定について，よりくわしくは豊田 (1998b) や狩野・三浦 (2002) を参考にしてください[14]。不適解については市川 (1999) の解説も参考になります。なお，識別性の問題の概略については，次節で共分散構造分析の具体的な例を用いて説明することとします。

因子数の推定

心理学の研究において因子分析を適用する場合，研究上の主要な関心が，因子数をいくつに設定するのが適当かという問題にあることが少なくありません。しかし，この因子数の推定の問題というのが，実は個々の母数の推定の問題よりも難しい問題なのです。

---

13) (10.22) 式では同じ共分散が2度合計されているので，p^2 個の平方の和になっていますが，重複部分を除けば $p(p+1)/2$ 個になります。

14) 狩野・三浦 (2002) は，理論的な解説とともに，AMOS, EQS, CALIS という共分散構造分析用の代表的なソフトウェアの利用に直接つながる解説をしています。

前項で，最尤法を用いて因子数の適切さに関する検定を行うことができると述べましたが，本書でこれまで繰り返し述べてきたように，検定であるからには，サンプルサイズによって検定力が左右されます。特に，安定した結果を得るために大きなサンプルをとると，それによって検定力が高くなり，「2因子で十分」とか「3因子で十分」とかの帰無仮説がことごとく棄却され，かなり多い因子数を仮定しないといけなくなってきます。実際，2節で分析結果を例示した $N = 200$ の性格特性評定データの場合，分析結果ではかなりきれいな2因子解が得られているように見えるのですが，最尤法を用いて検定すると，「2因子で十分」という帰無仮説は棄却されてしまいます。

そこで，因子数の推定にあたっては，検定結果は参考程度にとどめ，従来から提案されてきたさまざまな基準を適宜適用し，それらの基準によって推奨される因子数の中から，因子の解釈可能性や理論および先行研究との整合性などを考慮して決めるというのが一般的な手順です。因子数を与える基準としてこれまで提案されてきたものとしては，

(1) 相関係数の行列の固有値のうち1以上のものの個数を因子数とするもの
(2) 相関行列の対角成分に共通性の推定値を入れた行列の固有値の大きいものから順に合計した値が，共通性の推定値の総和を超えるまでの固有値の個数を因子数とするもの

などがあります[15]。統計ソフトウェアにおいては，これらの方法の中からユーザが自由に選択できるようになっています。ちなみに，表10-1 のデータの場合，相関行列の固有値に基づく上記2通りの基準

---

15) 後で確認的因子分析との関連で紹介する「モデル適合度」の諸指標を，因子数決定の参考にすることもできます。

のいずれを用いても，因子数は 2 となります。

変数の標準化と標準解

さて，ここまで，観測変数は必ずしも分散 1 に標準化していないという前提で話を進めてきました。しかし，1 節でも述べたように，因子分析の解釈においては一般に，変数を標準化したときに得られる解（**標準解**または**標準化解**という）に注目します。この標準解は，入力するデータをあらかじめ標準化してあれば，ここまで述べてきた方法で直接求められます。一方，標準化していない元のデータに対する解が得られていれば，これは簡単に標準解に変換することができます[16]。

まず，観測変数を標準化した場合の因子負荷（アスタリスクを付けて区別しておく）は，標準化前の因子負荷と

$$\beta_{jg}^* = \frac{\beta_{jg}}{SD(y_j)} \tag{10.24}$$

という関係にあります[17]。そして，標準解における独自因子の分散 $Var(\epsilon_j^*)$ は，標準化前の値と

$$Var(\epsilon_j^*) = \frac{Var(\epsilon_j)}{Var(y_j)} \tag{10.25}$$

という関係があります。そこで，これらの式の右辺の分子に，標準化前のデータに対して求められた推定値を代入することによって，標準解を得ることができます。

確認的因子分析

本章ではここまで，いわゆる探索的因子分析に焦点をあてて解説してきました。ここ

---

[16] 推定法として最尤法を用いた場合は，標準化したデータを用いて分析した結果と，標準化していないデータを用いて分析した後に以下の方法で変換した結果が一致します。これは最尤法が**尺度不変性**という好ましい性質をもっているためです。最小 2 乗法にはこの性質がなく，これが最小 2 乗法の欠点のひとつになっています。

[17] この関係は，第 8 章でみた標準偏回帰係数と偏回帰係数の関係に対応するものです。

で，因子分析の話題の最後に，確認的因子分析の考え方について説明しておきましょう。

確認的因子分析では，たとえば，本章で例に用いた性格特性の評定データについて，図10-5のようなモデルを設定します。このモデル設定の過程は，前節で紹介したプロクラステス法のターゲット行列を設定する場合と同様です。理論的な観点から，あるいは項目作成の狙いなどから，「この因子は，これこれの変数にしか寄与しないはずだ」とか，「この因子は，この変数とこの変数に同じだけ寄与するはずだ」というような具体的な予測を立てます。前者の予測からは，いくつかの因子負荷をゼロに固定したモデルを設定することになります。また，後者の予測からは，いくつかの因子負荷の間に等値制約をおいたモデルが導かれます。図10-5の場合は，因子1およ

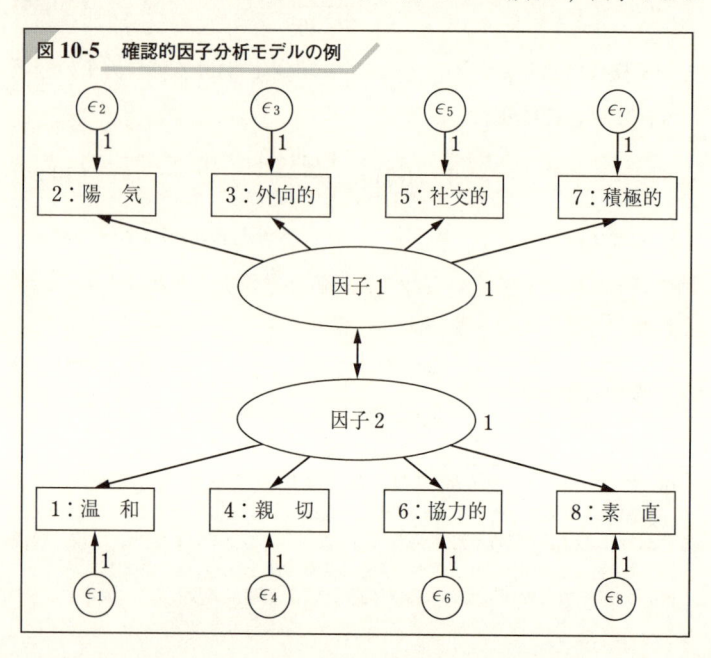

図 10-5　確認的因子分析モデルの例

び因子2が，それぞれ4つの変数にのみ寄与するものと想定し，各因子における残り4つの変数の因子負荷をゼロに固定したモデルとなっています。これに対し，これまで考えてきた探索的なモデルは，負荷の大小はあれ，すべての因子がすべての変数に寄与するというモデルです。

表10-7は，このモデルを仮定したうえで最尤法によって母数を推定した結果（標準解）を示したものです。表中，アスタリスクを付けたものは，その母数をあらかじめ固定したことを示しています。この例の場合，推定された因子負荷および因子間相関は，表10-2に示した探索的因子分析のプロマックス解に近い値となっていることがわかります。なお，因子の回転というのは，回転の自由度ないしは

表10-7 確認的因子分析の結果（最尤解）

	因子1	因子2	共通性
1 温和	.0 *	.748	.559
2 陽気	.641	.0 *	.411
3 外向的	.966	.0 *	.932
4 親切	.0 *	.634	.402
5 社交的	.909	.0 *	.827
6 協力的	.0 *	.748	.559
7 積極的	.788	.0 *	.621
8 素直	.0 *	.624	.389

因子間相関	因子1	因子2
因子1	1.000	
因子2	.445	1.000

適合度指標
　χ^2=112.42（df=19, p=.0001）　RMR=.070　GFI=.886

（注）＊を付けたものは，値を固定した母数。

因子軸の不定性がある探索的因子分析に特有の問題であり,確認的因子分析の場合は因子を回転する必要はありません。

確認的モデルの適合度

確認的因子分析では,モデルに含まれる母数のいくつかがゼロに固定されたり,あるいは他の母数と同じ値をとるという制約が課されたりするので,その分,どの母数も自由な値がとれる探索的モデルに比べ,データへのあてはまりに無理が生じてきます。そこで,その無理がどの程度なのか,たとえば最小2乗基準でみたときに,データとのあてはまりはどの程度なのかといった観点から,設定したモデルの**適合度**(goodness of fit)を評価します。

モデルの適合度は,モデルの制約のもとで求められた母数の推定値を用いて評価されますが,そのための具体的な指標としては数多くのものが提案されています。そのうちのひとつは,先に最尤法に関連して紹介したカイ2乗検定の検定統計量です。この検定は,「設定した確認的モデルがデータに見られる関係を説明しつくしている」という帰無仮説を検定するものです。先にも述べたように,この方法では,サンプルサイズが大きいときにモデルが採択される可能性が非常に低くなるという点で,実用上の問題が指摘されています。表10-7の下欄に示したように,このデータおよびモデルにおいても,カイ2乗の値はかなり大きく,モデルが適合しているという帰無仮説は棄却されます。

サンプルサイズに過度に依存しない適合度の指標もいろいろと工夫されていますが,その中で定義が最も簡単なものは,**RMR**(root mean square residual;平均2乗誤差の平方根)で,

$$\mathrm{RMR} = \sqrt{\frac{\sum_{j=1}^{p}\sum_{k=1}^{j}(s_{jk}-\hat{\sigma}_{jk})^2}{p(p+1)/2}} \qquad (10.26)$$

によって求められます。ここで，s_{jk} はデータから計算された共分散で，$\hat{\sigma}_{jk}$ はモデルから推定される共分散（モデルの共分散構造の式に母数の推定値を代入したもの）です。分母の $p(p+1)/2$ は，共分散の総数ですから，この指標は，1つの共分散につき，データから計算された値とモデルから推定される値とが，平均的に，どの程度食い違っているかを示すものです。この値は，データを標準化したときの共分散，すなわち相関係数について求めることも，元のデータの共分散について求めることもできます。しかし，元のデータの共分散について求めた RMR は，それぞれの観測変数がどのような単位で測定されているかに依存するので，解釈が難しくなります。表10-7の結果については，相関係数について実際の値とモデルからの推定値のずれを評価した結果，RMR = .070 という値が得られています。

表10-7には，このほかに **GFI**（goodness of fit index）とよばれる適合度指標の値も示されています。この値が .9 を超えることがモデル適合についてのひとつの基準となっています。表10-7の場合は，その基準に少し届かない程度の値を示しています。GFI の算出式や，その他の多くの適合度指標およびその性質については，豊田（1998b）や狩野・三浦（2002）などを参照してください。

5 共分散構造分析による潜在変数間の関係の分析

共分散構造分析

前節で述べたように，因子分析モデルの母数の推定においては，モデルに基づく観測変数間の共分散を（10.19）式のように母数の関数として表現した共分散構造の式を導きます。そして，この式の値が実際にデータから

計算された共分散の値とできるだけ近くなるように、母数を推定するという方法がとられます。このように、共分散構造を中核とした分析の方法を**共分散構造分析**（covariance structure analysis）とよびます。

因子分析のほか、パス解析、時系列解析、潜在曲線モデルなどの多くの統計的方法を、共分散構造分析という一般的な分析枠組みの特殊なケースとして位置づけることができます（豊田、1998b、2000；狩野・三浦、2002）。複数の群の間で因子の平均を比較する場合など、研究目的によっては共分散構造だけでなく、観測値の平均を母数の関数として表現した「平均構造」を導入することもあり、そのときには「平均・共分散構造分析」、あるいは平均や共分散の総称である「積率」という用語を用いて、より一般的に**積率構造分析**（analysis of moment structures）とよばれます[18]。また、共分散構造の導出のもとになる線形モデルに注目して、**構造方程式モデル**（structural equation model；SEM）に基づく分析とよばれることもよくあります。

> 潜在変数間の関係の分析

共分散構造分析の発展・普及の端緒になったのは、潜在変数を扱う因子分析の拡張として、潜在変数どうしの間に、「独立変数による従属変数の予測・説明」という関係を導入したモデルでした。本節では、このようなモデルによる分析の簡単な例を紹介しながら、共分散構造分析の基本的な考え方を説明することにします。

第8章では、子どもの協調性の発達に関する研究の例として、「母親が子どもの協調性に価値をおいている程度」と、「幼稚園・保育園での友達との相互作用の経験の量」によって、「子どもの協調性」がどのように予測・説明されるかという問題を考えました。そこでは、

---

[18] 代表的なソフトウェアのひとつである AMOS の名称は、この積率構造分析という用語を略したものです。

これら3つの構成概念を，それぞれ「母親の協調性価値得点」，「通園年数」，「子どもの協調性得点」という観測変数で測定し，それらの間の関係を重回帰分析によって分析しました。

「母親の協調性価値得点」と「子どもの協調性得点」については，複数の項目からなる尺度の得点であることを想定していましたが，その場合，それぞれの項目群から因子分析的手法によって「協調性価値」および「協調性」をあらわす共通因子を抽出することができるならば，それらの因子を用いて構成概念間の関係を検討するというアイディアが出てきます。また，「友達との相互作用の経験の量」についても，「通園年数」以外に，友達の数や，1日の間で友達と遊んでいる時間の長さなど，複数の観測変数を考えることができるので，それらの観測変数から共通因子を抽出して分析に用いることが

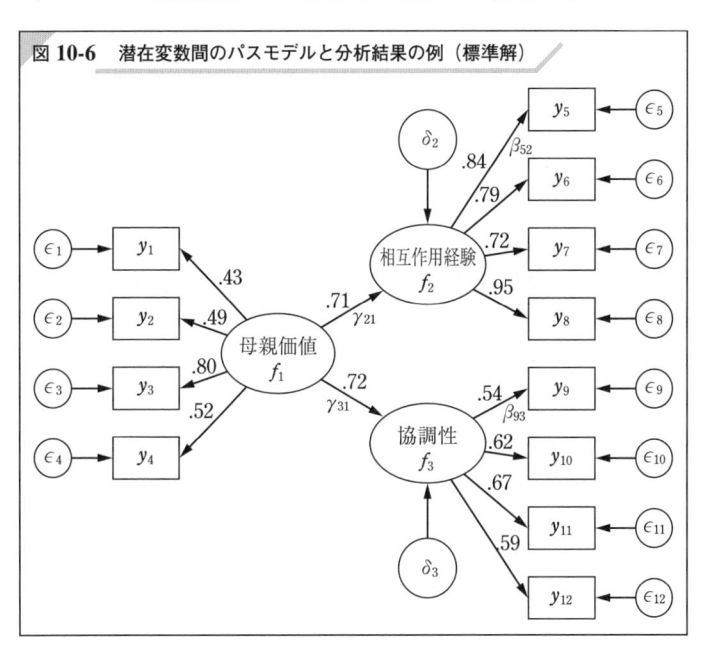

図 10-6　潜在変数間のパスモデルと分析結果の例（標準解）

表 10-8 図 10-6 の観測変数間の相関係数

	y_1	y_2	y_3	y_4	y_5	y_6	y_7	y_8	y_9	y_{10}	y_{11}	y_{12}
y_1	1.000											
y_2	.160	1.000										
y_3	.302	.341	1.000									
y_4	.461	.400	.372	1.000								
y_5	.299	.404	.552	.302	1.000							
y_6	.152	.320	.476	.225	.708	1.000						
y_7	.134	.403	.467	.256	.623	.324	1.000					
y_8	.182	.374	.572	.255	.776	.769	.724	1.000				
y_9	.251	.285	.316	.164	.361	.295	.260	.284	1.000			
y_{10}	.372	.100	.408	.236	.294	.206	.071	.142	.295	1.000		
y_{11}	.157	.291	.393	.229	.472	.351	.204	.320	.290	.468	1.000	
y_{12}	.206	−.014	.369	.224	.342	.202	.152	.189	.418	.351	.385	1.000

考えられます。共通因子というのは、個々の観測変数からそれらに独自の成分を取り除いたものです。観測変数に含まれる測定誤差もその独自な部分に含まれるはずですから、共通因子間の関係を分析することにより、相関の希薄化にも対処できることが期待されます（第 3 章 6 節参照）。

図 10-6 のパス図では、上記の 3 つの構成概念が、それぞれ 4 つずつの観測変数を用いて測定されている例を示しています。この図は、それらの構成概念に対応する潜在変数（因子）に関して、「母親価値」の個人差によって「相互作用経験」および「協調性」の個人差が予測・説明でき、「母親価値」の影響を除くと「相互作用経験」と「協調性」の間に独自の関係は存在しないというモデルを表現しています[19]。表 10-8 は、この図に示されている 12 個の観測変数間の相関係数を示したものです。

---

19) 第 8 章の図 8-1 で示した疑似相関の関係をモデル化したものです。

5 共分散構造分析による潜在変数間の関係の分析 355

共分散構造の導出　共分散構造分析用のソフトウェアでは，図10-6のようなパス図を画面上で描くだけで，あるいは，それと同等な式（以下の（10.27）〜（10.30）式など）を入力するだけで，それに応じた共分散構造の導出，母数の推定，およびモデルの適合度の評価までしてくれるようになっています。潜在変数間の関係を含むモデルにおける共分散構造の導出は，基本的に前節で示した因子分析の場合と同様ですが，図10-6の中の一部の観測変数の間の共分散を例にとって，もう一度簡単にみておきましょう。

いま，図10-6に含まれる3つの潜在変数「母親価値」，「相互作用経験」，「協調性」のそれぞれを，f_1, f_2, f_3 とします。まず，これらの潜在変数については，

$$f_2 = \gamma_{21} f_1 + \delta_2 \qquad (10.27)$$

$$f_3 = \gamma_{31} f_1 + \delta_3 \qquad (10.28)$$

という関係を想定しています。これは回帰分析のモデルと同じです。

次に，12個の観測変数については，たとえば y_5 であれば，

$$y_5 = \beta_{52} f_2 + \epsilon_5 \qquad (10.29)$$

となり，y_9 であれば

$$y_9 = \beta_{93} f_3 + \epsilon_9 \qquad (10.30)$$

となります。これらは因子分析モデルと同じです。共分散構造分析では，（10.29）式や（10.30）式のように，観測変数がどの潜在変数を測定するものかをあらわす式を**測定方程式**とよび，（10.27）式や（10.28）式のような関係式を**構造方程式**とよんでいます。

さて，上記の観測変数に関する測定方程式は，その右辺に含まれ

る潜在変数が構造方程式によってモデル化されているため、それぞれ以下のように展開できます。

$$y_5 = \beta_{52}(\gamma_{21}f_1 + \delta_2) + \epsilon_5$$
$$= \beta_{52}\gamma_{21}f_1 + \beta_{52}\delta_2 + \epsilon_5 \quad (10.31)$$

$$y_9 = \beta_{93}(\gamma_{31}f_1 + \delta_3) + \epsilon_9$$
$$= \beta_{93}\gamma_{31}f_1 + \beta_{93}\delta_3 + \epsilon_9 \quad (10.32)$$

したがって、観測変数 y_5 と y_9 の間の共分散は、これら2つの式の右辺の各項の組合せに対する共分散の総和として、モデル上、以下のように表現できます。

$$Cov(y_5, y_9) = \beta_{52}\gamma_{21}\beta_{93}\gamma_{31} Var(f_1)$$
$$+ \beta_{52}\gamma_{21}\beta_{93} Cov(f_1, \delta_3)$$
$$+ \cdots + Cov(\epsilon_5, \epsilon_9) \quad (10.33)$$

この式において、右辺の第2項に含まれる $Cov(f_1, \delta_3)$ は、独立変数と残差の間の共分散であり、図10-6でもパスで結ばれていないことから、モデル上、ゼロとなります。また、右辺の最後の項も、図10-6でパスで結ばれていない独自因子間の共分散ですからゼロとなります。このようにみていくと、結局のところ、上記の共分散構造は

$$Cov(y_5, y_9) = \beta_{52}\gamma_{21}\beta_{93}\gamma_{31} Var(f_1) \quad (10.34)$$

と簡単になります。ソフトウェアはこうした共分散構造の式をすべての観測変数の対について導出し、データから計算される共分散の値に近くなるように、モデルに含まれる母数（パス係数および独立変数の分散と共分散）を推定するのです。

ところで,(10.34)式の右辺を並べ替えると,

$$\beta_{52} \times \gamma_{21} \times Var(f_1) \times \gamma_{31} \times \beta_{93}$$

と書くこともできます。このように表現すると,この式は,図10-6において観測変数 y_5 から y_9 へとたどる経路

$$y_5 \Rightarrow f_2 \Rightarrow f_1 \Rightarrow f_3 \Rightarrow y_9$$

の各パスの係数(独立変数である f_1 については分散)を順に掛け合わせていった形になっていることがわかります。

モデルの識別　　図10-6のモデルの母数を推定する際には,モデルの識別のために,すなわち解が一意的に定まるようにするために,いくつかの母数の値を固定する必要があります。ここでは,図10-5のモデルのように独自因子からのパス係数をすべて1に固定したほか,独立変数となる「母親価値」の潜在変数の分散,残差変数 δ_2, δ_3 の分散,およびこれらの残差変数からのパス係数を1に固定しました。

このうち,たとえば残差変数 δ_2 の分散を固定することの意味を考えてみましょう。先ほど示した,観測変数 y_5 と y_9 のモデル上の共分散の式 (10.34) をみてください。この式は,任意の定数 c を用いて,

$$\beta'_{52} = c\beta_{52}$$

および

$$\gamma'_{21} = \gamma_{21}/c$$

と変換しても,値は変わりません。つまり,この共分散については,もとの $(\beta_{52}, \gamma_{21})$ という母数値でも,変換後の $(\beta'_{52}, \gamma'_{21})$ とい

う母数値でもモデルからの予測は同一で、データとのずれ具合も同一だということになります。したがって、どちらの組を推定値としても同程度に良い解ということになるので、何らかの制約を入れないと解が求まりません。いま、残差変数 δ_2 の分散（およびそこから出るパスの係数）を固定すると、もはや、「母親価値」から「相互作用経験」へのパス係数 γ_{21} の尺度を自由に変換することはできません。なぜなら、そうした変換によって「相互作用経験」の分散のうち「母親価値」で説明できる部分の割合が変化してしまい、データから推定しようとしているモデルの実質的部分が変化してしまうからです。γ_{21} の尺度が決まれば「相互作用経験」の分散も決まり、「相互作用経験」から y_5 へのパス係数 β_{52} の尺度も決まって、推定値が一組に定まる、すなわちモデルが識別されることになります。

モデルの識別のために母数値を固定する仕方はひと通りだけではありませんが、適切な方法で固定しさえすれば標準解は一致します。

分析結果の例

図 10-6 には、最尤法によって推定したパス係数の値（観測変数および潜在変数をすべて標準化した標準解）が、各パスに記されています。これをみると、「母親価値」の潜在変数から、「相互作用経験」および「協調性価値」の潜在変数へのパス係数は、いずれも .70 を超える大きな値になっていることがわかります。一方、潜在変数から各観測変数へのパス係数の一部はかなり小さめの値となっており、これらの変数（y_1, y_2 など）には、当該の潜在変数以外の内容や測定誤差がかなり含まれていることがわかります。共分散構造分析のソフトウェアでは、これらパス係数の値の有意性も検定してくれます。ここでは、第8章の流れで、$N = 50$ という少ない被験者数を対象にしていますが、図

に示したパス係数の推定値はいずれも 5% 水準で有意です[20]。

「相互作用経験」と「協調性」の間のパスを除いたこのモデルの適合度は，カイ 2 乗検定ではサンプルサイズが小さいにもかかわらず，モデル適合の帰無仮説が 5% 水準で棄却されます（$\chi^2 = 74.40$, $df = 52$, $p = .022$）。また，GFI も .827 とあまり大きくなく，図 10-6 のモデルはデータにあまり適合していないことを示しています。

では，モデルに「相互作用経験」から「協調性」へのパスを加えたらどうなるでしょうか。実際にその計算をしてみると，カイ 2 乗値は 73.97（$df = 51$, $p = .019$）と改善がみられず，p 値はむしろ減少しています。また，GFI は .829 とわずかに大きくなっているものの，推定される自由母数を増やしたため，自由度を考慮に入れた **AGFI**（adjusted goodness of fit index）という指標では，.741 から .739 へと逆に減少しています。このことから，図 10-6 のモデルの適合がよくないのは，「相互作用経験」から「協調性」へのパスが欠如していること以外に原因があることになります。

いまの場合，その原因のひとつとして考えられるのは，用意した観測変数がそれぞれの潜在変数を測定するのに必ずしも適切でなく，異なる観測変数の独自因子の間に相関が生じている可能性です。モデルでは，独自因子間の相関はすべてゼロとしてあるので，データがその仮定と矛盾すれば，モデルの適合度は悪くなるわけです。このことから，モデルの適合度を高めるためには，それぞれの構成概念の測定のための項目作成や観測変数の選定が重要な意味をもってくることがわかります。

---

20) $N = 50$ というサンプルサイズは，相関係数の標本変動（第 4 章および第 5 章参照）を考えると，小さすぎるでしょう。共分散構造分析や因子分析を適用するには，想定するモデルの複雑さにもよりますが，できれば 200 以上，少なくとも 100 以上はほしいところです。

なお、この例のように、仮定されたパスモデルの適合度を検討したり、パス係数の値を推定したりする方法は**パス解析**（path analysis）ともよばれますが、この用語は、潜在変数を扱わずに観測変数の間にパスモデルを仮定した場合の分析を指すことが多いです。もちろん、この意味でのパス解析も共分散構造分析の特殊ケースと考えることができます。

> モデル適合度と分散説明率

図10-6のモデルでは、「相互作用経験」と「協調性」の潜在変数のそれぞれが従属変数となっています。これらに共通の独立変数「母親価値」からそれぞれの従属変数へのパス係数は、前項でも述べたように大きめになっているため、それぞれの従属変数の分散が独立変数によって説明される割合（分散説明率、決定係数 R^2）も比較的大きくなります。「相互作用経験」から「協調性」へのパスを加えると、「協調性」における分散説明率はさらに高くなります。しかし、上でみたようにこれらのモデルの適合度は低く、モデルがデータにおける関係を十分説明しているとは言えません。

この例からもわかるように、共分散構造分析におけるモデル適合度と、そのモデルに含まれる各従属変数の分散説明率とは、明確に区別して考える必要があります（狩野・三浦, 2002）。分散説明率がいくら高くても、モデル上相関がないと仮定している変数の間に相関があったりするとモデル適合度は悪くなります。逆に、モデルの適合度が非常に高くても、従属変数の分散説明率が低すぎて、実用的にはあまり意味のないモデルであることもあります。共分散構造分析を適用した研究報告をみると、モデル適合度のみに注目して、従属変数の分散説明率という観点からの評価が欠落しているものが少なくないので注意が必要です。

5 共分散構造分析による潜在変数間の関係の分析

> 同値モデル

モデル適合度によるモデルの評価に関してもうひとつ注意しておくべきことは，**同値モデル**の存在です。同値モデルというのは，同じデータに対して，適合度が必ず同じになる複数のモデルのことです。

たとえば，図 10-6 のモデルにおいて，「母親価値」から「協調性」へ引かれているパスの向きを反転させて，「協調性」から「母親価値」に向かってパスを引いたモデルを考えてみましょう。このモデルは，「子どもの協調性の高低によって，母親が子どもの協調性に価値をおくかどうかが説明でき，そして，その母親の価値観によって，子どもが他の子どもとの相互作用をたくさんもつかどうかを予測・説明できる」というもので，図 10-6 の説明とはまったく異なるものです。しかし，この 2 つのモデルは，互いに同値モデルであることが知られています。つまり，内容的に大きく異なる 2 つのモデルが，データによってはそのどちらが良いか，まったく評価できないということです。

パスモデルを立てて，それを共分散構造分析によって検証する場合，自分の立てたモデルと同値なモデルにはどのようなものがあるか，データから区別することのできないこれらの同値モデルのうち，自分が立てたモデルが最良であるとする根拠はどこにあるのか，といった検討が不可欠です。モデルが同値かどうかの判定の方法は，たとえば，前川（1999）を参照してください。

> 希薄化の修正

最後に，潜在変数間の関係を分析対象とすることによる，相関係数の希薄化への対処について考えてみましょう。

図 10-6 に示された 4 個の観測変数 y_1，y_2，y_3，y_4 は，第 8 章の表 8-1 に示した「母親価値」（x_1）の尺度を構成する 4 つの項目の得点です。同様に，y_9，y_{10}，y_{11}，y_{12} を合計したものが，表 8-1 の

「協調性」（y）です。第8章の表8-2に示したように，この2つの観測変数の間の相関係数は.48でした。これに対し，同じ4項目ずつを用いて測定される図10-6の潜在変数「母親価値」と「協調性」の間の相関係数は，図に示した標準化された単回帰係数と同じく.72となります。項目得点を単純に合計した尺度得点間の相関よりかなり大きくなっていることがわかります。

この現象は，各項目に含まれる測定誤差が，それら項目得点を合計しただけの尺度得点には（相対的にその影響は小さくなるとしても）なお残るのに対し，潜在変数を用いた場合は，その測定誤差が独自因子に吸収されて潜在変数から分離されるためであると説明することができます。つまり，潜在変数間の関係に注目することによって，測定誤差のために生じる「相関の希薄化」が修正できるということです。

ただし，共分散構造分析における潜在変数は，観測変数から測定誤差をとり除いた「真値」（第3章6節参照）と同じものではありません。一般に，独自因子として分離される成分には，測定誤差だけでなく，それぞれの観測変数独自の，測定誤差ではない部分も含まれています。したがって，共分散構造分析において得られる潜在変数間の関係は，真値間の関係ではなく，それぞれの潜在変数を測定する観測変数群の共通因子間の関係ということになります。

なお，第3章6節で述べたように，測定値の信頼性がいくら高くても，もし測定の目的から外れたものを測定していたとしたら，測定の妥当性は低くなります。同様に，ある構成概念を測定するための観測変数群が1つの潜在変数のみを測定していて，明確な1因子構造がみられたとしても，それだけでは，その共通因子が妥当なものであるという保証にはなりません。1因子構造を示すことは，妥当性のための収束的証拠（第3章6節参照）とみなすことができま

すが，その1因子が，測定すべき構成概念とは異なる概念を主として反映している可能性もあります。したがって，潜在変数についても，弁別的証拠を含めた多面的な妥当性検証が望まれます。

◉キーワード

因子分析，潜在変数，共通因子，独自因子，探索的アプローチ，確認的アプローチ，因子負荷，パス係数，因子パタン，因子の解釈，共通性，独自性，因子構造，寄与，準拠構造，準拠軸，直交解，斜交解，初期解，因子の回転，回転解，単純構造，直交回転，斜交回転，バリマックス法，プロマックス法，プロクラステス法，ターゲット行列，共分散構造，最小2乗法，反復主因子法，主因子法，最尤法，識別性，不適解，標準解，尺度不変性，適合度，RMR，GFI，共分散構造分析，積率構造分析，構造方程式モデル，測定方程式，構造方程式，AGFI，パス解析，同値モデル，希薄化の修正

引用文献

秋田喜代美　2001　心理学研究における倫理の問題　南風原朝和・市川伸一・下山晴彦（編）　心理学研究法入門——調査・実験から実践まで　東京大学出版会

Erdfelder, E., Faul, F., & Buchner, A.　1996　GPOWER: A general power analysis program. *Behavior Research Methods, Instruments, & Computers*, **28**, 1-11.

エヴェリット，B. S.（山内光哉監訳）　1980　質的データの解析　新曜社

南風原朝和　1986　相関係数を用いる研究において被験者数を決めるための簡便な表　教育心理学研究，**34**, 155-158.

南風原朝和　1995　教育心理学研究と統計的検定　教育心理学年報，**34**, 122-131.

南風原朝和・平井洋子・杉澤武俊　2009　心理統計学ワークブック——理解の確認と深化のために　有斐閣

南風原朝和・市川伸一・下山晴彦（編）　2001　心理学研究法入門——調査・実験から実践まで　東京大学出版会

南風原朝和・小松孝至　1999　発達研究の観点から見た統計——個の発達と集団統計量との関係を中心に　児童心理学の進歩，**38**, 213-233.

服部環・海保博之　1996　Q&A 心理データ解析　福村出版

細谷雄三　1995　統計的証拠とその解釈　牧野書店

市川雅教　1999　Question 71［不適解］　繁桝算男・柳井晴夫・森敏昭（編）　Q&A で知る統計データ解析　サイエンス社

市川伸一・大橋靖雄・岸本淳司・浜田知久馬　1993　SAS によるデータ解析入門　第 2 版　東京大学出版会

池田央　1976　統計的方法 I 基礎　新曜社

池田央　1980　調査と測定　新曜社

石村貞夫　2001　SPSS による統計処理の手順　第 3 版　東京図書

狩野裕・三浦麻子　2002　AMOS, EQS, CALIS によるグラフィカル多変量解析——目で見る共分散構造分析　第 2 版　現代数学社

Ma, H. K., Shek, D. T. L., & Tam, K. K.　2001　A longitudinal study of gender differences in prosocial and antisocial behavior. *Psychologia*, **44**, 139-147.

前川眞一　1999　Question 84［同値モデル］　繁桝算男・柳井晴夫・森敏昭（編）　Q&Aで知る統計データ解析　サイエンス社

松田紀之　1988　質的情報の多変量解析　朝倉書店

箕浦康子（編）　1999　フィールドワークの技法と実際——マイクロ・エスノグラフィー入門　ミネルヴァ書房

永田靖　1996　統計的方法のしくみ——正しく理解するための30の急所　日科技連

澤田英三・南博文　2001　質的調査——観察・面接・フィールドワーク　南風原朝和・市川伸一・下山晴彦（編）　心理学研究法入門——調査・実験から実践まで　東京大学出版会

芝祐順　1979　因子分析法　第2版　東京大学出版会

芝祐順・南風原朝和　1990　行動科学における統計解析法　東京大学出版会

末永俊郎（編）　1987　社会心理学研究入門　東京大学出版会

橘敏明　1997　確率化テストの方法——誤用しない統計的検定　日本文化科学社

高橋行雄・大橋靖雄・芳賀敏郎　1989　SASによる実験データの解析　東京大学出版会

豊田秀樹　1998a　調査法講義　朝倉書店

豊田秀樹　1998b　共分散構造分析——構造方程式モデリング　入門編　朝倉書店

豊田秀樹　2000　共分散構造分析——構造方程式モデリング　応用編　朝倉書店

坪田雄二　1993　原因帰属が社会的比較によって生じる嫉妬感情に与える影響　実験社会心理学研究, **33**, 60-69.

内海新祐　1999　妬みの主観的経験の分析　心理臨床学研究, **17**, 488-496.

和田さゆり　1996　性格特性用語を用いたBig Five尺度の作成　心理学研究, **67**, 61-67.

渡部洋（編）　1988　心理・教育のための多変量解析法入門　基礎編　福村出版

柳井晴夫・繁桝算男・前川眞一・市川雅教　1990　因子分析——その理論と方法　朝倉書店

吉田寿夫　1998　本当にわかりやすい　すごく大切なことが書いてある　ごく初歩の統計の本　北大路書房

付 録 A
――補足的説明

⦿ A.1 ギリシャ文字の読み方

ギリシャ文字の読み方は必ずしも統一されていませんが，ここでは比較的よく用いられていると思われる読み方をあげておきます。

A	α	アルファ	I	ι	イオタ	P	ρ	ロー
B	β	ベータ	K	κ	カッパ	Σ	σ	シグマ
Γ	γ	ガンマ	Λ	λ	ラムダ	T	τ	タウ
Δ	δ	デルタ	M	μ	ミュー	Υ	υ	ユプシロン
E	ϵ	エプシロン	N	ν	ニュー	Φ	ϕ	ファイ
Z	ζ	ゼータ	Ξ	ξ	グザイ	X	χ	カイ
H	η	イータ	O	o	オミクロン	Ψ	ψ	プサイ
Θ	θ	シータ	Π	π	パイ	Ω	ω	オメガ

⦿ A.2 和記号 $\sum$ に関する基本公式

和記号として用いられる Σ は，和をあらわす英語 sum の頭文字の S に対応するギリシャ文字です。この記号は，

$$\sum_{i=1}^{N} x_i = x_1 + x_2 + \cdots + x_N \tag{A.1}$$

のように，その記号の右側にある量を，その記号の上下に示した範囲で（上の例では $i=1$ から $i=N$ までの範囲で）合計することを意味しています。以下は Σ の主な用法を公式の形で示したものです。

$$\sum_{i=1}^{N} c = Nc \tag{A.2}$$

$$\sum_{i=1}^{N} c\,x_i = c \sum_{i=1}^{N} x_i \tag{A.3}$$

$$\sum_{i=1}^{N} x_i^2 = x_1^2 + x_2^2 + \cdots + x_N^2 \neq (\sum_{i=1}^{N} x_i)^2 \tag{A.4}$$

$$\sum_{i=1}^{N}(x_i + y_i) = \sum_{i=1}^{N} x_i + \sum_{i=1}^{N} y_i \tag{A.5}$$

$$\sum_{i=1}^{N}(c\,x_i + d) = c\sum_{i=1}^{N} x_i + Nd \tag{A.6}$$

$$\begin{aligned}
\sum_{i=1}^{a}\sum_{j=1}^{b} x_{ij} &= \sum_{i=1}^{a}(\sum_{j=1}^{b} x_{ij}) \\
&= \sum_{i=1}^{a}(x_{i1} + x_{i2} + \cdots + x_{ib}) \\
&= (x_{11} + x_{12} + \cdots + x_{1b}) + (x_{21} + x_{22} + \cdots + x_{2b}) \\
&\quad + \cdots + (x_{a1} + x_{a2} + \cdots + x_{ab})
\end{aligned} \tag{A.7}$$

⦿ A.3 分散と共分散の計算式

分散は第 2 章で (2.12) 式として示したように
$$s^2 = \frac{1}{N}\sum_{i=1}^{N}(x_i - \bar{x})^2$$
で定義されますが,電卓などで分散を計算する際には,以下のようにして導かれる計算式を使うほうが便利です。

$$\begin{aligned}
s^2 &= \frac{1}{N}\sum_{i=1}^{N}(x_i - \bar{x})^2 \\
&= \frac{1}{N}\sum_{i=1}^{N}(x_i^2 - 2\,x_i\,\bar{x} + \bar{x}^2) \\
&= \frac{1}{N}\sum_{i=1}^{N} x_i^2 - \frac{2\bar{x}}{N}\sum_{i=1}^{N} x_i + \frac{1}{N}(N\,\bar{x}^2) \\
&= \frac{1}{N}\sum_{i=1}^{N} x_i^2 - 2\bar{x}^2 + \bar{x}^2 \\
&= \frac{1}{N}\sum_{i=1}^{N} x_i^2 - \bar{x}^2
\end{aligned} \tag{A.8}$$

定義式のままだと,平均を引くという操作を N 回繰り返す必要がありますが,この計算式なら,平均は 2 乗して最後に 1 回引くだけですみます。

共分散についても同様にして,以下の計算式を導くことができます。

$$s_{xy} = \frac{1}{N}\sum_{i=1}^{N} x_i\,y_i - \bar{x}\,\bar{y} \tag{A.9}$$

● A.4 重み付き合成変数の分散と共分散

第3章の (3.10) 式で示したように，合成変数間の共分散は，一方の合成変数の各成分と，もう一方の合成変数の各成分の間の共分散の総和となります。したがって，p 個の変数 x_1, x_2, $\cdots$, x_p の和で定義される合成変数

$$x = \sum_{j=1}^{p} x_j \tag{A.10}$$

と，q 個の変数 y_1, y_2, $\cdots$, y_q の和で定義される合成変数

$$y = \sum_{k=1}^{q} y_k \tag{A.11}$$

の間の共分散 $Cov(x, y)$ は，

$$Cov(x, y) = \sum_{j=1}^{p} \sum_{k=1}^{q} Cov(x_j, y_k) \tag{A.12}$$

のように，$p \times q$ 個の共分散の和になります[1]。

この共分散の式を利用すると，合成変数 x の分散は，

$$\begin{aligned} Var(x) &= Cov(x, x) \\ &= \sum_{j=1}^{p} \sum_{k=1}^{p} Cov(x_j, x_k) \\ &= \sum_{j=1}^{p} Var(x_j) + \sum_{j=1}^{p} \sum_{k \neq j}^{p} Cov(x_j, x_k) \end{aligned} \tag{A.13}$$

となることがわかります。ただし，この式の最右辺の第2項は，異なる成分間の共分散の総和をあらわしています。ここで，たとえば x_1 と x_2 の共分散は，$Cov(x_1, x_2)$ および $Cov(x_2, x_1)$ として2回加算されていることに注意してください。第2章で示した2変数の和の分散の式 (2.17) は，この公式の最も単純なケースにあたります。

ここで，もし合成変数を構成する成分間の相関がすべてゼロであれば，それらの成分間の共分散もゼロになりますから，このとき合成変数の分散は

---

[1] ここでは添字付きの変数を扱うため，共分散を s_{xy} の形ではなく，$Cov(x, y)$ の形で表現しています。同様に，分散も s_x^2 ではなく，$Var(x)$ とあらわすことにします。

$$Var(x) = \sum_{j=1}^{p} Var(x_j) \tag{A.14}$$

のように，それぞれの成分の分散の和となります。

各成分に重みを付けて和をとった合成変数

$$x = \sum_{j=1}^{p} w_j \, x_j \tag{A.15}$$

と，別の重み付き合成変数

$$y = \sum_{k=1}^{q} v_k \, y_k \tag{A.16}$$

の間の共分散は，(A.12) 式と，第 3 章の (3.8) 式より，

$$\begin{aligned} Cov(x, y) &= \sum_{j=1}^{p} \sum_{k=1}^{q} Cov(w_j \, x_j, v_k \, y_k) \\ &= \sum_{j=1}^{p} \sum_{k=1}^{q} w_j \, v_k \, Cov(x_j, y_k) \end{aligned} \tag{A.17}$$

となります。また，この式から，重み付き合成変数 x の分散は

$$\begin{aligned} Var(x) &= Cov(x, x) \\ &= \sum_{j=1}^{p} \sum_{k=1}^{p} w_j \, w_k \, Cov(x_j, x_k) \\ &= \sum_{j=1}^{p} w_j^2 \, Var(x_j) \\ &\quad + \sum_{j=1}^{p} \sum_{k \neq j}^{p} w_j \, w_k \, Cov(x_j, x_k) \end{aligned} \tag{A.18}$$

となることがわかります。第 2 章で示した 2 変数の差の分散の式 (2.18) は，この公式において，$w_1 = 1$, $w_2 = -1$ とすることによって導くことができます。ここで，もし成分間の相関がすべてゼロであれば，この分散は

$$Var(x) = \sum_{j=1}^{p} w_j^2 \, Var(x_j) \tag{A.19}$$

のように，それぞれの成分の分散の重み付き和になります。

⦿ A.5　最小 2 乗法による回帰直線の推定

第 3 章の (3.12) 式の最小 2 乗基準 Q

$$Q = \sum_{i=1}^{N} [y_i - (a + b\,x_i)]^2 \tag{A.20}$$

を最小化する a および b の値を求めるために，a および b に関して Q を偏微分すると以下のようになります。

$$\begin{aligned}
\frac{\partial Q}{\partial a} &= -2\sum_{i=1}^{N} [y_i - (a + b\,x_i)] \\
&= -2\left[\sum_{i=1}^{N} y_i - Na - b\sum_{i=1}^{N} x_i\right] \\
&= -2N(\bar{y} - a - b\,\bar{x})
\end{aligned} \tag{A.21}$$

$$\begin{aligned}
\frac{\partial Q}{\partial b} &= -2\sum_{i=1}^{N} x_i[y_i - (a + b\,x_i)] \\
&= -2\left[\sum_{i=1}^{N} x_i y_i - a\sum_{i=1}^{N} x_i - b\sum_{i=1}^{N} x_i^2\right]
\end{aligned} \tag{A.22}$$

ここで，付録 A.3 で示した分散と共分散の計算式を利用すると，

$$\begin{aligned}
\frac{\partial Q}{\partial b} &= -2N[(s_{xy} + \bar{x}\,\bar{y}) - a\,\bar{x} - b\,(s_x^2 + \bar{x}^2)] \\
&= -2N[s_{xy} + \bar{x}\,(\bar{y} - a - b\,\bar{x}) - b\,s_x^2]
\end{aligned} \tag{A.23}$$

となります。

Q が最小になる点では (A.21) 式および (A.23) 式が 0 になります。そこで，まず (A.21) 式を 0 とおいてそれを解くと

$$a = \bar{y} - b\bar{x} \tag{A.24}$$

となります。次に，これを (A.23) 式に代入した式を 0 とおくと，

$$b = \frac{s_{xy}}{s_x^2} = r\,\frac{s_y}{s_x} \tag{A.25}$$

という解が得られます。

● A.6 ベクトルとその基本演算

[1] ベクトルと任意の定数との積

ベクトル $\boldsymbol{a}$ と任意の定数 k との積 $k\boldsymbol{a}$ は，ベクトル $\boldsymbol{a}$ の各成分を k 倍した成分からなるベクトルです。したがって，$k > 0$ の場合には，$k\boldsymbol{a}$ は $\boldsymbol{a}$ と同じ向きで，長さが $\boldsymbol{a}$ の長さの k 倍のベクトルとなります。また，

$k < 0$ の場合は，$k\boldsymbol{a}$ は $\boldsymbol{a}$ と反対の向きで，長さが $\boldsymbol{a}$ の長さの k 倍のベクトルとなります。そして，$k = 0$ の場合には，$k\boldsymbol{a}$ は長さのないゼロベクトルとなります。

[2] ベクトルの和

ベクトル $\boldsymbol{a}$ とベクトル $\boldsymbol{b}$ の和 $\boldsymbol{a}+\boldsymbol{b}$ は，それぞれのベクトルの対応する成分の和を成分とするベクトルです。幾何学的には，図 A-1 のように，ベクトル $\boldsymbol{a}$ の終点にベクトル $\boldsymbol{b}$ の起点を合わせたときに，ベクトル $\boldsymbol{a}$ の起点からベクトル $\boldsymbol{b}$ の終点に至るベクトルということになります。ベクトル $\boldsymbol{a}$ からベクトル $\boldsymbol{b}$ への乗り継ぎというように考えたらいいでしょう。もちろん $\boldsymbol{a}+\boldsymbol{b}=\boldsymbol{b}+\boldsymbol{a}$ ですから，ベクトル $\boldsymbol{b}$ からベクトル $\boldsymbol{a}$ へと乗り継いでも結果は同じです。また，2 つのベクトルの和は，それらの起点を合わせてできる平行四辺形の対角線であらわされるベクトルと考えることもできます。

[3] ベクトルの差

ベクトル $\boldsymbol{a}$ とベクトル $\boldsymbol{b}$ の差 $\boldsymbol{a}-\boldsymbol{b}$ は，それぞれのベクトルの対応する成分の差を成分とするベクトルです。これは $\boldsymbol{a}+(-\boldsymbol{b})$ という和と同じですから，幾何学的には，ベクトル $\boldsymbol{a}$ の終点にベクトル $-\boldsymbol{b}$ の起点を合わせたときに，ベクトル $\boldsymbol{a}$ の起点からベクトル $-\boldsymbol{b}$ の終点に至るベクトルということになります。図 A-2 からわかるように，これは，ベクトル $\boldsymbol{a}$ とベクトル $\boldsymbol{b}$ の起点を合わせたときに，ベクトル $\boldsymbol{b}$ の終点からベクトル $\boldsymbol{a}$ の終点に至るベクトルであるということもできます。「マイナスのついているベクトルの終点から逆行して，プラスのついているベクトルへ乗り継ぐ」と覚えておいたらいいでしょう。

[4] ベクトルの内積の視覚的表示

第 7 章で述べたように，ベクトル $\boldsymbol{a}$ とベクトル $\boldsymbol{b}$ の内積は

図 A-1　2 つのベクトルの和

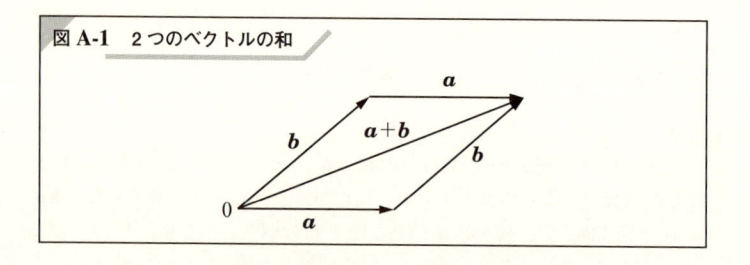

図 A-2　2つのベクトルの差

図 A-3　ベクトルの内積

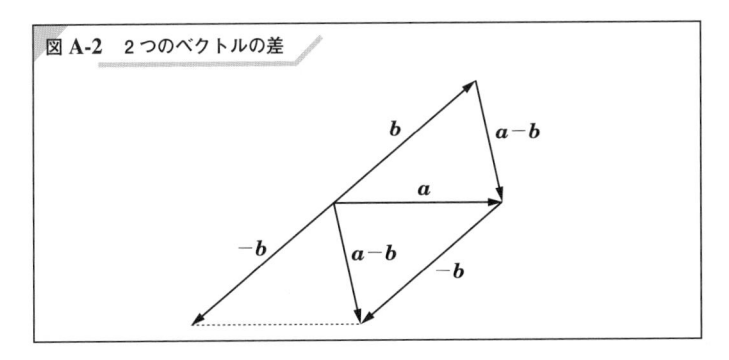

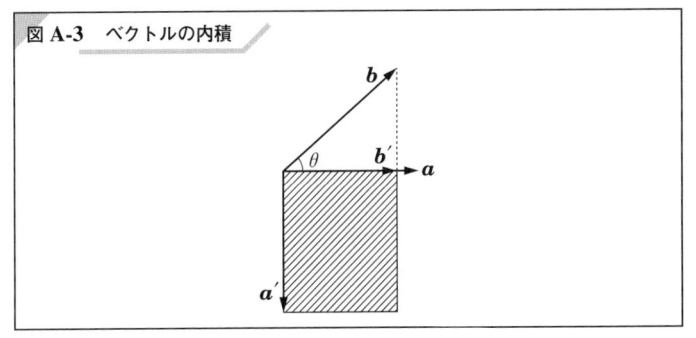

$$(\boldsymbol{a}, \boldsymbol{b}) = \|\boldsymbol{a}\| \|\boldsymbol{b}\| \cos\theta \tag{A.26}$$

によって定義されます。これを視覚的に表示したのが図 A-3 です。この図で $\boldsymbol{b}'$ と表記したベクトルの長さは，上式の中の $\|\boldsymbol{b}\| \cos\theta$ の絶対値によって与えられます。一方，$\boldsymbol{a}'$ と表記したベクトルは，ベクトル $\boldsymbol{a}$ を右回りに $90°$ 回転したもので，その長さはもちろん $\|\boldsymbol{a}\|$ です。これら 2 つの新しいベクトルを辺とする長方形（図の斜線部）を考えると，その面積は（A.26）式の右辺の絶対値に等しくなりますから，この面積がベクトル $\boldsymbol{a}$ とベクトル $\boldsymbol{b}$ の内積の大きさをあらわすことがわかります。ベクトルの内積（の絶対値）は，このように，長方形の面積として視覚的に把握することができます。

付録 B
――付表・付図

付表1　標準正規分布における確率 $Prob(0 < z < z_c)$
付表2　標準正規分布の上側確率に対応する値
付表3　相関係数の検定（両側検定）における棄却の限界値
付表4　t 分布の上側確率 .05, .025, .005 に対応する値
付表5　予想される相関係数の値と望まれる 95% 信頼区間の幅からサンプルサイズを決めるための表
付表6　効果量を用いた独立な 2 群の平均値差の検定（両側検定）における棄却の限界値
付表7　予想される効果量の値と望まれる 95% 信頼区間の幅から各群のサンプルサイズを決めるための表
付表8　カイ 2 乗分布の上側確率 .10, .05, .01 に対応する値
付表9a　F 分布の上側確率 .05 に対応する値
付表9b　F 分布の上側確率 .01 に対応する値
付表10　テューキーの検定のための統計量 q の分布の上側確率 .05 に対応する値

付図1　相関係数の検定の検定力（有意水準 .05 の両側検定）
付図2　相関係数の標本分布の上側および下側確率 .025 に対応する値
付図3　独立な 2 群の平均値差の検定の検定力（有意水準 .05 の両側検定）
付図4　効果量の標本分布の上側および下側確率 .025 に対応する値

付録 B　付表・付図　375

付表1　標準正規分布における確率
$Prob(0 < z < z_c)$

z_c	.00	.01	.02	.03	.04	.05	.06	.07	.08	.09
0.0	.000	.004	.008	.012	.016	.020	.024	.028	.032	.036
0.1	.040	.044	.048	.052	.056	.060	.064	.067	.071	.075
0.2	.079	.083	.087	.091	.095	.099	.103	.106	.110	.114
0.3	.118	.122	.126	.129	.133	.137	.141	.144	.148	.151
0.4	.155	.159	.163	.166	.170	.174	.177	.181	.184	.188
0.5	.191	.195	.198	.202	.205	.209	.212	.216	.219	.222
0.6	.226	.229	.232	.236	.239	.242	.245	.249	.252	.255
0.7	.258	.261	.264	.267	.270	.273	.276	.279	.282	.285
0.8	.288	.291	.294	.297	.300	.302	.305	.308	.311	.313
0.9	.316	.317	.321	.323	.326	.329	.331	.334	.336	.339
1.0	.341	.344	.346	.348	.351	.353	.355	.358	.360	.362
1.1	.364	.367	.369	.371	.373	.375	.377	.379	.381	.383
1.2	.385	.387	.389	.391	.392	.394	.396	.398	.400	.401
1.3	.403	.405	.407	.408	.410	.411	.413	.415	.416	.418
1.4	.419	.421	.422	.424	.425	.426	.428	.429	.431	.432
1.5	.433	.434	.436	.437	.438	.439	.441	.442	.443	.444
1.6	.445	.446	.447	.448	.449	.451	.451	.453	.454	.454
1.7	.455	.456	.457	.458	.459	.460	.461	.462	.462	.463
1.8	.464	.465	.466	.466	.467	.468	.469	.469	.470	.471
1.9	.471	.472	.473	.473	.474	.474	.475	.476	.476	.477
2.0	.477	.478	.478	.479	.479	.480	.480	.481	.481	.482
2.1	.482	.483	.483	.483	.484	.484	.485	.485	.485	.486
2.2	.486	.486	.487	.487	.487	.488	.488	.488	.489	.489
2.3	.489	.490	.490	.490	.490	.491	.491	.491	.491	.492
2.4	.492	.492	.492	.492	.493	.493	.493	.493	.493	.494
2.5	.494	.494	.494	.494	.494	.495	.495	.495	.495	.495
2.6	.495	.495	.496	.496	.496	.496	.496	.496	.496	.496
2.7	.497	.497	.497	.497	.497	.497	.497	.497	.497	.497
2.8	.497	.498	.498	.498	.498	.498	.498	.498	.498	.498
2.9	.498	.498	.498	.498	.498	.498	.498	.499	.499	.499
3.0	.499	.499	.499	.499	.499	.499	.499	.499	.499	.499
3.1	.499	.499	.499	.499	.499	.499	.499	.499	.499	.499
3.2	.499	.499	.499	.499	.499	.499	.499	.499	.499	.499
3.3	.500	.500	.500	.500	.500	.500	.500	.500	.500	.500

付表2 標準正規分布の上側確率に対応する値

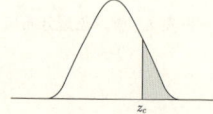

上側確率	.000	.001	.002	.003	.004	.005	.006	.007	.008	.009
.00	∞	3.090	2.878	2.748	2.652	2.576	2.512	2.457	2.409	2.366
.01	2.326	2.290	2.257	2.226	2.197	2.170	2.144	2.120	2.097	2.075
.02	2.054	2.034	2.014	1.995	1.977	1.960	1.943	1.927	1.911	1.896
.03	1.881	1.866	1.852	1.838	1.825	1.812	1.799	1.787	1.774	1.762
.04	1.751	1.739	1.728	1.717	1.706	1.695	1.685	1.675	1.665	1.655
.05	1.645	1.635	1.626	1.616	1.607	1.598	1.589	1.580	1.572	1.563
.06	1.555	1.546	1.538	1.530	1.522	1.514	1.506	1.499	1.491	1.483
.07	1.476	1.468	1.461	1.454	1.447	1.440	1.433	1.426	1.419	1.412
.08	1.405	1.398	1.392	1.385	1.379	1.372	1.366	1.359	1.353	1.347
.09	1.341	1.335	1.329	1.323	1.317	1.311	1.305	1.299	1.293	1.287
.10	1.282	1.276	1.270	1.265	1.259	1.254	1.248	1.243	1.237	1.232
.11	1.227	1.221	1.216	1.211	1.206	1.200	1.195	1.190	1.185	1.180
.12	1.175	1.170	1.165	1.160	1.155	1.150	1.146	1.141	1.136	1.131
.13	1.126	1.122	1.117	1.112	1.108	1.103	1.098	1.094	1.089	1.085
.14	1.080	1.076	1.071	1.067	1.063	1.058	1.054	1.049	1.045	1.041
.15	1.036	1.032	1.028	1.024	1.019	1.015	1.011	1.007	1.003	.999
.16	.994	.990	.986	.982	.978	.974	.970	.966	.962	.958
.17	.954	.950	.946	.942	.938	.935	.931	.927	.923	.919
.18	.915	.912	.908	.904	.900	.896	.893	.889	.885	.882
.19	.878	.874	.871	.867	.863	.860	.856	.852	.849	.845
.20	.842	.838	.835	.831	.827	.824	.820	.817	.813	.810
.21	.806	.803	.800	.796	.793	.789	.786	.782	.779	.776
.22	.772	.769	.765	.762	.759	.755	.752	.749	.745	.742
.23	.739	.736	.732	.729	.726	.722	.719	.716	.713	.710
.24	.706	.703	.700	.697	.693	.690	.687	.684	.681	.678
.25	.674	.671	.668	.665	.662	.659	.656	.653	.650	.646

付表2 つづき

上側確率	.000	.001	.002	.003	.004	.005	.006	.007	.008	.009
.26	.643	.640	.637	.634	.631	.628	.625	.622	.619	.616
.27	.613	.610	.607	.604	.601	.598	.595	.592	.589	.586
.28	.583	.580	.577	.574	.571	.568	.565	.562	.559	.556
.29	.553	.550	.548	.545	.542	.539	.536	.533	.530	.527
.30	.524	.522	.519	.516	.513	.510	.507	.504	.502	.499
.31	.496	.493	.490	.487	.485	.482	.479	.476	.473	.471
.32	.468	.465	.462	.459	.457	.454	.451	.448	.445	.443
.33	.440	.437	.434	.432	.429	.426	.423	.421	.418	.415
.34	.412	.410	.407	.404	.402	.399	.396	.393	.391	.388
.35	.385	.383	.380	.377	.375	.372	.369	.366	.364	.361
.36	.358	.356	.353	.350	.348	.345	.342	.340	.337	.335
.37	.332	.329	.327	.324	.321	.319	.316	.313	.311	.308
.38	.305	.303	.300	.298	.295	.292	.290	.287	.285	.282
.39	.279	.277	.274	.272	.269	.266	.264	.261	.259	.256
.40	.253	.251	.248	.246	.243	.240	.238	.235	.233	.230
.41	.228	.225	.222	.220	.217	.215	.212	.210	.207	.204
.42	.202	.199	.197	.194	.192	.189	.187	.184	.181	.179
.43	.176	.174	.171	.169	.166	.164	.161	.159	.156	.154
.44	.151	.148	.146	.143	.141	.138	.136	.133	.131	.128
.45	.126	.123	.121	.118	.116	.113	.111	.108	.105	.103
.46	.100	.098	.095	.093	.090	.088	.085	.083	.080	.078
.47	.075	.073	.070	.068	.065	.063	.060	.058	.055	.053
.48	.050	.048	.045	.043	.040	.038	.035	.033	.030	.028
.49	.025	.023	.020	.018	.015	.013	.010	.008	.005	.003
.50	.000									

付表3 相関係数の検定(両側検定)における棄却の限界値
(かっこ内は片側検定の場合の有意水準)

サンプルサイズ	有意水準		
	.10 (.05)	.05 (.025)	.01 (.005)
3	.988	.997	1.000
4	.900	.950	.990
5	.805	.878	.959
6	.729	.811	.917
7	.669	.754	.875
8	.621	.707	.834
9	.582	.666	.798
10	.549	.632	.765
11	.521	.602	.735
12	.497	.576	.708
13	.476	.553	.684
14	.458	.532	.661
15	.441	.514	.641
16	.426	.497	.623
17	.412	.482	.606
18	.400	.468	.590
19	.389	.456	.575
20	.378	.444	.561
22	.360	.423	.537
24	.344	.404	.515
26	.330	.388	.496
28	.317	.374	.479
30	.306	.361	.463
32	.296	.349	.449
34	.287	.339	.436
36	.279	.329	.424
38	.271	.320	.413
40	.264	.312	.403
50	.235	.279	.361
60	.214	.254	.330
70	.198	.235	.306
80	.185	.220	.286
90	.174	.207	.270
100	.165	.197	.256
200	.117	.139	.182
300	.095	.113	.149
400	.082	.098	.129

付録 B 付表・付図

付表 4 t 分布の上側確率 .05, .025, .005 に対応する値

自由度	上側確率		
	.05	.025	.005
1	6.314	12.706	63.657
2	2.920	4.303	9.925
3	2.353	3.182	5.841
4	2.132	2.776	4.604
5	2.015	2.571	4.032
6	1.943	2.447	3.707
7	1.895	2.365	3.499
8	1.860	2.306	3.355
9	1.833	2.262	3.250
10	1.812	2.228	3.169
11	1.796	2.201	3.106
12	1.782	2.179	3.055
13	1.771	2.160	3.012
14	1.761	2.145	2.977
15	1.753	2.131	2.947
16	1.746	2.120	2.921
17	1.740	2.110	2.898
18	1.734	2.101	2.878
19	1.729	2.093	2.861
20	1.725	2.086	2.845
22	1.717	2.074	2.819
24	1.711	2.064	2.797
26	1.706	2.056	2.779
28	1.701	2.048	2.763
30	1.697	2.042	2.750
32	1.694	2.037	2.738
34	1.691	2.032	2.728
36	1.688	2.028	2.719
38	1.686	2.024	2.712
40	1.684	2.021	2.704
50	1.676	2.009	2.678
60	1.671	2.000	2.660
70	1.667	1.994	2.648
80	1.664	1.990	2.639
90	1.662	1.987	2.632
100	1.660	1.984	2.626
200	1.653	1.972	2.601
300	1.650	1.968	2.592
400	1.649	1.966	2.588
∞	1.645	1.960	2.576

付表5 予想される相関係数の値と望まれる95%信頼区間の幅からサンプルサイズを決めるための表

予想される相関係数の値	望まれる95%信頼区間の幅																			
	.05	.10	.15	.20	.25	.30	.35	.40	.45	.50	.55	.60	.65	.70	.75	.80	.85	.90	.95	1.00
.00	6147	1538	684	385	247	172	126	97	77	62	52	44	37	32	28	25	22	20	18	16
.05	6117	1530	680	383	246	171	126	97	76	62	51	43	37	32	28	25	22	20	18	16
.10	6025	1507	670	378	242	168	124	95	75	61	51	43	37	32	28	25	22	20	18	16
.15	5874	1469	654	368	236	164	121	93	74	60	50	42	36	31	27	24	21	19	17	16
.20	5666	1417	631	355	228	159	117	90	71	58	48	41	35	30	26	23	21	19	17	15
.25	5404	1352	602	339	218	151	112	86	68	55	46	39	33	29	25	22	20	18	16	15
.30	5092	1274	567	320	205	143	105	81	64	53	44	37	32	28	24	21	19	17	16	14
.35	4735	1185	528	298	191	133	98	76	60	49	41	35	30	26	23	20	18	16	15	14
.40	4339	1086	484	273	176	123	91	70	56	46	38	32	28	24	21	19	17	15	14	13
.45	3912	980	437	247	159	111	82	64	51	42	35	30	26	22	20	18	16	14	13	12
.50	3460	867	387	219	141	99	73	57	46	37	31	27	23	20	18	16	15	13	12	11
.55	2994	751	336	190	123	86	64	50	40	33	28	24	21	18	16	15	13	12	11	10
.60	2521	633	283	161	104	74	55	43	35	29	24	21	18	16	15	13	12	11	10	10
.65	2054	517	232	132	86	61	46	36	29	25	21	18	16	14	13	12	11	10		
.70	1603	404	182	105	69	49	37	30	24	20	18	15	14	12	11	10	10			
.75	1182	299	136	79	52	38	29	23	19	17	15	13	12	11	10					
.80	802	205	94	56	38	28	22	18	15	13	12	11	10							
.85	480	125	59	36	25	19	16	13	11	10										
.90	229	62	31	20	15	12	11													
.95	66	22	13	10																

付表 6 効果量を用いた独立な 2 群の平均値差の検定（両側検定）における棄却の限界値（かっこ内は片側検定の場合の有意水準）

各群のサンプルサイズ	有意水準		
	.10 (.05)	.05 (.025)	.01 (.005)
2	2.920	4.303	9.925
3	1.741	2.267	3.759
4	1.374	1.730	2.622
5	1.176	1.458	2.122
6	1.046	1.286	1.830
7	0.953	1.165	1.633
8	0.881	1.072	1.488
9	0.823	0.999	1.377
10	0.775	0.940	1.287
11	0.735	0.889	1.213
12	0.701	0.847	1.151
13	0.671	0.810	1.097
14	0.645	0.777	1.050
15	0.621	0.748	1.009
16	0.600	0.722	0.972
17	0.581	0.699	0.939
18	0.564	0.677	0.909
19	0.548	0.658	0.882
20	0.533	0.640	0.857
22	0.507	0.608	0.813
24	0.485	0.581	0.776
26	0.465	0.557	0.743
28	0.447	0.536	0.714
30	0.432	0.517	0.688
32	0.417	0.500	0.664
34	0.405	0.484	0.643
36	0.393	0.470	0.624
38	0.382	0.457	0.607
40	0.372	0.445	0.590
50	0.332	0.397	0.525
60	0.303	0.362	0.478
70	0.280	0.334	0.441
80	0.262	0.312	0.412
90	0.246	0.294	0.388
100	0.234	0.279	0.368
200	0.165	0.197	0.259
300	0.135	0.160	0.211
400	0.116	0.139	0.183

付表 7 予想される効果量の値と望まれる 95% 信頼区間の幅から各群のサンプルサイズを決めるための表

予想される効果量の値	望まれる 95% 信頼区間の幅																			
	0.1	0.2	0.3	0.4	0.5	0.6	0.7	0.8	0.9	1.0	1.1	1.2	1.3	1.4	1.5	1.6	1.7	1.8	1.9	2.0
0.0	3073	768	341	192	123	85	63	48	38	31	25	21	18	16	14	12	11			
0.1	3077	769	342	192	123	85	63	48	38	31	25	21	18	16	14	12	11			
0.2	3089	772	343	193	124	86	63	48	38	31	26	21	18	16	14	12	11	10		
0.3	3108	777	345	194	124	86	63	49	38	31	26	22	18	16	14	12	11	10		
0.4	3135	784	348	196	125	87	64	49	39	31	26	22	19	16	14	12	11	10		
0.5	3169	792	352	198	127	88	65	50	39	32	26	22	19	16	14	12	11	10		
0.6	3212	803	357	201	129	89	66	50	40	32	27	22	19	16	14	13	11	10		
0.7	3262	815	362	204	131	91	67	51	40	33	27	23	19	17	15	13	11	10		
0.8	3319	830	369	208	133	92	68	52	41	33	28	23	20	17	15	13	12	10		
0.9	3385	846	376	212	135	94	69	53	42	34	28	24	20	17	15	13	12	11		
1.0	3458	864	384	216	138	96	71	54	43	35	29	24	21	18	15	14	12	11	10	
1.1	3538	885	393	221	142	98	72	55	44	36	29	25	21	18	16	14	12	11	10	
1.2	3627	907	403	227	145	101	74	57	45	36	30	25	22	19	16	14	13	11	10	
1.3	3723	931	414	233	149	104	76	58	46	37	31	26	22	19	17	15	13	12	11	
1.4	3826	957	425	239	153	106	78	60	47	38	32	27	23	20	17	15	13	12	11	10
1.5	3938	985	438	246	158	110	81	62	49	40	33	28	24	20	18	16	14	12	11	10
1.6	4057	1014	451	254	163	113	83	64	50	41	34	28	24	21	18	16	14	13	11	10
1.7	4184	1046	465	262	168	116	86	66	52	42	35	29	25	22	19	17	15	13	12	11
1.8	4318	1080	480	270	173	120	88	68	54	43	36	30	26	22	19	17	15	14	12	11
1.9	4460	1115	496	279	179	124	91	70	55	45	37	31	27	23	20	18	16	14	13	11
2.0	4610	1153	513	288	185	128	94	72	57	46	38	32	28	24	21	18	16	15	13	12

付表 8　カイ 2 乗分布の上側確率 .10, .05, .01 に対応する値

自由度	上側確率		
	.10	.05	.01
1	2.706	3.841	6.635
2	4.605	5.991	9.210
3	6.251	7.815	11.345
4	7.779	9.488	13.277
5	9.236	11.070	15.086
6	10.645	12.592	16.812
7	12.017	14.067	18.475
8	13.362	15.507	20.090
9	14.684	16.919	21.666
10	15.987	18.307	23.209
11	17.275	19.675	24.725
12	18.549	21.026	26.217
13	19.812	22.362	27.688
14	21.064	23.685	29.141
15	22.307	24.996	30.578
16	23.542	26.296	32.000
17	24.769	27.587	33.409
18	25.989	28.869	34.805
19	27.204	30.144	36.191
20	28.412	31.410	37.566
21	29.615	32.671	38.932
22	30.813	33.924	40.289
23	32.007	35.172	41.638
24	33.196	36.415	42.980
25	34.382	37.652	44.314
26	35.563	38.885	45.642
27	36.741	40.113	46.963
28	37.916	41.337	48.278
29	39.087	42.557	49.588
30	40.256	43.773	50.892

付表 9a F 分布の上側確率 .05 に対応する値

分母の自由度	分子の自由度									
	1	2	3	4	5	6	7	8	9	10
1	161.45	199.50	215.71	224.58	230.16	233.99	236.77	238.88	240.54	241.88
2	18.51	19.00	19.16	19.25	19.30	19.33	19.35	19.37	19.38	19.40
3	10.13	9.55	9.28	9.12	9.01	8.94	8.89	8.85	8.81	8.79
4	7.71	6.94	6.59	6.39	6.26	6.16	6.09	6.04	6.00	5.96
5	6.61	5.79	5.41	5.19	5.05	4.95	4.88	4.82	4.77	4.74
6	5.99	5.14	4.76	4.53	4.39	4.28	4.21	4.15	4.10	4.06
7	5.59	4.74	4.35	4.12	3.97	3.87	3.79	3.73	3.68	3.64
8	5.32	4.46	4.07	3.84	3.69	3.58	3.50	3.44	3.39	3.35
9	5.12	4.26	3.86	3.63	3.48	3.37	3.29	3.23	3.18	3.14
10	4.96	4.10	3.71	3.48	3.33	3.22	3.14	3.07	3.02	2.98
11	4.84	3.98	3.59	3.36	3.20	3.09	3.01	2.95	2.90	2.85
12	4.75	3.89	3.49	3.26	3.11	3.00	2.91	2.85	2.80	2.75
13	4.67	3.81	3.41	3.18	3.03	2.92	2.83	2.77	2.71	2.67
14	4.60	3.74	3.34	3.11	2.96	2.85	2.76	2.70	2.65	2.60
15	4.54	3.68	3.29	3.06	2.90	2.79	2.71	2.64	2.59	2.54
16	4.49	3.63	3.24	3.01	2.85	2.74	2.66	2.59	2.54	2.49
17	4.45	3.59	3.20	2.96	2.81	2.70	2.61	2.55	2.49	2.45
18	4.41	3.55	3.16	2.93	2.77	2.66	2.58	2.51	2.46	2.41
19	4.38	3.52	3.13	2.90	2.74	2.63	2.54	2.48	2.42	2.38
20	4.35	3.49	3.10	2.87	2.71	2.60	2.51	2.45	2.39	2.35
22	4.30	3.44	3.05	2.82	2.66	2.55	2.46	2.40	2.34	2.30
24	4.26	3.40	3.01	2.78	2.62	2.51	2.42	2.36	2.30	2.25
26	4.23	3.37	2.98	2.74	2.59	2.47	2.39	2.32	2.27	2.22
28	4.20	3.34	2.95	2.71	2.56	2.45	2.36	2.29	2.24	2.19
30	4.17	3.32	2.92	2.69	2.53	2.42	2.33	2.27	2.21	2.16
32	4.15	3.29	2.90	2.67	2.51	2.40	2.31	2.24	2.19	2.14
34	4.13	3.28	2.88	2.65	2.49	2.38	2.29	2.23	2.17	2.12
36	4.11	3.26	2.87	2.63	2.48	2.36	2.28	2.21	2.15	2.11
38	4.10	3.24	2.85	2.62	2.46	2.35	2.26	2.19	2.14	2.09
40	4.08	3.23	2.84	2.61	2.45	.234	2.25	2.18	2.12	2.08
50	4.03	3.18	2.79	2.56	2.40	2.29	2.20	2.13	2.07	2.03
60	4.00	3.15	2.76	2.53	2.37	2.25	2.17	2.10	2.04	1.99
70	3.98	3.13	2.74	2.50	2.35	2.23	2.14	2.07	2.02	1.97
80	3.96	3.11	2.72	2.49	2.33	2.21	2.13	2.06	2.00	1.95
90	3.95	3.10	2.71	2.47	2.32	2.20	2.11	2.04	1.99	1.94
100	3.94	3.09	2.70	2.46	2.31	2.19	2.10	2.03	1.97	1.93
200	3.89	3.04	2.65	2.42	2.26	2.14	2.06	1.98	1.93	1.88
300	3.87	3.03	2.63	2.40	2.24	2.13	2.04	1.97	1.91	1.86
400	3.86	3.02	2.63	2.39	2.24	2.12	2.03	1.96	1.90	1.85

付表 9b　F 分布の上側確率 .01 に対応する値

分母の自由度	分子の自由度									
	1	2	3	4	5	6	7	8	9	10
1	4052.18	4999.50	5403.35	5624.58	5763.65	5858.99	5928.36	5981.07	6022.47	6055.85
2	98.50	99.00	99.17	99.25	99.30	99.33	99.36	99.37	99.39	99.40
3	34.12	30.82	29.46	28.71	28.24	27.91	27.67	27.49	27.35	27.23
4	21.20	18.00	16.69	15.98	15.52	15.21	14.98	14.80	14.66	14.55
5	16.26	13.27	12.06	11.39	10.97	10.67	10.46	10.29	10.16	10.05
6	13.75	10.92	9.78	9.15	8.75	8.47	8.26	8.10	7.98	7.87
7	12.25	9.55	8.45	7.85	7.46	7.19	6.99	6.84	6.72	6.62
8	11.26	8.65	7.59	7.01	6.63	6.37	6.18	6.03	5.91	5.81
9	10.56	8.02	6.99	6.42	6.06	5.80	5.61	5.47	5.35	5.26
10	10.04	7.56	6.55	5.99	5.64	5.39	5.20	5.06	4.94	4.85
11	9.65	7.21	6.22	5.67	5.32	5.07	4.89	4.74	4.63	4.54
12	9.33	6.93	5.95	5.41	5.06	4.82	4.64	4.50	4.39	4.30
13	9.07	6.70	5.74	5.21	4.86	4.62	4.44	4.30	4.19	4.10
14	8.86	6.51	5.56	5.04	4.69	4.46	4.28	4.14	4.03	3.94
15	8.68	6.36	5.42	4.89	4.56	4.32	4.14	4.00	3.89	3.80
16	8.53	6.23	5.29	4.77	4.44	4.20	4.03	3.89	3.78	3.69
17	8.40	6.11	5.18	4.67	4.34	4.10	3.93	3.79	3.68	3.59
18	8.29	6.01	5.09	4.58	4.25	4.01	3.84	3.71	3.60	3.51
19	8.18	5.93	5.01	4.50	4.17	3.94	3.77	3.63	3.52	3.43
20	8.10	5.85	4.94	4.43	4.10	3.87	3.70	3.56	3.46	3.37
22	7.95	5.72	4.82	4.31	3.99	3.76	3.59	3.45	3.35	3.26
24	7.82	5.61	4.72	4.22	3.90	3.67	3.50	3.36	3.26	3.17
26	7.72	5.53	4.64	4.14	3.82	3.59	3.42	3.29	3.18	3.09
28	7.64	5.45	4.57	4.07	3.75	3.53	3.36	3.23	3.12	3.03
30	7.56	5.39	4.51	4.02	3.70	3.47	3.30	3.17	3.07	2.98
32	7.50	5.34	4.46	3.97	3.65	3.43	3.26	3.13	3.02	2.93
34	7.44	5.29	4.42	3.93	3.61	3.39	3.22	3.09	2.98	2.89
36	7.40	5.25	4.38	3.89	3.57	3.35	3.18	3.05	2.95	2.86
38	7.35	5.21	4.34	3.86	3.54	3.32	3.15	3.02	2.92	2.83
40	7.31	5.18	4.31	3.83	3.51	3.29	3.12	2.99	2.89	2.80
50	7.17	5.06	4.20	3.72	3.41	3.19	3.02	2.89	2.78	2.70
60	7.08	4.98	4.13	3.65	3.34	3.12	2.95	2.82	2.72	2.63
70	7.01	4.92	4.07	3.60	3.29	3.07	2.91	2.78	2.67	2.59
80	6.96	4.88	4.04	3.56	3.26	3.04	2.87	2.74	2.64	2.55
90	6.93	4.85	4.01	3.53	3.23	3.01	2.84	2.72	2.61	2.52
100	6.90	4.82	3.98	3.51	3.21	2.99	2.82	2.69	2.59	2.50
200	6.76	4.71	3.88	3.41	3.11	2.89	2.73	2.60	2.50	2.41
300	6.72	4.68	3.85	3.38	3.08	2.86	2.70	2.57	2.47	2.38
400	6.70	4.66	3.83	3.37	3.06	2.85	2.68	2.56	2.45	2.37

付表10 テューキーの検定のための統計量 q の分布の上側確率 .05 に対応する値

df \ k	2	3	4	5	6	7	8	9	10
1	18.0	27.0	32.8	37.1	40.4	43.1	45.4	47.4	49.1
2	6.09	8.3	9.8	10.9	11.7	12.4	13.0	13.5	15.0
3	4.50	5.91	6.82	7.50	8.04	8.48	8.85	9.18	9.46
4	3.93	5.04	5.76	6.29	6.71	7.05	7.35	7.60	7.83
5	3.64	4.60	5.22	5.67	6.03	6.33	6.58	6.80	6.99
6	3.46	4.34	4.90	5.31	5.63	5.89	6.12	6.32	6.49
7	3.34	4.16	4.68	5.06	5.36	5.61	5.82	6.00	6.16
8	3.26	4.04	4.53	4.89	5.17	5.40	5.60	5.77	5.92
9	3.20	3.95	4.42	4.76	5.02	5.24	5.43	5.60	5.74
10	3.15	3.88	4.33	4.65	4.91	5.12	5.30	5.46	5.60
11	3.11	3.82	4.26	4.57	4.82	5.03	5.20	5.35	5.49
12	3.08	3.77	4.20	4.51	4.75	4.95	5.12	5.27	5.40
13	3.06	3.73	4.15	4.45	4.69	4.88	5.05	5.19	5.32
14	3.03	3.70	4.11	4.41	4.64	4.83	4.99	5.13	5.25
15	3.01	3.67	4.08	4.37	4.60	4.78	4.94	5.08	5.20
16	3.00	3.65	4.05	4.33	4.56	4.74	4.90	5.03	5.15
17	2.98	3.63	4.02	4.30	4.52	4.71	4.86	4.99	5.11
18	2.97	3.61	4.00	4.28	4.49	4.67	4.82	4.96	5.07
19	2.96	3.59	3.98	4.25	4.47	4.65	4.79	4.92	5.04
20	2.95	3.58	3.96	4.23	4.45	4.62	4.77	4.90	5.01
24	2.92	3.53	3.90	4.17	4.37	4.54	4.68	4.81	4.92
30	2.89	3.49	3.84	4.10	4.30	4.46	4.60	4.72	4.83
40	2.86	3.44	3.79	4.04	4.23	4.39	4.52	4.63	4.74
60	2.83	3.40	3.74	3.98	4.16	4.31	4.44	4.55	4.65
120	2.80	3.36	3.69	3.92	4.10	4.24	4.36	4.48	4.56
∞	2.77	3.31	3.63	3.86	4.03	4.17	4.29	4.39	4.47

(注) k は比較する平均の総数, df は残差の自由度。

付録 B 付表・付図

付図 1 相関係数の検定の検定力（有意水準.05の両側検定）

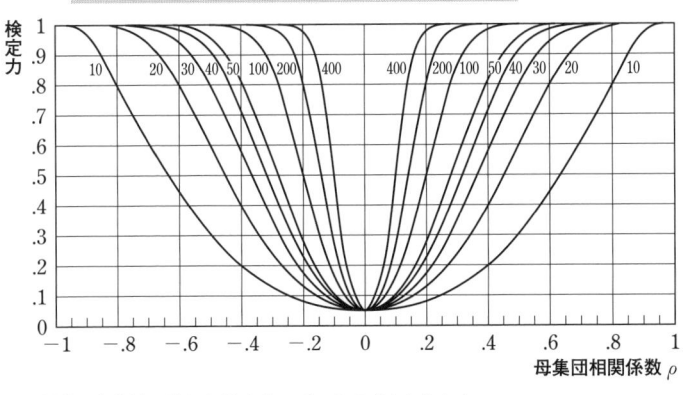

（注）各曲線に付した数はサンプルサイズをあらわす。

付図 2 相関係数の標本分布の上側および下側確率.025に対応する値

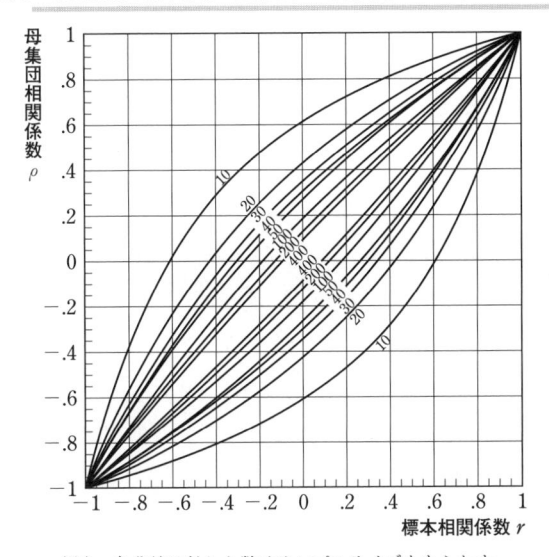

（注）各曲線に付した数はサンプルサイズをあらわす。

付図3　独立な2群の平均値差の検定の検定力（有意水準.05の両側検定）

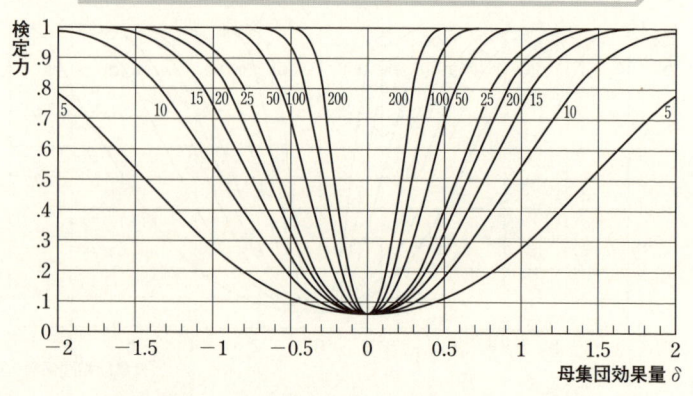

（注）各曲線に付した数は各群のサンプルサイズをあらわす。

付図4　効果量の標本分布の上側および下側確率.025に対応する値

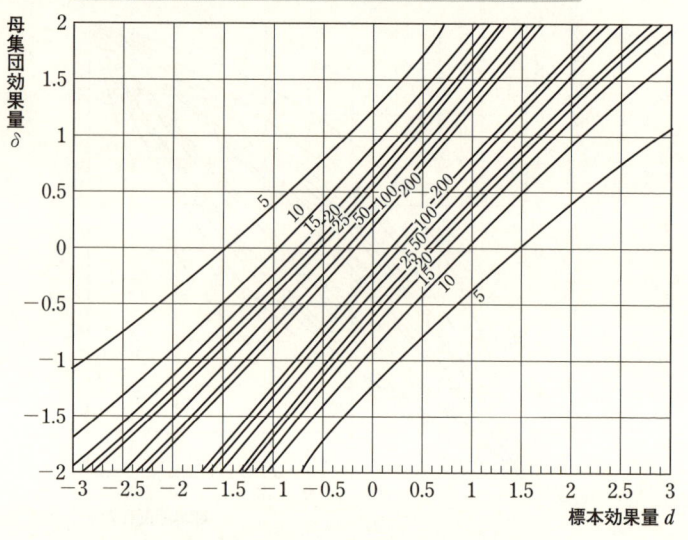

（注）各曲線に付した数は各群のサンプルサイズをあらわす。

索　引

●あ 行

RMR　350
アンバランスデザイン　298
1次の交互作用　309
1要因反復測定デザイン　299
1要因ランダムブロックデザイン　299
一定化　266
一般化　120
因果関係　73
因　子　264, 319
　　――の解釈　327
　　――の回転　333
因子構造　329
因子数の推定　345
因子パタン　325
因子負荷　319
因子分析　221, 318
AGFI　359
AMOS　352
SPSS　iii
F 分布　213, 215
横断的研究　5

●か 行

回　帰　63
回帰係数　53, 67
　　――の等質性　312
　　――の標準誤差　118
　　――の標本分布　118
回帰直線　52
回帰分析　54, 198, 220
回帰平面　237

カイ2乗検定　189, 212
カイ2乗統計量　184
回転解　333
確認的アプローチ　319
確認的因子分析　347
確率分布　90
確率変数　90
確率密度関数　105
確率モデル　90, 120
仮　説　2
　　――の証明と反証　2
　　――の生成と検証　2
仮説検定　137
片側検定　137, 147
片偏相関係数　→部分相関係数
偏　り　115
カテゴリ変数　184
頑健性　125
完全無作為1要因デザイン　270
完全無作為2要因デザイン　284
棄却域　137
棄却の限界値　137
危険率　144
疑似相関　224
記述的指標　13
記述統計量　13
基準変数　55
期待値　97
希薄化　83
　　――の修正　361
帰無仮説　135
帰無分布　136
球面性の仮定　304

390 索引

寄与
　因子の―― 330
　独立変数の―― 255
共通因子 319
共通性 328
共分散 45
　――とベクトル 195
共分散構造 341, 355
共分散構造分析 221, 352
共分散分析 221, 310
共変数 310
ギリシャ文字 367
区間推定 127, 149
　効果量の―― 168
　相関係数の―― 150
　平均値差の―― 167, 177
クラメルの連関係数 187
クロス集計表 184
群間平方和 273
群内平方和 274
決定係数 62, 205
限界水準 140
検出力　→検定力
検定 127, 134
　効果量の―― 164
　重相関係数の―― 253
　相関係数の―― 134, 140
　独立変数の寄与の―― 256
　独立変数の効果の―― 218
　比率差の―― 180, 181, 189
　平均値差の―― 159, 161, 176, 216
　連関の―― 188, 189
検定統計量 135, 141, 163, 212
検定力 143, 146, 164
検定力分析 147
効果 206
効果量 163
　――の区間推定 168
　――の検定 164
交互作用 285
構成概念 6, 221
合成変数 25, 34, 51, 369
構造方程式 355
構造方程式モデル 352
交絡 265
個人内の共変関係 73
固定効果要因 300

●さ 行

再検査信頼性 79
最小 2 乗法 53, 131, 200, 238, 343, 370
最尤法（最尤推定法） 129, 344
SAS iii
残差 58, 199, 201, 227
　――の平方和 203
散布図 11
散布度 27
サンプリング 86, 122
サンプル 5, 85
サンプルサイズ 85, 101, 133, 139, 147, 154, 164, 170
GFI 351
識別性 345, 357
シグマ（Σ） 367
事後検定 279
実験 4
実験デザイン 269
実践 4
質的変数 24, 43
尺度 7
尺度不変性 347
斜交解 333
斜交回転 336

主因子法 344
重回帰分析 220, 236
重相関係数 240, 243, 244
　——の検定 253
収束的証拠 78
従属変数 55
集団における相関関係 72
縦断的研究 5
集団の合併 26, 36
自由度 207, 210, 212, 251, 275, 290, 300, 345
自由度調整済み決定係数 253
自由度調整済み重相関係数 253
周辺度数 185
周辺分布 113
主効果 287
準拠構造 331
準拠軸 331
条件付き分布 53
条件付き平均 52
条件の操作と統制 4
初期解 333
処理-効果関係 73
真　値 79, 362
信頼区間 149
　効果量の—— 168
　相関係数の—— 150
　平均値差の—— 167, 177
信頼係数 149
信頼水準 149
信頼性 78
心理統計学 15
水　準 264
推　定 127
推定期待度数 186
推定値 128
推定量 127

正規分布 103
積率構造分析 352
z 得点 39
説明変数 55
ゼロ次の相関係数 230
線形変換 38, 48
線形モデル 207
潜在変数 319
全体の平方和 204, 273
選抜効果 71
相関関係 10
相関係数 47, 67
　——とベクトル 197
　——の希薄化 83
　——の希薄化の修正 361
　——の区間推定 150
　——の検定 134, 140
　——の標準誤差 115, 133
　——の標本分布 114
相関図 11
相関比 275
測　定 7, 76
測定誤差 79
測定方程式 355
素　点 39

●た　行
ターゲット行列 338
第 1 種の誤り 143
対　応
　——のある群 172, 267
　——のある要因 267
　——のない要因 266
対数線形モデル 222
代替検査信頼性 79
第 2 種の誤り 143
代表値 17

タイプIの平方和　260
タイプIIの平方和　299
タイプIIIの平方和　259
対立仮説　146
多項回帰モデル　260
多重共線性　245
多重比較　279, 296, 306
妥当性　77
ダミー変数　217, 275
単回帰分析　220
探索的アプローチ　319
単純効果　294
単純構造　335
単純相関係数　230
単純無作為抽出　87
中央値　18
中心極限定理　110, 179
調査　4
調整平均　18
直交解　333
直交回転　336
直交分解　59
t 検定　162
t 分布　140, 161, 215
適合度　350, 360
データの独立性　93
データ発生装置　89
テューキーの方法　281
点推定　127
統計的推測　14
統制　265
同値モデル　361
独自因子　319
独自性　328
独立な群　158, 267
独立変数　55
　――の寄与　255
　――の寄与の検定　256
　――の効果の検定　218
度数分布　8

●な 行
2項分布　96
2次の交互作用　309
2段抽出　87
2値変数　91
2変数正規分布　112
ネイマン=ピアソン理論　145

●は 行
バイアス　115
パーシャルアウト　228
パス　231
パス解析　360
パス係数　320
パス図　224
外れ値　23
パラメタ　89
バランス化　266
バリマックス法　337
反復主因子法　344
半偏相関係数　→部分相関係数
ピアソンの積率相関係数　48
p 値　140, 279
被験者　6
被験者間要因　267
被験者内要因　268
非心 t 分布　165
標準化　39, 234, 347
　――された平均値差　164
標準解　347
標準誤差　100, 132
　回帰係数の――　118
　相関係数の――　115, 133

比率の―――　100, 132
　　平均値差の―――　161, 175
　　平均の―――　108, 132
　　偏回帰係数の―――　246, 260
標準正規分布　106
標準得点　39
標準偏回帰係数　234, 239
標準偏差　31
　　―――とベクトル　192
標本　85
　　―――の大きさ　→サンプルサイズ
標本誤差　132
標本抽出　86
標本統計量　88
標本分布　90
　　回帰係数の―――　118
　　相関係数の―――　114
　　比率差の―――　179
　　比率の―――　93
　　平均値差の―――　159, 173
　　平均の―――　107
比率
　　―――の差の検定　180, 181, 189
　　―――の差の標本分布　179
　　―――の標準誤差　100, 132
　　―――の標本分布　93
ファイ係数　188
フィッシャーの Z 変換　116
不適解　345
部分相関係数　229, 235, 249, 255, 331
不偏共分散　45
不偏推定量　99, 128
不偏性　99
不偏分散　31, 129
プロクラステス法　338
ブロック　172, 268
プロマックス法　338

分　散　30
分散説明率　61, 205, 360
　　―――の増分　255
分散分析　220, 263
分散分析表　278
平　均　17
　　―――の差の区間推定　167, 177
　　―――の差の検定　159, 161, 176, 216
　　―――の差の標準誤差　161, 175
　　―――の差の標本分布　159, 173
　　―――の標準誤差　108, 132
　　―――の標本分布　107
平均平方　213
平均偏差　29
平行検査信頼性　79
平行測定値　81
平方和　193
　　―――のタイプ　259, 297
　　―――の分割　203, 250, 272, 288, 300
ベクトル　192, 371
ベルヌイ分布　97
偏回帰係数　234, 239, 247
　　―――の標準誤差　246, 260
偏差値　39
偏差平方和　193
変　数　8
偏相関係数　230, 235, 249
弁別的証拠　78
変量効果要因　300
母集団　5, 85, 120
母集団分布　91
母　数　88

●ま　行
マッチング　172, 268
無作為化　123, 266
メタ分析　164

目的変数　55
モデルの平方和　204

●や 行
有 意　137
有意確率　140
有意水準　138
有意性検定　137
尤 度　131
尤度関数　131
予 測
　——の誤差　58
　——の誤差分散　62
　——の標準誤差　62, 252
予測値　52, 198, 201
　——の平方和　203

予測平面　237
予測変数　55
要 因　263
要約統計量　13

●ら 行
ランダム化　123, 266
ランダムサンプリング　88, 122
リサーチ・クエスチョン　1
離散変数　104
両側検定　137
量的変数　24, 43
連 関　184
　——の検定　188, 189
連関表　184
連続変数　104

心理統計学の基礎
——統合的理解のために
Foundations of Statistics
for Psychological Research

ARMA
有斐閣アルマ

2002 年 6 月 10 日 初版第 1 刷発行
2021 年 4 月 10 日 初版第 23 刷発行

著　者　　南風原　朝　和

発行者　　江　草　貞　治

発行所　　株式会社　有　斐　閣
郵便番号 101-0051
東京都千代田区神田神保町 2-17
電話(03)3264-1315〔編集〕
　　(03)3265-6811〔営業〕
http://www.yuhikaku.co.jp/

印刷・大日本法令印刷株式会社／製本・大口製本印刷株式会社
©2002, T. Haebara. Printed in Japan
落丁・乱丁本はお取替えいたします。

★定価はカバーに表示してあります。

ISBN4-641-12160-5

Ⓡ 本書の全部または一部を無断で複写複製(コピー)することは、著作権法上での例外を除き、禁じられています。本書からの複写を希望される場合は、日本複製権センター(03-3401-2382)にご連絡ください。